汕头海关年鉴
2022

《汕头海关年鉴（2022）》编纂委员会——编著

中国海关出版社有限公司
·北京·

图书在版编目（CIP）数据

汕头海关年鉴.2022/《汕头海关年鉴（2022）》编纂委员会编著.—北京：中国海关出版社有限公司，2023.3
（中国海关史料丛书）
ISBN 978－7－5175－0649－2

Ⅰ.①汕… Ⅱ.①汕… Ⅲ.①海关—汕头—2022—年鉴 Ⅳ.①F752.55-54

中国国家版本馆CIP数据核字（2023）第039546号

汕头海关年鉴（2022）

SHANTOU HAIGUAN NIANJIAN（2022）

作　　者：《汕头海关年鉴（2022）》编纂委员会	
责任编辑：文珍妮	
助理编辑：窦廷尧	
出版发行：中国海关出版社有限公司	
社　　址：北京市朝阳区东四环南路甲1号	邮政编码：100023
编 辑 部：01065194242-7533（电话）	
发 行 部：01065194221/4238/4246/5127（电话）	
社办书店：01065195616（电话）	
https://weidian.com/? userid=319526934（网址）	
印　　刷：北京新华印刷有限公司	经　　销：新华书店
开　　本：889mm×1194mm　1/16	
印　　张：20	字　　数：357千字
版　　次：2023年3月第1版	
印　　次：2023年3月第1次印刷	
书　　号：ISBN 978－7－5175－0649－2	
定　　价：200.00元	

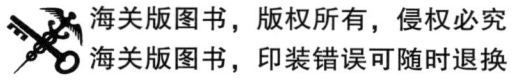

《汕头海关年鉴（2022）》编纂委员会

主 任 委 员　　　　刘大立

副 主 任 委 员　　　李惠强　林世峰　刘光明　侯文明　陈锦华
　　　　　　　　　　林方波　原喆鹏

编纂委员会委员　　　林育生（总工程师）　　　　纪　强　黄振武
　　　　　　　　　　郭佳伟　肖天峻　吴毓南　吴松浩　许绍声
　　　　　　　　　　郑少渠　黄进川　刘铭灿　谢伟烈　谷　峰
　　　　　　　　　　章小敏　刘英姿　林　斐　林永新　蔡　斌
　　　　　　　　　　陈　静　黄立雄　杨　弘　吴寿荣　郭增文
　　　　　　　　　　周玫芳　王　天　杨柳扬　雷卓田　陈晓东
　　　　　　　　　　郑荣招　杨　浩　林育生　陈晓明　马照亮
　　　　　　　　　　黄旭宇　李　乐　李佐忠　施　凯　梁希扬
　　　　　　　　　　段建发　黄琦容　陈财明

《汕头海关年鉴（2022）》编辑部

- 总　　　编　　李惠强

- 副　总　编　　黄振武　陈　静

- 执 行 主 编　　江　骅

- 执行副主编　　方楷丹　周修东　杨　伟

- 编辑部成员　　李志雄　陈佩茹　陈素嘉　刘耿耿
  　　　　　　　张永铎　林晓鹏　陈　樾

- 顾　　　问　　曾为新　洪　滨　李跃辉

编辑说明

一、《汕头海关年鉴》是由汕头海关组织编纂的集权威性、综合性、史料性、实用性为一体的资料性工具书。本卷为首卷，编纂工作坚持以习近平新时代中国特色社会主义思想为指导，旨在全面、系统、准确反映汕头海关各方面基本情况，为读者了解和研究汕头海关提供基本资料。

二、《汕头海关年鉴（2022）》采用分类编辑法，主体内容实行条目化设计，框架结构分为类目、分目和条目3个层级。全书共设特载、专记、政治建设、业务建设、政务及后勤保障、隶属海关、事业单位、大事记8个类目，另设附录。

三、《汕头海关年鉴（2022）》力求让读者全方位了解汕头海关2021年度基本情况，最大限度对相关内容进行了充实、细化，以扩大信息量、提高实用性、增强可读性，突出年度特征和海关行业特色。

四、《汕头海关年鉴（2022）》内容均由书中各有关组稿单位部门提供，并经各单位部门主要负责人审定。重要统计数据资料来自统计部门。因统计口径原因，个别数据与本关之前公布的数据可能略有出入，读者在使用时请以统计部门正式公布的数据为准。

目 录

海关专题图片 ………… 1	

第一篇 特 载

汕头海关概况 ………… 3
在 2021 年汕头海关关区工作会议上的讲话 ………… 5
在 2021 年汕头海关全面从严治党工作会议上的讲话 ………… 21
汕头海关贯彻落实《"十四五"海关发展规划》任务分解表 ………… 30

第二篇 专 记

庆祝中国共产党成立 100 周年和党史学习教育 ………… 73
汕头海关学习贯彻党的十九届六中全会精神 ………… 79
"十四五"汕头海关发展规划编制与实施 ………… 84
2021 年汕头海关统筹口岸疫情防控和促进外贸稳增长工作 ………… 88
2021 年汕头海关打击走私重点专项工作 ………… 92

第三篇 政治建设

党建工作 ………… 99
 概况 ………… 99
 宣传思想文化 ………… 99
 基层组织建设 ………… 100
 党风廉政建设 ………… 101
 工会工作 ………… 102
 共青团工作 ………… 102
 妇女工作 ………… 103

巡视巡察 ………… 104
 概况 ………… 104
 巡视整改 ………… 104
 巡察工作 ………… 105

纪检监察 ………… 108
 概况 ………… 108
 监督检查 ………… 108
 执纪问责 ………… 109
 以案促改 ………… 110

队伍管理 ………… 111
 概况 ………… 111
 机构编制管理 ………… 111
 干部人事管理 ………… 111
 人才队伍建设 ………… 112

教育培训 ………… 113
 概况 ………… 113

习近平新时代中国特色社会主义

　　思想培训 …………………… 113

政治能力培训 …………………… 113

业务能力培训 …………………… 114

执法能力培训 …………………… 114

教育培训资源建设 ……………… 115

离退休干部管理 ………………… 116

概况 ……………………………… 116

离退休干部党建工作 …………… 116

为老服务管理 …………………… 117

文化养老活动 …………………… 118

第四篇　业务建设

口岸开放与运行管理 …………… 121

概况 ……………………………… 121

口岸开放与发展 ………………… 121

优化口岸营商环境 ……………… 121

"单一窗口"建设 ……………… 122

法治建设 ………………………… 123

概况 ……………………………… 123

法规管理 ………………………… 123

法制协调 ………………………… 123

法治宣传 ………………………… 124

业务改革与发展 ………………… 125

概况 ……………………………… 125

业务改革协调 …………………… 125

通关运行管理 …………………… 125

贸易管制 ………………………… 125

技术规范建设 …………………… 126

知识产权海关保护 ……………… 127

海关特殊监管区域管理 ………… 129

概况 ……………………………… 129

支持梅州综合保税区完成

　　验收 ………………………… 129

支持汕头综合保税区封关

　　运作 ………………………… 130

风险管理 ………………………… 131

概况 ……………………………… 131

风险信息情报 …………………… 131

风险分析预警 …………………… 131

风险布控处置 …………………… 131

非贸渠道风险防控 ……………… 132

大数据应用 ……………………… 132

联系配合与联防联控 …………… 132

关税征管 ………………………… 133

概况 ……………………………… 133

归类管理 ………………………… 133

估价管理 ………………………… 133

原产地管理 ……………………… 133

减免税管理 ……………………… 134

税收征管 ………………………… 134

税收风险防控 …………………… 134

卫生检疫 ………………………… 135

概况 ……………………………… 135

检疫管理 ………………………… 135

生物安全 ………………………… 135

疾病监测 ………………………… 136

卫生监督 ………………………… 136

动植物检疫 ……………………… 137

概况 …………………………… 137
　　进出境动物检疫 ……………… 137
　　进出境植物检疫 ……………… 138

食品化妆品检验检疫 ……………… 140
　　概况 …………………………… 140
　　进出口食品检验检疫监管 …… 140
　　进出口化妆品检验监管 ……… 142
　　供港澳食品 …………………… 143

商品检验 …………………………… 145
　　概况 …………………………… 145
　　严防"洋垃圾"入境 ………… 145
　　推进危险化学品检验监管模式
　　　改革 ………………………… 146
　　加强重点敏感商品质量安全
　　　监管 ………………………… 146
　　严把防疫物资出口质量关 …… 146
　　加强出口危险化学品监管 …… 147
　　开展"清风行动" …………… 147

口岸监管 …………………………… 148
　　概况 …………………………… 148
　　物流监管 ……………………… 148
　　货物口岸查验 ………………… 148
　　行邮监管 ……………………… 149
　　场所（场地）管理 …………… 149
　　空箱体监管 …………………… 149
　　反恐应急能力建设 …………… 150

统计分析及政策研究 ……………… 151
　　概况 …………………………… 151
　　统计监督 ……………………… 151
　　统计调查 ……………………… 151
　　贸易统计 ……………………… 152

　　数据管理 ……………………… 153
　　业务统计 ……………………… 153
　　政策研究 ……………………… 154
　　监测分析 ……………………… 154
　　统计服务 ……………………… 154
　　人才建设 ……………………… 155

企业管理和稽查 …………………… 156
　　概况 …………………………… 156
　　企业管理 ……………………… 156
　　保税监管 ……………………… 157
　　稽查核查 ……………………… 157
　　属地查检 ……………………… 157

查缉走私 …………………………… 159
　　概况 …………………………… 159
　　打击涉税走私 ………………… 160
　　打击非涉税走私 ……………… 160
　　智慧缉私 ……………………… 161
　　执法合作 ……………………… 161
　　刑事法制建设 ………………… 161
　　行政处罚 ……………………… 162
　　综合治理 ……………………… 162

外事合作 …………………………… 164
　　概况 …………………………… 164
　　外事管理 ……………………… 164
　　技术性贸易措施管理 ………… 164

第五篇　政务及后勤保障

政务管理 …………………………… 169

概况 …………………………………… 169
应急值守 ……………………………… 169
政务信息 ……………………………… 169
会议管理 ……………………………… 170
公文处理 ……………………………… 170
督查督办 ……………………………… 170
保密管理 ……………………………… 170
档案管理 ……………………………… 170
政务公开 ……………………………… 171
信访工作 ……………………………… 171
新闻宣传 ……………………………… 171
学会工作 ……………………………… 172

财务管理 ………………………………… 173
概况 …………………………………… 173
预算管理 ……………………………… 173
税费财务管理 ………………………… 173
基建管理 ……………………………… 174
经费财务管理 ………………………… 174
企事业财务管理 ……………………… 174
资产装备管理 ………………………… 174
涉案财物管理 ………………………… 175

科技发展 ………………………………… 176
概况 …………………………………… 176
网络安全 ……………………………… 176
信息化建设 …………………………… 176
科研与实验室管理 …………………… 177

督察内审 ………………………………… 178
概况 …………………………………… 178
督察 …………………………………… 178
审计 …………………………………… 178
内控建设 ……………………………… 178

执法评估 ……………………………… 178

第六篇　隶属海关

潮汕机场海关 …………………………… 181
概况 …………………………………… 181
政治建关 ……………………………… 181
国门安全 ……………………………… 182
货物监管 ……………………………… 182
入境快件监管 ………………………… 183
行李物品监管 ………………………… 183
查获情况 ……………………………… 183
口岸疫情防控 ………………………… 183
人才培养 ……………………………… 184

汕头港海关 ……………………………… 185
概况 …………………………………… 185
政治建关 ……………………………… 185
口岸疫情防控 ………………………… 186
进口监管 ……………………………… 186
出口监管 ……………………………… 187
口岸监管 ……………………………… 187
运输工具监管 ………………………… 187
审图工作 ……………………………… 188
文物保护、关史研究及陈列馆
　管理 ………………………………… 188
专项整治工作 ………………………… 188
打造"港学港讲"品牌 ………… 189

广澳海关 ………………………………… 190
概况 …………………………………… 190

政治建关 …………………… 190
口岸疫情防控 ………………… 191
对外开放 ……………………… 191
口岸监管 ……………………… 192
走私案件查办 ………………… 192
清廉海关建设 ………………… 192
科技应用 ……………………… 192
制度规范 ……………………… 192
"龙腾行动"典型案例 ……… 193
全力保障进口粮食安全 ……… 193

澄海海关 …………………… 194
概况 …………………………… 194
政治领航 ……………………… 194
作风提质 ……………………… 195
疫情防控 ……………………… 195
监管增效 ……………………… 195
激发外贸发展动能 …………… 196
推进特色产业升级 …………… 196

龙湖海关 …………………… 198
概况 …………………………… 198
政治建关 ……………………… 198
清廉海关建设 ………………… 199
疫情防控 ……………………… 199
口岸监管及案件查办 ………… 199
服务地方 ……………………… 200
科技应用 ……………………… 200
制度规范 ……………………… 201
"914"专案等税款专项计核 … 201
邮管渠道典型案例 …………… 201

濠江海关 …………………… 202
概况 …………………………… 202

政治建关 ……………………… 202
清廉海关建设 ………………… 203
关税征管 ……………………… 203
优化营商环境 ………………… 203
走私案件查办 ………………… 203
货物监管 ……………………… 204
海关特殊监管区域管理 ……… 204
稽查核查 ……………………… 205
分析研究 ……………………… 205
财务管理 ……………………… 205

潮阳海关 …………………… 206
概况 …………………………… 206
政治建关 ……………………… 206
党史学习教育 ………………… 207
惠企助农 ……………………… 207
清廉海关建设 ………………… 208
脱贫攻坚 ……………………… 208
优化营商环境 ………………… 208
口岸疫情防控 ………………… 208
口岸监管 ……………………… 209
动植物检验检疫 ……………… 209
食品检验检疫 ………………… 209
企业管理和稽查 ……………… 210
查缉走私 ……………………… 210
内控管理 ……………………… 210

梅州海关 …………………… 211
概况 …………………………… 211
党建工作 ……………………… 211
准军事化纪律部队建设 ……… 212
清廉海关建设 ………………… 212
疫情防控 ……………………… 213

梅州综合保税区建设 …………… 213
　　优化营商环境 …………………… 213
　　助推跨境电商发展 ……………… 214
　　保障梅州首次进口种猪 ………… 214
　　企业管理和稽查 ………………… 214
　　支持乡村振兴 …………………… 214
　　政务保障 ………………………… 215
　　查缉走私 ………………………… 215
汕尾海关 ……………………………… 216
　　概况 ……………………………… 216
　　政治建设 ………………………… 216
　　清廉海关建设 …………………… 217
　　口岸疫情防控 …………………… 217
　　口岸监管 ………………………… 218
　　查缉走私 ………………………… 218
　　口岸开放与发展 ………………… 218
　　企业管理和稽查 ………………… 219
　　内控管理 ………………………… 219
　　优化口岸营商环境 ……………… 219
　　政务及后勤保障 ………………… 220
潮州海关 ……………………………… 221
　　概况 ……………………………… 221
　　党建工作 ………………………… 221
　　纪检监察 ………………………… 222
　　队伍管理 ………………………… 222
　　法治建设 ………………………… 222
　　检验检疫 ………………………… 223
　　企业管理和稽查 ………………… 223
　　查缉走私 ………………………… 224
　　优化口岸营商环境 ……………… 224
揭阳海关 ……………………………… 225

　　概况 ……………………………… 225
　　党建工作 ………………………… 225
　　支持石化项目 …………………… 226
　　疫情防控 ………………………… 226
　　口岸监管 ………………………… 226
　　检验检疫 ………………………… 226
　　企业管理和稽查 ………………… 227
　　查缉走私 ………………………… 227
　　口岸开放与发展 ………………… 227
　　优化口岸营商环境 ……………… 227
　　队伍建设 ………………………… 228
　　综合保障 ………………………… 228
　　清廉海关建设 …………………… 228
饶平海关 ……………………………… 229
　　概况 ……………………………… 229
　　政治建设 ………………………… 229
　　清廉海关建设 …………………… 230
　　法治建设 ………………………… 230
　　口岸监管 ………………………… 231
　　口岸开放与发展 ………………… 231
　　企业管理和稽查 ………………… 231
　　口岸疫情防控 …………………… 232
　　优化口岸营商环境 ……………… 232
　　输韩活鱼监管 …………………… 232
海城海关 ……………………………… 233
　　概况 ……………………………… 233
　　政治建关 ………………………… 233
　　清廉海关建设 …………………… 234
　　疫情防控 ………………………… 235
　　口岸监管 ………………………… 235
　　检验检疫 ………………………… 235

企业管理和稽查 ………… 235	内部疫情防控 ………… 247
内控建设 ………… 236	安全生产 ………… 247
优化口岸营商环境 ………… 236	服务保障 ………… 247
查缉走私 ………… 236	内部管理 ………… 247
综合管理 ………… 236	企业监督 ………… 248
供港食品、农产品监管 ………… 236	汕头海关技术中心 ………… 249

普宁海关 ………… 238
 概况 ………… 238
 政治建关 ………… 238
 风险管理 ………… 239
 税收征管 ………… 239
 疫情防控 ………… 239
 检验检疫 ………… 240
 口岸监管 ………… 240
 优化口岸营商环境 ………… 240
 企业管理和稽核查 ………… 240
 原产地业务 ………… 241
 统计调研 ………… 241
 综合保障 ………… 241
 督审内控 ………… 241
 队伍管理 ………… 241
 廉政建设 ………… 242

汕头海关技术中心 ………… 249
 概况 ………… 249
 政治建设 ………… 249
 疫情防控 ………… 250
 队伍建设 ………… 250
 技术性贸易研究 ………… 250
 科技研究 ………… 250
 科技创新 ………… 250
 服务执法 ………… 251
 国门安全建设 ………… 251
 服务企业 ………… 251

汕头国际旅行卫生保健中心（汕头海关口岸门诊部） ………… 253
 概况 ………… 253
 政治建设 ………… 253
 队伍建设 ………… 254
 卫生检疫 ………… 255
 常态化疫情防控 ………… 255

中国电子口岸数据中心汕头分中心 ………… 257
 概况 ………… 257
 党建工作 ………… 257
 "我为群众办实事"实践活动 ………… 258
 电子口岸政务窗口 ………… 258
 口岸信息化建设 ………… 258
 粤东电子口岸建设 ………… 258

第七篇　事业单位

汕头海关后勤管理中心 ………… 245
 概况 ………… 245
 政治建设 ………… 245
 "我为群众办实事"实践活动 ………… 246

第八篇　大事记

2021 年汕头海关大事记 ·············· 261

附　录

2021 年度汕头海关获得省部级以上表彰
先进个人、集体名录 ················ 275

2021 年汕头海关主要业务统计表 ·········· 276

"中国海关史料丛书"编委会

"中国海关史料丛书"编委会 ············ 279

海关专题图片

领导活动

◀ 2021年6月29日，汕头海关举行入党宣誓、重温入党誓词仪式

2021年6月29日，汕头海关举办 ▶
庆祝中国共产党成立100周年活动并颁发"光荣在党50年"纪念章

◀ 2021年11月22日，汕头海关关领导开展日常队列训练

◀ 2021年11月4日,汕头海关关长刘大立到广东石化炼化一体化项目现场调研

2021年6月17日,汕头海关关长刘大立到潮阳海关口岸华能(海门)电厂码头实地调研 ▶

◀ 2021年5月9日,汕头海关关长刘大立看望参加"百年风华同心同唱"活动的离退休合唱团老同志

2021年2月10日,时任汕头海关关长王胜到潮汕机场海关调研

2021年9月9日,汕头海关副关长李惠强到汕头港海关开展调研

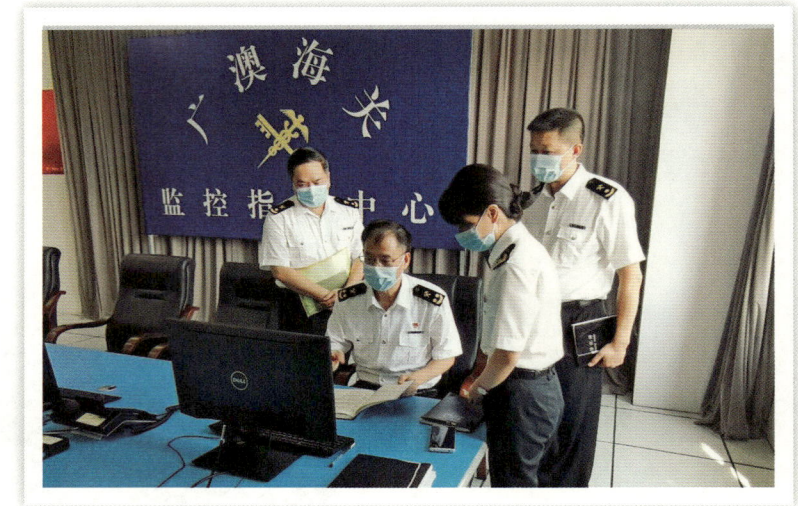

2021年8月3日,汕头海关副关长林世峰到广澳海关检查新冠肺炎疫情防控工作情况

◀ 2021年12月15日,汕头海关党委纪检组组长刘光明参加监察室党支部党史学习教育主题党日活动

2021年1月25日,时任汕头海关副关长杨述明到梅州海关调研

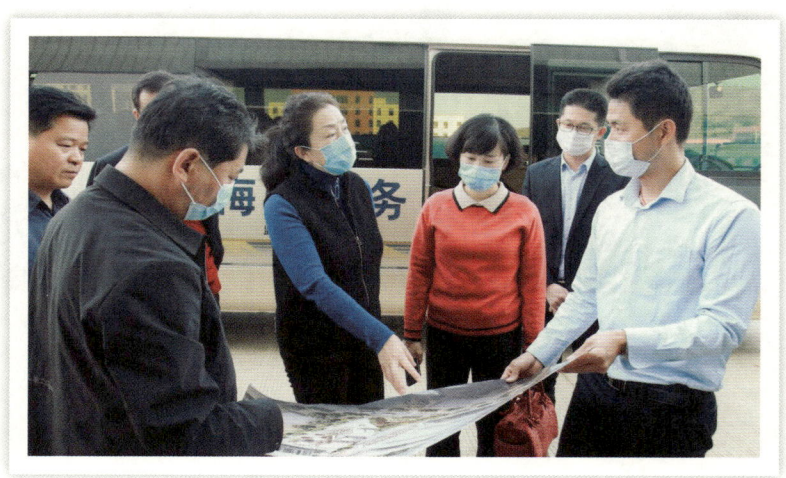

◀ 2021年7月5日,汕头海关缉私局局长侯文明看望"830"专案组工作人员

2021年4月28日,汕头海关副关长陈锦华到广东顺祥陶瓷有限公司调研 ▶

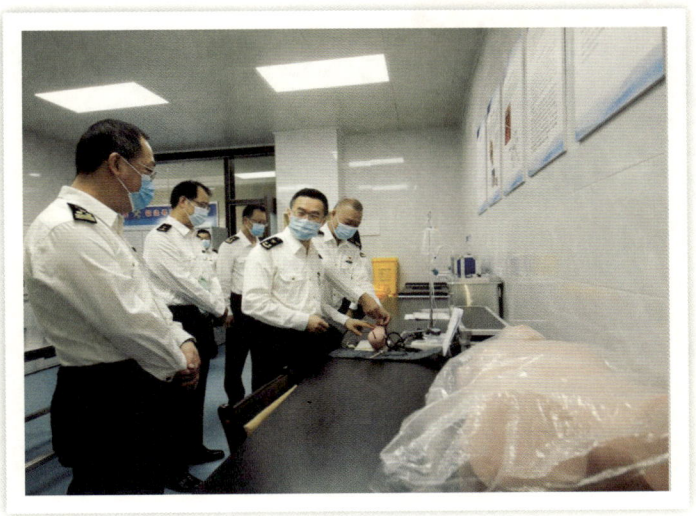

◀ 2021年10月28日,汕头海关政治部主任林方波到潮汕机场海关调研"卫生检疫业务实操培训点"

党的建设

2021年1月27日,汕头海关所属梅州海关开展"学习党史 牢记使命——迎接中国共产党成立100周年"主题党日暨青年学习活动

2021年4月21日,汕头海关所属龙湖海关开展"百年华章 同心向党"书法创作活动

2021年4月29日,汕头海关举办"青春耀国门——学党史、强信念、跟党走"五四团日活动

2021年5月9日,汕头海关退休干部唱红歌,录制"百年风华 同心同唱"红歌微视频,为中国共产党成立100周年献礼

2021年5月28日,汕头海关缉私局开展主题党日活动

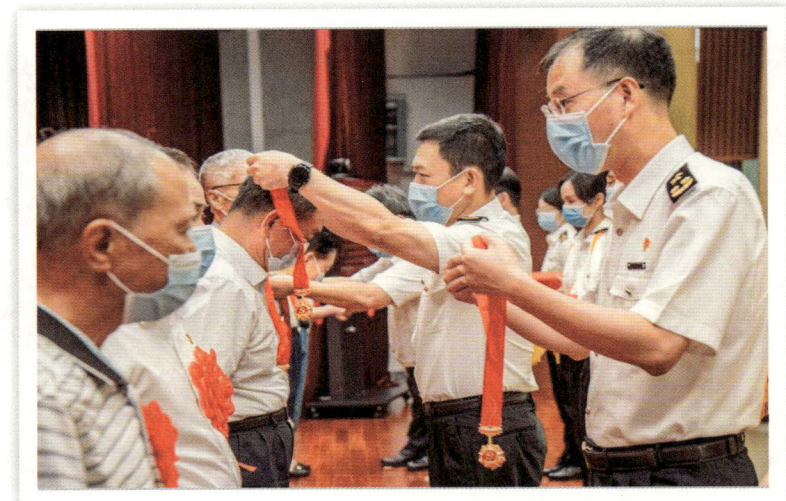

2021年6月29日，汕头海关关领导向老党员代表颁发"光荣在党50年"纪念章

◀ 2021年9月13—24日，汕头海关举办青年党校培训班（第一期）

2021年9月28日，汕头海关组织召开学习贯彻习近平总书记"七一"重要讲话精神读书班暨研讨交流会

◀ 2021年9月28日,汕头海关开展党史学习教育专题党课

2021年9月30日,汕头海关所属汕头港海关组织开展学"四史"活动 ▶

◀ 2021年12月31日,汕头海关办公室党支部开展党史学习教育主题党日活动

疫情防控

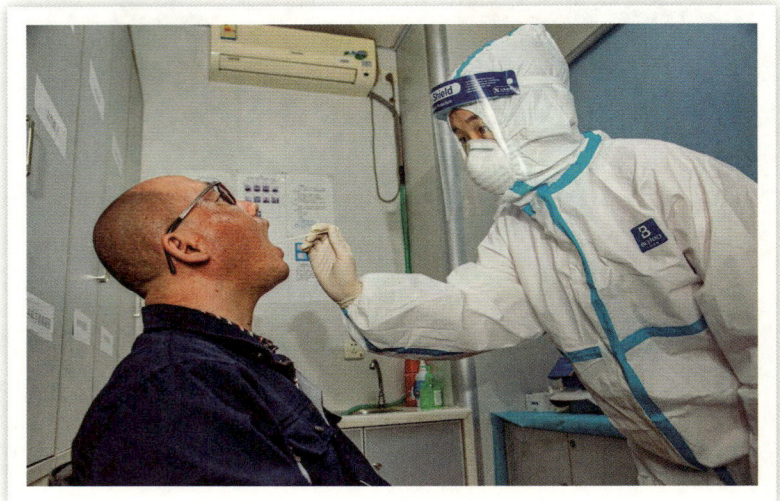

2021年2月8日,汕头海关保健中心医务人员为"应检尽检"人员进行核酸采样

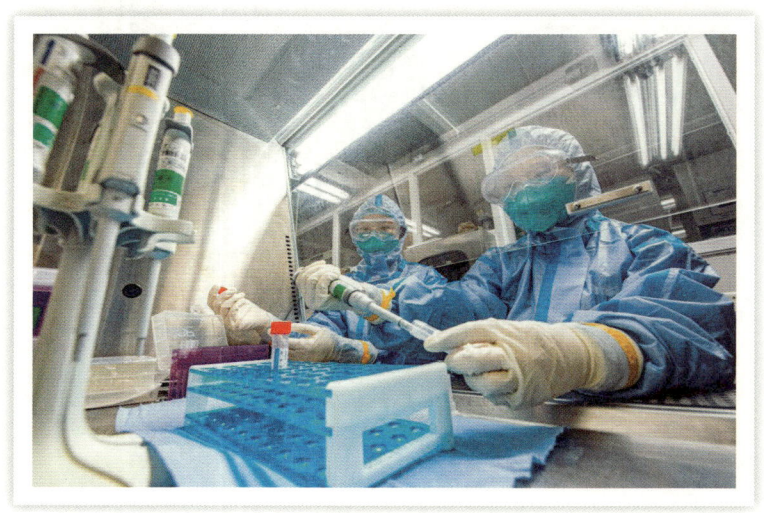

◀2021年2月8日,汕头海关保健中心技术人员进行核酸提取

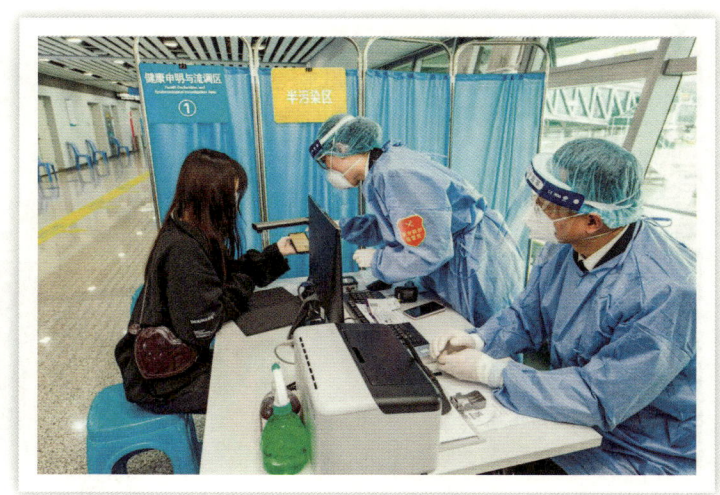

2021年2月10日,汕头海关所属潮汕机场海关关员对旅客进行流调

◀ 2021年2月10日,汕头海关所属潮汕机场海关关员引导旅客进行体温初测

2021年2月18日,汕头海关所属广澳海关关员查获不合格医疗器械 ▶

◀ 2021年5月21日,汕头海关所属潮阳海关关员深入关区防疫用品出口企业车间开展技术指导工作

2021年6月18日，汕头海关所属广澳海关关员开展船舶登临检疫 ▶

◀ 2021年6月18日，汕头海关所属广澳海关关员对靠港班轮开展登临检疫作业

2021年7月15日，汕头海关所属饶平海关关员对进境船舶开展登临检疫 ▶

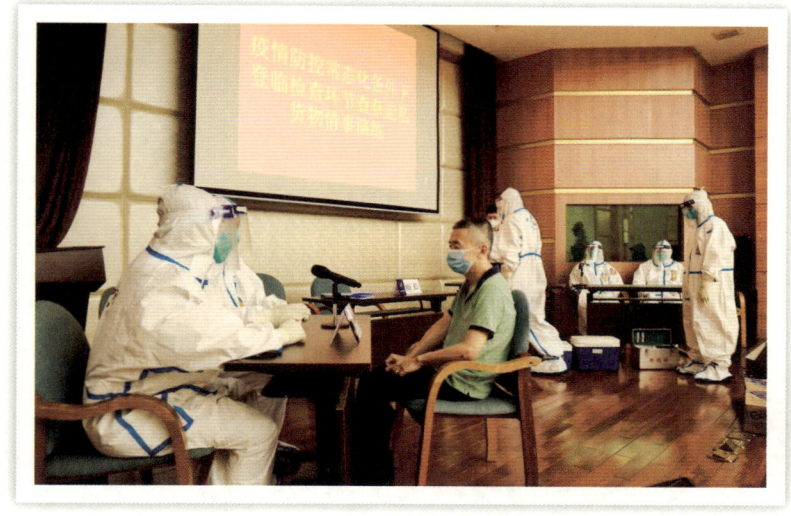

◀ 2021年8月13日,汕头海关所属汕头港海关开展疫情防控常态化条件下登临检查环节查获走私货物情事演练

2021年12月30日,汕头海关所属潮汕机场海关开展新冠肺炎疫情期间入境航班卫生检疫全流程演练 ▶

◀ 2021年12月30日,汕头海关所属潮汕机场海关关员正在集合开展实操培训

业务建设

2021年1月6日,汕头海关所属海城海关关员到辖区蔬菜种植基地开展调研指导

2021年1月29日,汕头海关所属龙湖海关在邮递渠道出境邮件中查获濒危物种海马

◀ 2021年3月30日，汕头海关所属澄海海关助力粤东首个市场采购贸易试点——汕头宝奥国际玩具城市场采购贸易试点首票货物顺利通关

2021年4月8日，▶ 海关总署批复同意汕头综合保税区（一期）验收结果，认定验收合格

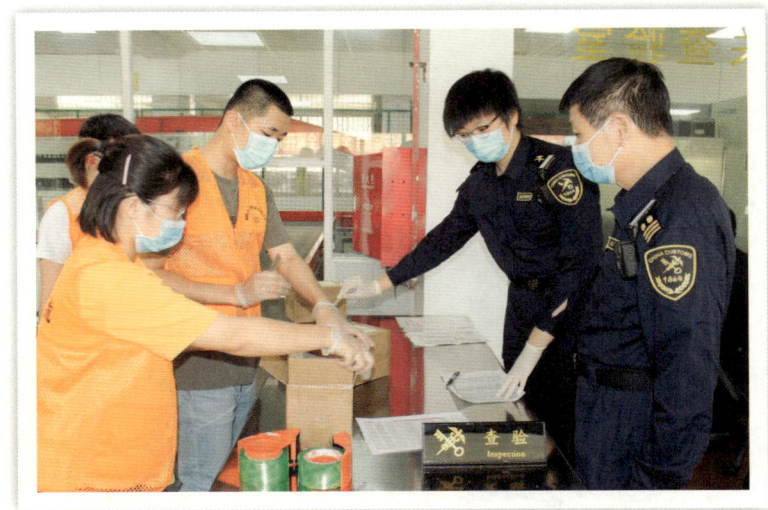

2021年4月13日,汕头海关所属揭阳海关关员对揭阳市跨境电商产业园首票进口商品开展监管工作

2021年4月19日,汕头海关所属广澳海关关员对进口大麦进行查验

2021年5月18日,汕头海关所属饶平海关关员查验出口活鱼

◀ 2021年5月26日，汕头海关所属潮州海关关员到茶叶备案种植基地开展技术指导

2021年5月28日，汕头海关所属濠江海关推动粤东首个"跨境电商＋保税展示"项目落地汕头 ▶

◀ 2021年6月9日，汕头海关所属潮州海关关员针对出口糖果特点，通过多种手段提升监管有效性

2021年6月26日,缉私局侦查一处和龙湖海关开展邮递渠道查缉毒品联合行动

2021年7月21日,汕头海关所属澄海海关关员到辖区玩具企业开展调研

2021年7月21日,汕头海关所属普宁海关关员对辖区出口青梅制品进行风险监测

◀ 2021年7月26日，汕头海关所属饶平海关关员为企业发放原产地证书

2021年8月10日，汕头海关所属潮州海关关员深入陶瓷企业开展调研 ▶

◀ 2021年8月12日，汕头海关所属梅州海关关员对首批输美蜜柚进行检验监管

2021年8月26日，汕头海关所属澄海海关关员深入卤鹅食品出口企业进行技术指导

◀2021年8月31日，汕头海关所属海城海关关员到辖区供港月饼生产企业进行监管

2021年9月15日，汕头海关所属潮阳海关关员对首次整车供港甘薯进行监管

◀ 2021年9月24日，汕头海关所属汕尾海关关员靠前服务，深入企业监管煤炭进口

2021年10月18日，汕头海关所属濠江海关关员对汕头综合保税区内企业开展日常监管 ▶

◀ 2021年12月4日，汕头海关所属汕头港海关开展宪法宣传周活动

2021年12月2日,汕头海关所属梅州海关监管的梅州综合保税区正式通过国家验收

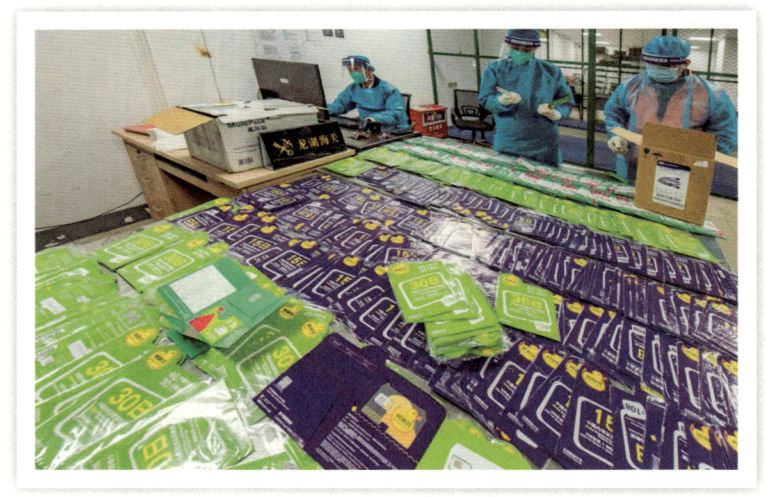

◀2021年12月21日,汕头海关所属龙湖海关加强邮递渠道监管,查获大量进境电话卡

2021年12月28日,汕头海关所属揭阳海关关员在惠来LNG码头开展监管工作

队伍风采

◀ 2021年2月20日，揭阳海关团支部荣获"全国五四红旗团支部"光荣称号

2021年3月2日，"全国最美家庭"黄翔子家庭参加汕头市妇联举办的"巾帼心向党 奋斗新征程"主题视频拍摄与网络宣传等一系列公益活动 ▶

◀ 2021年3月8日，汕头海关缉私局女民警进行"三八"妇女节队列表演

2021年4月14日，汕头海关 ▶
缉私局组织队列训练

◀ 2021年5月5日，获评"全国青年文明号"的潮汕机场海关旅检班组在机场航站楼开展集中服务月政策宣传活动

2021年7月19日，"2021年度国家 ▶
安全人民防线建设贡献奖"获得者唐本坚
在档案库房检查档案整理情况

◀ 2021年11月18日，汕头海关举办"准军大练兵 秋季大比武"队列会操比武 ▼

◀ 2021年12月15日，获评"全国青年文明号"的梅州海关青年突击队开展"学党史、强信念、跟党走"主题团日活动

第一篇

特载

汕头海关概况

中华人民共和国汕头海关（以下简称"汕头海关"）是受海关总署（以下简称"总署"）直接领导，负责指定口岸及相关区域范围内海关工作运行管理、监督监控的正厅级直属海关，领导隶属海关。主要职责为：负责关区贯彻落实党中央、国务院关于海关工作的方针政策和决策部署，在履行职责过程中坚持和加强党对海关工作的集中统一领导，履行全面从严治党责任；负责贯彻执行与海关管理相关的法律、法规、规章、规范性文件和相关技术规范，负责关区征税、监管、缉私、出入境检验检疫、统计等工作；监控研判本关区各类执法风险、管理风险和廉政风险，并组织防范和化解；负责关区基层党组织建设、队伍建设和日常管理工作；完成总署交办的其他工作。

潮汕地区设关可追溯至清康熙二十四年（1685年）粤海关下设的庵埠总口，距今330多年。清咸丰三年（1853年），粤海关在汕头妈屿岛设立海关，称潮州新关，辖庵埠总口及其所辖各口。清咸丰十年（1860年），被外籍税务司控制的潮海关成立。1949年中华人民共和国成立后，国家收回潮海关主权。1950年，潮海关更名为中华人民共和国汕头海关。1984年，汕头海关升格为正厅（局）级海关，直属总署领导。目前，关区内拥有海关钟楼等5处潮海关旧址，均为全国重点文物保护单位。

汕头海关辖区范围为粤东5个地级市（汕头市、潮州市、揭阳市、梅州市、汕尾市）和深汕特别合作区，面积3.1万平方千米，海岸线长1,215千米，分列广东省内海关第二位、第三位。关区内"特区、老区、苏区"叠加，传承的"特区精神""苏区精神"等宝贵精神财富伟大厚重。同时，粤东地区处于广东省沿海经济带东翼，是全省重要的经济增长极和对外开放的重要门户，具有毗邻港澳的区位优势和丰富的侨乡资源，是广东省拓展与港澳台经贸交往、加强与东盟等国际经济区域合作的桥头堡。

汕头海关现有1个副厅级机构（缉私局），下设18个正处级机构、15个正处级隶属海关单位、2个副处级办事处，另有8

个事业单位和1个总署托管的事业单位。全关在职干部职工2,000余人。

关区监管业务门类相对齐全，既有口岸通关，也有属地监管。有一类口岸7个（其中水运口岸5个、空港口岸2个）、二类口岸4个、海关监管作业场所33个（其中集中作业场地3个）、海关特殊监管区域2个、保税监管场所3个，注册企业总数超过1万家。监管进口主要商品有煤炭、天然气等大宗资源性产品和机电产品，出口主要商品有机电产品和玩具、陶瓷、农食产品等。

近年来，汕头海关在总署坚强领导下，坚持以习近平新时代中国特色社会主义思想为指导，认真贯彻落实习近平总书记重要指示批示精神和党中央、国务院决策部署，按照总署工作要求，切实履行把关服务职责，各项工作取得了新成效。特别是2021年以来，制定落实"政治强关建设取得成效，业务改革高质量推进，粤东国门铁军建设走在全国海关前列"工作目标，坚持讲政治、抓落实、求实效，党的建设和各项业务工作稳中有进，关区实现文明单位全覆盖，2021年进出口货运量、进出口规模均创历史新高，统筹疫情防控和促进外贸保稳提质取得积极成效。

2020年10月，习近平总书记亲临汕头、潮州视察，对粤东发展寄予殷切期望，关区发展迎来了"天时地利人和"兼备的战略机遇期。汕头海关将牢记嘱托、感恩奋进，奋力建设社会主义现代化海关，忠诚拥护"两个确立"、坚决做到"两个维护"，在国门一线、开放前沿、革命老区形成新的海关实践。

在 2021 年汕头海关关区工作会议上的讲话

时任汕头海关关长、党委书记　王胜

（2021 年 2 月 3 日）

同志们：

这次会议的主要任务是：以习近平新时代中国特色社会主义思想为指导，深入贯彻党的十九大和十九届二中、三中、四中、五中全会精神，认真落实中央经济工作会议部署，全面贯彻全国海关工作会议和全面从严治党工作会议精神，总结工作、分析形势、明确要求，研究安排 2021 年工作。下面，我讲三点意见。

一、2020 年和"十三五"时期汕头海关工作回顾

2020 年，是新中国历史上极不平凡的一年，也是汕头海关发展历程中极不平凡的一年。在总署党委坚强领导下，全关以党建为引领，以"五关"建设为抓手，统筹推进口岸疫情防控和促进外贸稳增长，戮力同心、守正创新，各项工作取得了新的成绩。全年荣获地市级以上表彰 27 项，其中文明单位实现首次关区全覆盖。

（一）践行"两个维护"坚定坚决。

学习贯彻习近平新时代中国特色社会主义思想走深走实。将学习贯彻习近平新时代中国特色社会主义思想作为政治机关建设的首要任务。党委理论学习中心组开展党的十九届四中、五中全会精神等专题学习 13 场次，带动各层级持续增强政治判断力、政治领悟力、政治执行力。组织线上分类学习 115 次、线下集中调训 40 场，干部队伍运用理论指导实践、推动工作的水平得到新的提升。

贯彻落实习近平总书记重要指示批示精神取得新成效。把准政治机关定位，坚持将学习贯彻习近平总书记重要指示批示精神作为每月例会"第一议题"，第一时间学习贯彻落实，持续跟进督办，坚决做到"两个维护"。把统筹口岸疫情防控和促进外贸稳增长作为重大政治任务，闻令

而动、遵令而行，以绝对忠诚和专业执法筑牢口岸检疫防线，确保"打胜仗、零感染"，全力以赴支持复工复产，多措并举促进粤东外贸稳增长。第一时间传达贯彻习近平总书记视察汕头、潮州并出席庆祝深圳经济特区建立40周年大会重要讲话重要指示，完善和落实支持海关特殊监管区域高水平开放高质量发展18条措施、支持汕头华侨经济文化合作试验区建设22条措施，助力汕头在新时代经济特区建设中迎头赶上。坚决落实习近平生态文明思想，严厉打击"洋垃圾"、象牙等濒危物种及其制品走私，查获固体废物案件24起，全部退运出境。助力打赢脱贫攻坚战，2个定点帮扶贫困村、233户对口帮扶贫困户脱贫摘帽。

政治机关建设扎实推进。充分发挥政治建设统领作用，持续深化"强化政治机关意识、走好第一方阵"教育活动。严格落实党内各项法规制度，重大事项及时向总署党委请示报告。压紧压实意识形态工作责任，强化正面引导。一贯到底、一体推进巡视整改、"不忘初心、牢记使命"主题教育整改、"灯下黑"问题专项整治，建立责任到人、挂账销号和追责问责机制，制定出台31项中长期规划措施，不断巩固整改成效。

（二）口岸疫情防控取得阶段性胜利。

口岸卫生检疫和高风险货物检疫不断加强。严格执行"三查三排一转运"口岸检疫措施，严格实施核酸检测等"7个100%"措施，实现入境人员分类精准防控，完成入境人员核酸检测1,896份。强化关地联防联控，与属地政府部门全面建立传染病防控合作机制，实现全流程无缝对接、闭环运作。扎实开展口岸埃博拉、非洲猪瘟、沙漠蝗等疫情疫病防控工作，严防疫情叠加。坚持"人""物"同防，完成进口冷链及环境核酸采样检测4,081份，严格落实进口高风险非冷链集装箱货物检测和预防性消毒，有效防控疫情通过境外货物输入风险。毫不松懈做好人员安全防护，在职、离退休和编外人员全部确保"零感染"。

口岸卫生体系不断完善。优化口岸卫生检疫工作机制，建立3支疫情应急预备队。强化物资和经费保障，建立4条防疫物资"保障线"，保健中心综合实验室通过P2实验室评审并获地方卫健部门备案，完成核酸检测样本12,326人份，为疫情防控全链条提供有力科技支撑。独立承担总署3个疫情信息化需求方案编写任务，提出5项建议被总署采纳并在全国口岸落地实施。

党建引领不断深化。在疫情防控中，基层党组织战斗堡垒和党员先锋模范作用充分发挥，组建抗疫突击队，798名党员主动请缨支援疫情防控一线，组织65人次分批支援旅检口岸，2名干部职工火线申请入党。结合疫情防控专项考核，优先提拔在抗疫过程中做出突出贡献的干部5名。干部队伍在口岸疫情防控斗争中得到了历练，关检深度融合的成效经受住了实战检验，1个集体、6名个人获评全国海关系统抗击新冠肺炎疫情先进集体和先进个人，4个集体、5名个人获得省、市疫情防控工作表彰。

（三）国门安全保障坚实有力。

实际监管稳步夯实。"洋垃圾"、濒危物种、毒品走私等重点领域风险防控成效明显，查获关区首宗夹藏第三代毒品"LSD邮票"案件、首宗进境邮递渠道涉嫌电信诈骗银行卡案件。监管作业场所（场地）管理更加规范，深入开展安全生产三年专项整治行动，关区口岸安全生产态势保持平稳。开展知识产权保护"龙腾行动2020"，培塑优势企业8家，全年查扣侵权商品数量增长48%。推动信用监管与稽核查执法高效联动，企业网格化管理格局持续完善，稽查作业涉检查获实现"零"的突破。

国门生物安全防控成效明显。加强国门生物安全风险监测，全年累计截获有害生物145种类、204种次，截获2批猪肉制品检出非洲猪瘟核酸阳性，监测到检疫性有害生物8种13.6万头、外来有害杂草2种3次，检出二类动物疫病2种40项次，有效防范外来物种入侵。梅州市首批1,668头进口丹麦种猪安全入境，汕尾市3.4万头活猪安全高效供港。

进出口商品食品检验监管更加有效。完善进出口商品质量安全风险预警监管体系，强化重点敏感商品检验监管。深入开展"清风"行动，危化品安全实现全链条管控。高质量完成防疫物资通关保障。优化法检目录和检验项目、将其他非医用消毒剂纳入出入境检验检疫管理等建议获总署采纳。加强进口食品检验监管，保障疫情期间民生物资安全顺畅进口。实施进出口食品化妆品抽样检验及风险监测计划，检出不合格食品化妆品71批，关区未发生区域性、系统性食品安全问题。

综合治税水平稳步提升。扩大税源、涵养税基，全年税收入库35.32亿元，精准完成总署税收任务目标。认真落实减免税政策，审批减免税款3,891.8万元。推进关税、缉私、稽查、风控等跨部门协同治理。

打击走私战果累累。坚决贯彻落实党中央关于海关缉私部门管理体制调整重大决策部署，以79条措施推动"1+6"工作机制精准落地，"蓝天2020""国门利剑2020"等专项行动推动有力有效。缉私部门在全国海关缉私系统率先完成"缉私云"平台建设，数据融创中心和智慧侦查建设深入拓展，探索从"脚板警察"向"指尖警察"转变，从"汗水警务"向"效能警务"提升取得新成效，破获建关以来涉案案值、涉嫌偷逃税额最大的"830"海产品走私案等大要案件。反走私综合治理成效明显，与海警局签订合作协议，与公安部门双向警情互动，与地方政府在重点地区驻点治理，"打、防、管、控"立体防线逐步筑牢。

（四）服务扩大开放积极有为。

稳外贸促增长效应持续显现。聚力"六稳""六保"，贯彻落实总署10条措施，结合关区实际制定25条细化措施和帮扶企业复工复产18条，关区新增注册进出口企业数量增长11.6%。支持加工贸易出口转内销，关区加工贸易内销征税增长66.8%。我关提出的"提高陶瓷卫生洁具出口退税率"建议获国务院税则委员会采纳，退税率提高4个百分点，惠及全国陶瓷产业。就全球首份因疫情对我国货物实施限制的SPS通报开展评议，推动对外交涉解决。发挥检测技术优势助推粤东玩具出口增长18%。协助总署制订输俄柑橘议定书，指导关区企业打破检疫技术壁垒，实现观赏鱼首次出口美国、蜜柚首次出口哈萨克斯坦。助力凤凰单丛茶、梅州蜜柚入选首批《中欧地理标志协定》保护名单，促进出口额分别增长32.6%、27.2%。支持粤东融入粤港澳大湾区市场，供港蔬菜备案种植基地增至15个，注册出境水果果园和包装厂增至44家，6个食用水生动物新品种首次供港，全年出口动植物及其产品均未发生通报退回情事。支持汕头、梅州成功获批跨境电商综合试验区，汕头宝奥城获批市场采购贸易方式试点。实施包容审慎监管，关区跨境电商进出口增长5.24倍。

口岸营商环境持续优化。大力推进"放管服"改革，全面实施行政许可审批网上快速办理，简化随附商业单证全部落实。推广原产地证书自助打印和智能审签，效率明显提升。优化"海关协调员专家团队"，依托"12360服务热线""中国海关信用管理"等平台为企业排忧解难。"粤东E通关"实现业务查询"零跑腿"。试点推广进口货物"船边直提"和出口货物"抵港直装"，关区进、出口整体通关时间较2017年分别压缩74.7%、98.7%，有力支持汕头、汕尾市外贸进出口在全省率先企稳、增速靠前，其中，汕头市外贸增长13.5%，增速列广东省第2名。

促进高水平开放持续发力。支持汕头、梅州综合保税区成功获批，结束粤东无综合保税区历史，汕头综合保税区提前1个季度通过实地验收。复制推广自贸区创新经验措施96项，关区特殊监管区域进出口总值增长1.83倍。发挥海上丝绸之路合作战略支点优势，助推关区对"一带一路"进出口持续活跃。粤东空运进口B类快件业务安全启动。支持揭阳港、潮州港扩建货运码头（小红山码头）、汕尾陆丰甲湖湾港区和海丰小漠港区加快对外开放，支持广澳港开展"内外贸同船运输"，加快建设南北航线中转中心和东南亚航线中心，国内国际市场双向通道更加畅通。

（五）落实改革创新效果明显。

业务改革不断深入。深化落实"海关改革2020"，"两步申报"应用率居全国海关前列，"两段准入"信息化监管试点落地，"两轮驱动"布控精准度明显提升。关区进出境邮递物品实现全口径信息化申报。主动申请成为总署"免陪同查验"首批试点单位，全流程走通全国海关第一批货物。提出构建海关业务指标新体系构想，获总署纳入"十四五"海关规划。

科技创新应用效能不断提升。加强"大数据+智能审图"监管，推进监管设备联网应用，机检集装箱占比达87%，有效查获率增长31%。在全国海关率先实现非贸渠道机检图像远程集中复核。探索在汕头综合保税区推行"无人机+监管"，为关区依托科技执法开拓新路径。关区实验室布局进一步优化，技术中心新增检测项目220个，首次公开招聘30名专业技术人员，执法技术支撑能力明显增强。强化科研攻关，获批总署科研立项2个、成果登记科研项目11个，5项发明专利和4项实用新型专利获授权。

（六）全面从严治党纵深推进。

基层党建活力持续增强。以"一支部一亮点"创建"四强"党支部，被总署授予党建示范和培育品牌共6个，激发基层组织新活力。加强准军事化纪律部队建设，开展实操训练、技能比武2,422人次，结合巡视整改完善准军管理制度机制7项，开展"整顿纪律作风、创建模范机关"专题教育整顿月活动，以严明的纪律作风推动工作落实。精神文明建设进一步加强，隶属海关层面实现"6个国家级+5个省级+3个市级文明单位"全覆盖，9个集体、2个家庭获群团省部级以上表彰。

领导班子和干部队伍建设全面加强。坚持"20字"好干部标准，把政治标准摆在选人用人第一位，对政治不合格的予以一票否决。重点突出"重实干、重实绩"，对标对表干部"七种能力"，强化总署绩效考核结果运用，采用"责任清单、问题清单、成绩单"三单印证考察使用干部，大力选拔敢担当、善作为的干部，切实用好各年龄段干部，重点是年轻干部。加强执法一线科长队伍建设，从执法一线科长中择优选拔4名副处级领导干部，选拔2名优秀执法一线科长兼任隶属海关党委委员，提拔21名干部充实到执法一线科长队伍。2017年以来，全关累计提拔晋升各层级干部职务职级1,321人次，其中，2020年选拔处科级领导干部147名，职级晋升301人次，对102个集体和183名个人进行专项奖励，队伍积极性、主动性和创造性充分激活。

清廉海关建设扎实推进。完善全面从严治党制度，二、三级党委全覆盖制定全面从严治党主体责任清单，强化监督检查和通报，以"随机述职、全面考核"方式开展党建述职评议，党建主体责任进一步压实。深刻认识四个"一直没有改变"，推动"四责"协同落实。党委和纪检组定期听取派驻纪检组、巡察和审计工作专题汇报，有力推动"两个责任"落地砸实。开展关区党风廉政状况调研，针对四个方面主要廉政风险落实应对措施12条。盯紧重点领域、重点问题开展"四不两直"式检查。将总署党委巡视反馈问题纳入巡察监督重点,开展3轮巡察,发现问题97个,提出意见建议20条。以赛铁尔汗、李小敏、欧阳晨案件及我关查处的违纪案件为鉴,加强警示教育,形成强烈震慑。与粤东5市纪委监委加强"关、市"协作配合,共同守好廉政防线。深化运用监督执纪"四种形态",兼顾"三个效果",开展谈话提醒204人次,依法依规对履责不力的3个党组织、9名领导干部严肃问责。坚持"严"的主基调,严格落实中央八项规定及其实施细则精神,着力整治群众身边腐败和作风问题,全年未发生群体性腐败、酒驾醉驾等情事。强化督察审计监督,开展经济责任审计7项,审计整改率达100%,完善制度22项,开展政府采购、数据安全等6个专项审计,深化内控机制建设,强化新海廉平台应用,廉政风险防控成效进一步提升。

(七)综合保障水平稳步提升。

法治建设更加强化。学习贯彻习近平法治思想,高质量完成总署交办的《海关法》第三章草拟任务,开展民法典、生物安全法等全员普法,"七五"普法任务圆满收官。建立法制审核人才库,构建"三项制度"法律审核机制。开展"建章立制",推动立改废制度文件63份,隶属海关全覆盖建立"一张岗位清单、一套执法依据、一组流程要点"制度规范。

政务运行更加高效。坚决整治形式主义、官僚主义突出问题,统筹整合各类检查考核,巩固清理"文山会海"成果,关区发文比2018年减少56%,会议减少57%,切实为基层减负。整合非执法领域信息化系统,提升全关综合行政效能。开展业务数据安全专项行动,推动"零信任、零风险、零泄漏"精准落地。组织网络安全攻防演练,一体抓好管网、护网、用网,数据网络安全保障能力整体增强。信息新闻宣传、督查督办、机要保密、档案管理、网站建设、值班应急、政务公开、信访等工作取得新成效。

财务后勤保障更加扎实。落实中央"过紧日子"要求,以追踪问效倒逼预算执行质量提升,制定15项措施厉行勤俭节约、制止餐饮浪费行为。政府采购、涉案财物管理更加规范。办好民生实事,集中部分财力支持隶属海关改善工作生活条件。保健中心、技术中心技术业务用房项目建设加快推进。职工食堂、车库等后勤保障更加规范化、智能化,汕尾海关是获评全国首批国家级节约型公共机构示范单位的5个海关单位之一。

2020年是"十三五"收官之年。"十三五"时期,在总署党委的坚强领导下,汕头海关事业发展取得长足进步。5年来,我们紧跟总署各项改革部署,粤东口岸管理各项创新变革有序落实,机构改革任务圆满完成,队伍更加强大,关检全面融合行稳致远,口岸管理更加集约高效。协同推进改革与制度建设,推动通关一体化业务运行平稳,监管模式实现根本性变革。监管进出口货运量1.35亿吨,增长

17.4%；征收税款 222.8 亿元，确保税收应收尽收，征管质量明显提升；关区口岸公共卫生核心能力持续提升，保健中心在出入境人员传染病监测体检中检出的各类传染病病例数同比增长 16.5%；进出口商品质量安全检验监管能力持续增强，供港澳食品安全保持"零事故"；办结稽查作业有效率 61%，提高 30.5 个百分点；打击走私战果丰硕，立案侦办走私案件案值增长 1.1 倍，摘掉了"走私重点地区"的帽子。口岸营商环境持续优化，进出口环节监管证件大幅精简，进出口整体通关时间连续 4 年保持全国前列。一系列政策"组合拳"促进外贸稳定增长，粤东出口总值 5,811 亿元，增长 7.7%。加大现代化监管装备设备投入力度，强化智能审图、大数据应用，"智慧缉私"模式实现创新发展，业务科技一体化迈出坚实步伐。党对海关工作的领导全面加强，总关党组改设党委，隶属海关全覆盖设立党委。实施"强基提质工程"，基层党建全面夯实。落实新时代党的组织路线，坚持"20 字"好干部标准，突出政治标准和"七种能力"，把制度执行力和治理能力作为干部选拔任用、考核评价的重要依据。坚持全面从严治党，纵深推进清廉海关建设和反腐败斗争。党委班子考核从排名倒数第一前进到全国直属海关先进行列，并连续两年获总署班子考核"优秀"等次，干部队伍面貌焕然一新，关区政治生态正气充盈，文明单位实现了关区全覆盖。

看似寻常最奇崛，成如容易却艰辛。回顾过去 5 年走过的历程，我们深切体会到：一是必须坚决做到"两个维护"，坚定信赖核心、忠诚核心、维护核心，用习近平新时代中国特色社会主义思想武装头脑、指导实践、推动工作，持续提升政治能力，对"国之大者"心中有数，找准海关工作在国家大局中的方位，以坚如磐石的信仰忠诚履行海关职责使命；二是必须坚持底线思维，牢记监管是海关最基本、最重要的职责，构筑全面精准、防控有力的国门安全防线，强化监管优化服务，以坚定不移的决心守护国门安全；三是必须坚持改革创新，依托科技全面赋能，全面深化制度创新和治理能力建设，以坚持不懈的作风服务高水平开放高质量发展；四是必须深化"内涵学军"，弘扬雷厉风行、令行禁止的准军事化纪律部队优良作风，以坚韧不拔的毅力强化队伍执行力战斗力；五是必须坚持和加强党的全面领导，发挥各级党委领导作用和各级党组织的政治功能，全面从严治党从严治关，以坚强有力的团结保障关区事业稳步发展。这些经验弥足珍贵，需要倍加珍惜、持之以恒。

上述成绩的取得，是习近平新时代中国特色社会主义思想引领的结果，是总署党委坚强领导的结果，凝聚着全关干部职工的辛勤努力，离不开各有关方面的大力支持。在此，我代表汕头海关党委，向全关广大干部职工和离退休老同志，向支持海关工作的地方党政和社会各界，表示衷心的感谢！向奋战在关区口岸疫情防控一线的同志们表示亲切慰问和崇高敬意！

在看到成绩的同时，我们也要清醒地看到，当前我关工作还存在一些问题和不足：有的党员领导干部政治站位还不高，治理能力还不强；业务系统整体性、协同性问题仍然存在，监管科技装备的适配性和使用效能有待提升，事业单位技术执法支撑能力还有差距；监管精准性、有效性还需要加强；党建与业务工作融合还不够深入，全面从严治党、党风廉政建设和反腐败斗争形势依然严峻复杂；准军事化纪律部队建设需要进一步加强等等。这些问题必须高度重视，在下一步工作中认真加以解决。

二、准确把握新发展阶段汕头海关工作面临的新形势新任务

立足新发展阶段、贯彻新发展理念、构建新发展格局，是党中央着眼于"十四五"乃至更长一个时期党和国家事业发展全局作出的重大战略部署。全关要以习近平新时代中国特色社会主义思想为指导，把思想和行动自觉统一到党中央对形势的分析判断上来，按照总署党委对全国海关工作的总体谋划和具体部署，完整、准确、全面贯彻新发展理念，在社会主义现代化海关建设新征程中展现新担当新作为，更好促进高质量发展、高水平开放，有力服务构建新发展格局。

（一）准确把握海关首先是政治机关的定位。

习近平总书记指出，旗帜鲜明讲政治，既是马克思主义政党的鲜明特征，也是我们党一以贯之的政治优势，要善于从政治上观察和处理问题，使讲政治的要求从外部要求转化为内在主动。

海关首先是政治机关，必须持续加强政治机关建设，不断提高政治判断力、政治领悟力、政治执行力。政治机关建设第一位的是要坚决做到"两个维护"。实践一再证明，在重大历史关头，越是风急浪高，越要坚持习近平新时代中国特色社会主义思想的科学指引，坚决维护习近平总书记党中央的核心、全党的核心地位，坚决维护党中央权威和集中统一领导。

粤东地区发展仍不平衡不充分，地处改革开放和对敌斗争前沿，侨乡地缘因素突出，经济社会发展具有独特的政治意义。海关身处国门一线，是服务改革开放的前沿阵地，更应该强化政治机关意识，把政治建设贯穿到海关工作的全领域各方面，坚决做到"两个维护"。要大力提高政治判断力，深刻理解海关各项工作都蕴含着很高的政治要求，善于从讲政治和全局的高度思考谋划工作，在政治立场、政治方向、政治原则、政治道路上始终同以习近平同志为核心的党中央保持高度一致。要大力提高政治领悟力，全面把握习近平新时代中国特色社会主义思想的核心要义、精神实质、丰富内涵、实践要求，

不断汲取其中蕴含的真理力量、实践力量、创新力量，认真领会习近平总书记重要指示批示精神，科学把握中央各项重大决策部署战略意图，立足全局谋一隅，抓好一隅促全局，充分发挥海关职能作用。要大力提高政治执行力，经常对标对表习近平总书记重要指示批示精神和党中央重大决策部署，不断增强政治能力和政治担当，知责于心、担责于身、履责于行，发扬"逢山开路、遇水架桥"的攻坚精神，强化"只争朝夕、奋发有为"的意志品质，高质量推进海关制度创新和治理能力建设，以实际行动把"两个维护"这张"政治必答卷"答完成、答到位、答满分。

（二）准确把握监管是海关最基础、最重要的职责。

习近平总书记强调，越是开放越要重视安全，越要统筹好发展和安全。当前和今后一个时期是我国各类矛盾和风险易发期，各类风险的跨界性、关联性、放大性效应显著增强。新冠肺炎疫情仍在全球加速蔓延，疫情输入渠道多元化，防控难度不断增大，埃博拉、非洲猪瘟等境外重大疫情疫病叠加输入风险始终存在；重点涉税商品、毒品、反宣品、枪支弹药等各类走私违法犯罪活动屡禁不止；农产品、能源安全稳定供应风险上升，一些关键设备、零部件、原材料产业链供应链"断链"风险加大，进出口食品安全、危化品等重点商品安全监管任务日益繁重；"洋垃圾"、象牙走私和外来有害物种入侵对生态环境安全带来严重威胁。生物安全、网络攻击、恐怖主义等非传统安全威胁上升，我国发展面临的外部环境不稳定性不确定性更加凸显。

海关处在对外开放安全防控"第一线"，只有管得住，才能放得开。必须牢牢守住安全底线，任何时候都要牢记严格监管是本职，放松监管就是失职渎职。要坚持底线思维，深入贯彻落实总体国家安全观，制定政策、推出改革都要以强化监管为首要目标，对面临的各类风险增强预见性和主动性，下好先手棋、打好主动仗，有效应对各种风险挑战。要增强开放监管能力，紧跟总署步伐，推动实施监管能力水平提升工程，依托监管理念、模式、手段创新增强业务协同，依靠科技应用提升智能监管水平，不断强化实际监管。要严格履行法定职责，坚决执行各项监管制度规定，严格做好"规定动作"，各项创新探索必须报总署同意后才能开展，决不允许搞自行其是、先斩后奏。

（三）准确把握海关在国内国际双循环的"交汇枢纽"地位。

习近平总书记指出，构建新发展格局，是与时俱进提升我国经济发展水平的战略抉择，也是塑造我国国际经济合作和竞争新优势的战略抉择。

当前，疫情变化和外部环境存在诸多不确定性，我国经济恢复基础尚不牢固，世界经济形势仍然复杂严峻。就粤东地区而言，外贸出口产业活力不足、口岸发展转型不力等问题仍然突出，开拓进取精神弱化、跟不上改革步伐等对优化地区营商环境的制约依然存在。

挑战前所未有，机遇也前所未有。粤东发展充满希望，习近平总书记亲临汕头、潮州视察，对粤东发展寄予厚望；省委省政府高度重视粤东发展，李希书记亲自定点联系汕头濠江。粤东有着许多得天独厚的发展条件和优势，现代产业体系、对外开放重大平台和基础设施建设步伐不断加快，我们要对粤东发展的光明前景充满信心。

海关处在国内国际双循环的"交汇枢纽"，在服务高质量发展、促进高水平开放方面肩负重要任务，必须牢记习近平总书记的殷殷嘱托，找准定位，主动作为、善于作为，更好服务构建新发展格局。要围绕促进贸易和投资自由化便利化，全面深化改革，加强制度创新和治理能力建设，持续优化口岸营商环境。要积极对接粤东外贸发展需求，支持粤东加快融入粤港澳大湾区和"一带一路"建设，充分发挥综合保税区等开放平台作用，大力支持新型贸易业态发展，支持关区各地市建设的国家重点项目、出台的"六稳""六保"举措、开展的外经贸发展项目、外事活动，提升粤东产业链供应链稳定性和竞争力，助力粤东在全面建设社会主义现代化国家新征程中迎头赶上。

面对新形势新任务，总署提出到2035年基本建成社会主义现代化海关的远景目标，并提出"十四五"时期"五关"建设新内涵，要求全面强化政治建关，大幅提升政治建设水平；纵深推进改革强关，大幅提升制度创新和治理能力；全面加强依法把关，大幅提升法治建设水平；深入推进科技兴关，大幅提升科技创新应用水平；持续推进从严治关，大幅提升干部队伍素质。我们必须深刻领会，结合关区实际找准切入点和突破口，以实际行动为"十四五"海关事业发展贡献汕关智慧和力量。

2021年是实施"十四五"规划、开启全面建设社会主义现代化国家新征程的第一年，所有工作都要围绕开好局、起好步展开。关党委研究认为，2021年汕头海关工作的总体要求是：以习近平新时代中国特色社会主义思想为指导，深入贯彻落实党的十九大和十九届二中、三中、四中、五中全会和中央经济工作会议精神，贯彻落实习近平总书记视察汕头、潮州并出席庆祝深圳经济特区建立40周年大会重要讲话重要指示，按照全国海关工作会议、全面从严治党工作会议部署，全面加强党的领导，增强"四个意识"、坚定"四个自信"、做到"两个维护"，坚持稳中求进工作总基调，立足新发展阶段，贯彻新发展理念，服务构建新发展格局，聚焦高质量发展主题，落实"六稳""六保"部署，强化监管优化服务，巩固拓展口岸疫情防控和促进外贸稳增长成效，全力支持粤东在全面建设社会主义现代化国家新征程中迎头赶上，深化"五关"建设，提升制度创新和治理能力建设水平，为"十四五"规划开好局、起好步，开启社会主义现代化海关建设新征程，以优异成绩庆祝建党100周年。

三、马上就办、真抓实干，锲而不舍、一以贯之，高质量做好汕头海关2021年工作

（一）坚定不移加强政治建设。

深化理论武装。深入学习贯彻习近平新时代中国特色社会主义思想，聚焦《习近平谈治国理政》第三卷和党的十九届五中全会精神，组织开展好各级党委理论学习中心组学习和专题培训。抓好各级领导干部专题培训，围绕提高"七种能力"推进青年理论学习提升工程。

抓实"第一议题"。时刻关注习近平总书记强调什么、要求什么，坚持"第一议题"制度，完善上下贯通、执行有力的抓落实工作机制，坚决落实习近平总书记重要指示批示精神。充分运用纪检监察、督察审计、巡察等手段，强化政治监督，把"两个维护"落实落细落准到工作中。

强化政治机关建设。开展中共党史学习教育，在新时代不断加强党的建设。持续加强党员干部政治机关意识教育，围绕"讲政治、守纪律、负责任、有效率"要求深入开展模范机关创建活动，培树典型。组织开展"党旗在基层一线高高飘扬——以实际行动庆祝中国共产党成立100周年""我为群众办实事"活动。持续推进落实巡视整改中长期规划，巩固深化"不忘初心、牢记使命"主题教育成果。总结扶贫工作经验，促进乡村振兴。

（二）慎终如始抓好常态化口岸疫情防控。

持续加强口岸卫生检疫。精准落实总署及地方疫情防控最新要求，结合疫情态势及时调整优化各项防控措施。完善口岸应急响应机制和安全防护突发事件预案，确保全链条防控流程畅通。强化口岸监测预警，推进"1+9"联防联控模式，确保全流程闭环管理。巩固提高口岸公共卫生核心能力，提升国际旅行健康服务水平和传染病检测能力。

严格做好高风险货物风险监测和预防性消毒工作。落实进口冷链食品疫情防控机制，强化源头管控、远程视频巡检。加强口岸风险分析布控，科学规范实施采样检测，严格监督落实口岸环节进口冷链食品和高风险非冷链集装箱货物预防性消毒措施，厘清关地业务边界，夯实各方责任。

严防疫情发生叠加。密切关注全球传染病疫情，严防埃博拉、拉沙热、鼠疫等重大传染病传入。扎实做好供港澳农产品检验检疫，实施供港活猪全链条监管。加强沙漠蝗等外来入侵物种防控，严防重大动植物疫情疫病传入传出。持续抓实内部疫情防控工作，确保"打胜仗、零感染"。

（三）切实提升监管效能。

推进风险整体防控和精准防控。健全

涉检风险研判处置机制，创新关区风险一体化防控途径，积极开展以供应链为单元的风险防控。探索建立口岸安全风险信息共享和协同处置机制。精准落实"两轮驱动"，继续提高人工分析布控查获率及查获质量。推动大数据应用与风险管理深度融合，提升布控针对性和有效性。进一步加强对跨境电商、市场采购等新业态风险分析研判，促进新业态健康有序发展。建立严密风险管控监督机制，严防管理风险。

提升综合治税效能。完善涉税风险研判和协调处置机制，强化非贸税收征管，加强税收监控分析，推广关税保证保险、汇总征税、自报自缴等措施，提升税收征管效能，全力完成税收预算目标。加强原产地管理，落实关税调整、减税降费等国家税收政策，加强税政调研，积极参与税收政策制定。

强化统计应用成效。加强海关统计调查，提高数据质量。积极参与海关业务统计指标体系改革及总署全球贸易监测分析中心工作，做好进出口监测预警，加强宏观经济分析和关区业务态势研究，提供更多有价值的政策参考。

严把进出口检验关。落实食品安全"四个最严"要求，严格做好进出口食品化妆品抽样检验及风险监测，持续推进进口食品"国门守护"行动。强化进出口危化品检验监管，力度只能加强不能削弱，坚决防范和遏制危化品安全事故发生。加快推进风险预警监管体系从功能建设向实践应用转化，加强对重点敏感商品、重点商检业务的风险评估。实行进口大宗商品全过程监管，加强质量检测和监控。持续开展"清风行动"，严厉打击假冒伪劣和贸易欺诈。

加强口岸监管。提高监管规范化水平，强化货运、旅检、邮快递渠道等重点领域口岸监管，落实《出口管制法》相关职责，按照国家贸易管控政策要求，加强进出口贸易禁限管控。进一步提高现场查发能力，严格规范操作规程，完善复查复验制度及运作流程，强化总关和隶属海关复查复验和机动查检力度，加强口岸环节反恐维稳，持续推进安全生产专项整治三年行动，深入开展知识产权海关保护。提高科技应用程度，运用信息化等科技手段，对监管作业场所（场地）实行网格化规范管理，优化二、三级监控指挥中心工作模式，完善旅检"无感通关"模式，强化海关辐射探测设备的使用管理，加大对核生化爆物品的查缉力度。高质量高标准做好亚青会人员、物资通关服务保障工作，全力支持汕头办好亚青会。

强化企业诚信管理和稽核查。扎实开展进口固体废物以及涉税、涉检等重点领域专项稽查。推广"互联网+稽核查"，推进企业 ERP（WMS）联网应用落地，将主动披露适用范围扩大到检验检疫领域。优化进出口货物属地查检工作机制，强化"货物申报前、放行后"监管。加强 AEO

企业培育和认证，落实高级认证企业通关便利措施。充分发挥企业协调员制度作用，妥善解决制约企业发展的瓶颈问题。推进报关企业注册登记许可转备案改革落地，健全与市场监管部门的信息共享机制。作为海关系统两个承接单位之一，全力做好全国海关稽查业务数据专项分析工作。

保持打私高压态势。组织开展"国门利剑2021"联合专项行动，严厉打击"洋垃圾"、象牙等濒危物种及其制品、成品油等重点涉税商品、涉枪涉毒和冻品、食糖等农产品、"水客"等走私活动。深化"全员打私"，推进落实总署进一步加强打击走私"1+6"制度，开展联合研判、联合防控、联合打击，加大对货运渠道伪瞒报、夹藏走私打击力度，力争在破获监管渠道涉税刑事案件有新突破。探索"五维"打击战术，加大多警种合成作战力度。加强案件侦办，坚持破网除链、注重深挖扩线，不断扩大战果。加大打私综合保障和执法规范化投入力度，加强基础建设与升级改造，打造融创中心、"智慧侦查"升级版。深化反走私源头治理、综合治理，加强反走私成果宣传。

（四）积极服务高质量发展高水平开放。

优化口岸营商环境。深化"放管服"改革，推动"双随机、一公开"向全执法领域延伸。拓展"单一窗口"功能应用，精简进出口环节监管证件和随附单证，推动降低进出口环节合规成本，巩固压缩整体通关时间成果，配合地方做好营商环境评估工作。加强政策宣传，提前介入重大减免税项目，落实落细减税降费措施。

促进外贸量稳质升。协调加快跨境电商综试区、市场采购贸易试点等优惠政策落地，争取跨境电商B2B出口监管试点。加强技术性贸易措施的研究储备，做好WTO/TBT-SPS措施的预警和通报评议工作，推动出口转型升级。加强粤港澳食品安全领域合作，开展货证溯源等执法互助。支持扩大食品、农产品进口，服务保供稳价。支持先进装备制造、高新技术研发等产业原材料、"卡脖子"技术设备、关键零部件和消费品等扩大进口，服务新兴产业建设布局。

服务高水平对外开放。支持梅州综合保税区加快验收，支持汕头综合保税区创新发展，复制推广自贸试验区海关监管制度。推进"以企业为单元"保税监管模式，降低加工贸易合规成本。支持地方政府申建进口肉类、冰鲜水产品等海关指定监管场地和业务开展，拓展粤东口岸服务功能。支持推进南澳、饶平对台小额贸易发展，试行更开放管理措施。支持广澳港二期、揭阳港、汕尾小漠港等粤东口岸码头扩大开放，深化与国内现代化港口物流等领域协作。

积极参与国际合作。积极参与"一带

一路"沿线重点国家"单一窗口"对接、AEO互认合作。进一步完善扶持措施，促进汕头华侨经济文化合作试验区高质量发展。支持关区各地市和外贸企业用好RCEP机制。开展"三智"研究，推进潮汕机场旅检智能化通关项目。

（五）稳步落实改革创新。

持续推进深化改革。紧跟总署部署全面推进各项海关业务改革，推动"两段准入"信息化改革全面稳步落地。进一步深化关检业务全面融合，规范检疫处理，优化取样送检、实验室检测与反馈。做好关区业务改革的推进和结果评估，优化监管资源配置，解决改革中的"结合部"问题，提高监管精准性、有效性。

强化科技创新应用。推广应用H2018新一代通关管理系统，深化人工智能技术攻关，推动扩大智能审图应用领域，提升H986、CT机等非侵入式机检设备应用效能。优化实验室规划布局，扩充检测资质，提升关税归类化验、固废鉴定等自检能力。利用新技术落实总署数据安全技术防护体系规划与解决方案，全面提升海关数据安全保护能力。完善综合行政管理平台功能，强化监控分析应用，提升非执法领域风险防控信息化水平。

加强法治建设。积极参与总署《海关法》《进出口动植物检疫法》等修订工作。以行政执法"三项制度"为抓手严格规范执法，不断提升关区依法行政水平，加强行政复议应诉工作。围绕海关改革、新兴业态等领域，做好法律论证、制度供给、合法性审查、执法疑难研究工作。科学谋划法治宣传教育"八五"规划。

（六）持续提高综合保障水平。

提升机关政务效能。加强政务保障，严格公文审核把关，进一步精简会议文件、改进文风会风，建立专项督查评估制度，优化值班应急管理，加强新闻宣传和舆论引导，巩固信息报送质效，强化机要保密和档案管理，认真做好建议提案办理，提升政务公开和信访工作满意度。

加强财务后勤管理。严格落实"过紧日子"要求，强化财务保障，推进预算绩效考核，推动地方补助资金纳入预算常态化保障，完善缉私警察保障机制。进一步规范政府采购、涉案财物管理，健全基层财务后勤管理长效机制，防范非执法领域廉政风险。加强后勤保障工作，树立"大后勤"理念，搭建智慧后勤综合管理平台，提升后勤服务水平和增收节支绩效。推进泰星路技术业务用房、保健中心修缮改造等基建项目。试点事业单位集中会计核算。

完善督审工作机制。推进督察项目清单式管理，针对性开展非执法领域专项审计。统筹督察、审计、执法评估手段，推进隶属海关自主督察全覆盖。深化新海廉平台风险防控预警作用，完善关区内控机制。加大"屡审屡犯"问题问责力度和督审问题移交力度，提升监督成效。

（七）扎实推进党建高质量发展。

巩固深化"强基提质工程"。强化压力有效传导，严格落实党建工作法规制度，提升党建标准化规范化水平。落实总署党建与业务深度融合具体措施，着力破解"两张皮"问题，深化"灯下黑"问题整治。抓好"四强"党支部建设，培树一批党建品牌。严格落实意识形态工作责任制，定期开展队伍思想舆论动态分析。

强化准军事化海关纪律部队建设。坚持从严管理，完善内务规范强化月等特色做法，在关区范围内组织准军建设深学习、大讨论，灵活组织专项业务练兵比武。拓展准军事化管理信息化二期建设功能，加大内务督察力度。深化"党建+文明创建"工作机制，高标准推动文明单位、青年文明号创建工作，更好发挥工青妇作用，培育海关特色文化。关心关爱基层一线，做好人文关怀和心理疏导。

（八）着力建设高素质专业化干部队伍。

研究制定实施班子建设、人才发展、教育培训规划。坚持把政治标准放在首位，进一步选优配强各级领导班子。加大执法一线科长和优秀年轻干部培养选拔力度。发挥考核"指挥棒"作用，精准识别干部，从严从实加强干部监督管理。加强人才队伍建设，强化多岗位交流历练。统筹用好职级职数，做好海关专业技术类公务员分类管理实施工作，加强业务科技复合型人才培养。落实总署事业单位聘用制度，推进事业单位薪酬制度改革，激发事业单位人员干事创业热情。围绕"七种能力"分级分类组织开展精准培训，不断提升干部内生动力和履职水平。开展职能部门"送教下基层"，突出针对性、实用性开展实操培训，提高教育培训质量。丰富拓展"文化养老"内涵，用心用情用功做好离退休干部工作。

（九）全力推进党风廉政建设和反腐败斗争。

认真落实十九届中央纪委五次全会精神，长期坚持"严"的主基调，强化政治监督、做深日常监督，建立各级党委落实全面从严治党主体责任检查考核机制，完善党建述职评议制度和履责提醒机制，压紧压实"两个责任"。持之以恒落实中央八项规定及其实施细则精神，毫不松懈纠治"四风"，全面检视、靶向纠治形式主义、官僚主义突出问题，严格落实"三个区分开来"，持续为基层松绑减负。深化"好差评"系统应用。强化警示教育，保持对"腐蚀""围猎"警觉，筑牢党员干部思想防线。统筹推进纪检监察、巡察、督察审计等各种监督协调贯通，形成常态长效监督合力。以系统施治、标本兼治的理念正风肃纪反腐，坚持打私反腐"一案双查"，坚决查处各类腐败案件，持续整治群众身边腐败和作风问题，一体推进不敢腐、不能腐、不想腐，打造清廉海关。

　　同志们，2021年是"十四五"开局之年，也是建党100周年，做好海关工作意义重大。鞍马犹未歇，战鼓又催征。一年之计在于春，让我们紧密团结在以习近平同志为核心的党中央周围，在总署党委坚强领导下，发扬为民服务孺子牛、创新发展拓荒牛、艰苦奋斗老黄牛的精神，乘势而上，起而行之，为"十四五"开好局、起好步，以更大成绩向建党100周年献礼！

在 2021 年汕头海关全面从严治党工作会议上的讲话

时任汕头海关党委书记、关长　王胜

（2021 年 2 月 3 日）

同志们：

这次会议的主题是：深入学习贯彻全国海关工作会议、全面从严治党工作会议精神，总结回顾 2020 年我关全面从严治党工作，研究部署 2021 年主要任务。

一、2020 年关区全面从严治党工作回顾

2020 年是新中国历史上极不平凡的一年，汕头海关在总署党委的坚强领导下，坚持以习近平新时代中国特色社会主义思想为指导，认真贯彻落实党的建设总要求，增强"四个意识"、坚定"四个自信"、做到"两个维护"，以强烈的政治担当、责任担当和使命担当，抓牢主体责任，抓实党建创新，有力推动全面从严治党向纵深发展，取得了明显的成效。

（一）政治机关建设扎实有效。

强化政治统领，坚定走好"两个维护"第一方阵。坚持把贯彻落实习近平总书记重要指示批示精神作为形势分析和督查例会"第一议题"，第一时间深入学习、研究落实，跟踪问效，强化监督。全力以赴做好口岸疫情防控，实现"打胜仗、零感染"，关党委充分发挥统领全局、协调各方作用，党员干部担当作为在疫情防控中得到检验，1 个集体、7 名党员干部获总署和广东省战"疫"表彰，5 名表现突出的干部作为入党积极分子重点培养，2 名干部职工火线申请入党，党旗在防控疫情斗争中高高飘扬。持续做好"六稳"工作，落实"六保"任务，坚决落实习近平生态文明思想，严厉打击"洋垃圾"走私，助力决战脱贫攻坚，2 个定点帮扶村实现脱贫。

坚定政治信仰，拧紧思想"总开关"。坚持不懈加强理论武装，在学懂弄通做实习近平新时代中国特色社会主义思想上下

功夫。持续加强政治机关意识教育，巩固深化"不忘初心、牢记使命"主题教育成果，全年开展党委中心组学习会13次，对"灯下黑"问题专项整治集中整改，引导广大党员干部把思想和行动统一到党中央的决策部署上来，做到学思用贯通、知信行统一，各级领导干部政治判断力、政治领悟力、政治执行力不断提升。

提高政治站位，做好巡视"后半篇文章"。关党委扛实巡视整改主体责任，建立责任压实、日常监督、挂账销号和追责问责4项机制，制定100项整改措施。对巡视反馈意见指出的12个履职不力问题进行责任追究，1个党组织、7名党员领导干部被问责，1名党员领导干部受到党纪处分。制定巡视整改中长期规划，细化59项任务，从源头查漏补缺，巡视反馈问题在集中整改期间实现"清零"。

（二）作风建设从严从实。

抓落实，深入贯彻中央八项规定及其实施细则精神。坚持不懈纠治"四风"，落实习近平总书记关于制止餐饮浪费行为的重要指示精神，带头"过紧日子"，积极倡导节约型海关建设，优化车辆信息化监控平台，紧盯"用餐、用车、用钱"，关区全年未发生违反中央八项规定精神情事。

防反弹，持续纠治形式主义、官僚主义问题。巩固基层减负成效，全年发往隶属海关文件较2018年减少56%，会议压减57%，基层获得感持续提升。开展巡视反馈形式主义问题专项整治，推进靶向治理，对疫情防控等重点工作中出现的不担当、慢作为等问题严肃问责，工作作风不断改进。

促提升，稳步推进政风行风建设。通过警示教育、谈话提醒等方式强化日常管理，关区连续3年酒驾醉驾"零发生"。推广应用海关政务服务"好差评"系统，"五星好评率""主动评价率"保持100%。文明单位创建全面开花，硕果累累，形成"6个国级+5个省级+3个市级"文明单位全覆盖局面。

强内核，不断压实准军建设责任。以制度促规范，以严管促过硬，专设准军管理机构，完善管理制度7项，开展"整顿纪律作风、创建模范机关"专题教育整顿，常态化运用"双随机"模式开展内务督察，加强科技应用，准军管理可视化、网络化、数据化水平不断提升。

（三）不敢腐、不能腐、不想腐一体推进。

"制度+科技"提质升级。完善制度和规范执法同步推进，针对廉政风险点查漏补缺，持续开展"建章立制"，全年立改废制度文件63份，隶属海关建立"一张岗位清单、一套执法依据、一组流程要点"制度规范。职能监控和基层自控同向发力，以评促建推动新海廉平台应用，各单位自建监控清单1,413项，纠正问题1,051个。强化监管和防控风险同步实现，启用智能审图，图像识别精准度不断提高，实施行邮物品风险统一防控，非贸物品X光机图像统一复核。

非执法领域风险管控严密。启用政府采购管理系统，实现全链条可控，增设实物资产管理模块，管理责任到人。完善纪检、财务、法规、督审、基建部门联席工作制度及重大招标文件、合同会审制度，规范监委会工作规程，基建、重大经济活动事项的源头管理、过程监督不断加强。开展事业单位、重点领域资金使用情况等专项审计及收费清理检查，纠正各类问题87个。

监督执纪精准有力。深入开展党风廉政调研和情况分析，制定应对措施12条，盯紧重点领域、重点问题实施"飞行检查"45次；坚持严的主基调，全年受理各类信访举报21件，处置问题线索9条，立案2件，给予党纪处分2人。派驻纪检组"嵌入式"监督，全年向关党委报告问题788个，督促落实工作288项，将责任传导到"最后一公里"。落实打私反腐"一案双查"工作机制，与粤东5市纪委监委签订协作配合办法，关、市合力助推关区反腐败工作向纵深发展。

警示教育深入有效。以赛铁尔汗、李小敏、欧阳晨案件为鉴，关党委第一时间召开党委扩大会，亮明态度，对照检查，教措并举，引以为戒，举一反三。深刻领会海关反腐败斗争四个"一直没有改变"的严峻形势，深入开展"警示教育月"，大力推动廉政文化创建，引导关员明法纪、知敬畏、存戒惧、守底线，关员拒腐防变的定力在潜移默化中不断增强。

（四）干部管理监督稳步提升。

加强"一把手"监督。坚持党管干部的原则，把各单位"一把手"严守政治纪律和政治规矩作为加强领导班子建设的第一遵循，针对隶属海关党委任免权限调整，开展选人用人专项监督检查，开展经济责任审计7个，查发问题70个，持续强化"一把手"有责要担当、用权受监督的意识。

深化执法一线科长管理。建立专门廉政档案，细化加强执法一线科长队伍建设31项具体任务，通过关键岗位交叉历练，有效化解廉政风险，对一线科长在急难险重任务等重要工作中的表现进行专项考核，强化考核结果运用，6名表现优秀的执法一线科长得到任用，通过严管厚爱充分调动执法一线科长队伍干事创业热情。

严格个人有关事项报告。一手抓培训指导，一手抓严肃处理，组织376名干部完成填报，对6名填报出现问题的人员采取取消考察资格等措施，全关个人有关事项报告差错率显著下降，抓实了党员干部对党忠诚的基本要求。

（五）管党治党责任压紧压实。

责任传导更加到位。两级党委制定全面从严治党主体责任清单，各级领导干部履职尽责的自觉性、有效性显著提升，深入运用"四种形态"特别是第一种形态，全年开展谈话提醒204次，同比增加

140%；对3个党组织、9名党员干部进行问责，组织调整干部4名。坚持选人用人与管理监督相统一，科学下放管理权限，组织隶属海关党委书记党建述职评议，现场述职、提问、点评，全方位对隶属海关党委班子及党委委员进行考核，一级抓一级、层层抓落实。

制度机制更加完善。修订完善涉及工作规则、党纪处分等20项制度规范，制度建设系统性、整体性、协同性不断增强，隶属海关党委结合工作实际，细化出台相关制度规定，确保全面从严治党要求一贯到底。党委各工作部门通力配合、齐抓共促，逐步形成协同推进的工作局面。

巡察工作更加深入。明晰巡察工作领导小组、巡察办、巡察组工作规则，优化巡察工作流程方法，针对不同巡察方式完善个性化工作清单及模板，不断提高巡察的规范性、有效性。聚焦"四个落实"监督要点，紧盯重点领域重点问题，开展1轮常规巡察及"新冠肺炎疫情防控工作"、"危化品进出口监管"等2轮专项巡察，巡察单位14个，发现问题97个，政治监督更加到位。

在充分肯定成绩的同时，也要看到问题和不足：个别领导政治敏感性不强，政治站位不高，学习领会党中央决策部署的精神实质和政治内涵不到位。"马上就办、真抓实干"的作风还没有真正养成，工作拖沓推诿、不担当慢作为等问题依然存在。执法领域和非执法领域廉政风险依旧不容忽视，分析研判机制不完善，采取的措施针对性、有效性不够，违纪问题仍偶有发生。对比全国21个直属海关实现领导干部个人有关事项报告差错率"清零"，我关仍有个别领导干部重视不够，认识缺位，态度敷衍，无法实现差错"清零"。准军建设的主体责任落实仍不到位，纪律作风不严不实的情况连续出现，甚至被总署点名通报。一些领导干部缺乏较真碰硬、敢抓敢管的劲头，主动从业务中发现问题、从政治上分析问题的能力薄弱。这些问题需要引起高度重视，必须加以认真解决。

二、扎实做好2021年全面从严治党各项工作

2021年是中国共产党成立100周年，也是"十四五"规划的开局之年，所有工作都要围绕开好局、起好步来展开。2021年我关全面从严治党工作的总体要求是：以习近平新时代中国特色社会主义思想为指导，深入贯彻党的十九大和十九届二中、三中、四中、五中全会精神，中央纪委五次全会精神，全面落实全国海关工作会议、全面从严治党工作会议部署，增强"四个意识"、坚定"四个自信"、做到"两个维护"，立足新发展阶段，贯彻新发展理念，构建新发展格局，以高质量发展为主题，坚持系统观念，把严的主基调长期坚持下去，态度不变、决心不减、尺度不松，推动全面从严治党向纵深发展，一

体推进不敢腐、不能腐、不想腐，持续深化清廉海关建设，锻造准军事化纪律部队，为深入推进"五关"建设提供坚强保证，以优异的成绩庆祝建党100周年。

着力做好以下7项工作：

（一）持续推进政治机关建设，坚定走好"两个维护"第一方阵。

海关首先是政治机关，必须旗帜鲜明讲政治，要把"两个维护"作为最高政治原则和根本政治规矩，做到在重大问题和关键环节上头脑特别清醒、眼睛特别明亮，做政治上的明白人。

要不断提高政治判断力、政治领悟力和政治执行力。对"国之大者"了然于胸，常观大势、常思大局，时刻关注党中央和习近平总书记强调什么、要求什么，在思想上、行动上始终同党中央保持高度一致。以庆祝建党100周年为契机，巩固深化"不忘初心、牢记使命"主题教育成果，强化政治机关意识，开展模范机关创建活动，加强党员干部党性锻炼、党性修养；提高各级党委理论学习中心组学习质量，用党的创新理论武装头脑、指导实践、推动工作，认真落实意识形态工作责任制，不断增强干部特别是年轻干部的"七种能力"，严守党的政治纪律和政治规矩。

要服务"十四五"规划实施。深入贯彻落实党的十九届五中全会精神，找准海关工作在国家大局中的方位和着力点，把疫情防控作为重中之重，"打胜仗、零感染"。坚决落实党中央立足新发展阶段、贯彻新发展理念、构建新发展格局的重大决策部署，结合关区实际做好海关"十四五"规划落地，抓好"国门利剑2021"专项行动、改善粤东口岸营商环境、巩固脱贫攻坚成果等重点工作，为"十四五"规划开好局、起好步。

要提升"第一议题"落实效果。切实增强政治自觉和行动自觉，始终如一将学习贯彻习近平总书记重要指示批示精神作为形势分析和业务督查例会"第一议题"，专题学习贯彻、推进落实；隶属海关党委要对表对标，把例会开出质量、开出成效。要突出问题导向、结果导向，加强监督评估，完善闭环链条，坚决迅速、有效有力贯彻落实习近平总书记重要指示批示精神。

（二）深入推进党风廉政建设和反腐败工作，一体推进不敢腐、不能腐、不想腐。

习近平总书记强调，腐蚀和防腐蚀斗争长期存在，稍有松懈就可能前功尽弃，反腐败没有选择，必须知难而进。

要保持反腐败高压态势。始终坚持"严"的主基调，无禁区、全覆盖、零容忍，既要紧盯"关键少数"、重点领域和关键岗位，对受贿索贿、以权谋私、放纵走私等腐败问题严惩不贷，也要聚焦"小微权力"，坚决整治推诿扯皮、吃拿卡要等群众身边腐败和作风问题，对顶风违纪、不收敛不收手的严肃处理。完善"一案双查"工作机制,强化审计问题移交纪检部门核实的力度,落实受处分人员回访制度,严肃查处诬告陷害行为。

要加强廉政风险研判。关注深化改革进程中廉政风险的衍生变化,深入开展调研分析,提升识别防范风险和自主查发问题的能力。职能部门要承担起防控本业务部门和领域廉政风险的责任,针对查检、稽核查等执法岗位,政府采购、基建项目等非执法领域开展廉政风险排查。

要高质量做好以案促改。在全关深入开展李小敏、欧阳晨等身边案件的警示教育,总署已经对欧阳晨作出开除党籍、开除公职的处分决定,各级党组织和领导干部要把自己摆进去、把工作摆进去,认真对照欧阳晨违反政治纪律、中央八项规定精神、组织纪律、廉洁纪律、工作纪律的种种行为,深刻反思、剖析原因、深挖根源、引以为戒。进一步完善以案促改工作机制,推进"一案一建议一整改",加大对案件整改情况监督评估力度,切实有效堵塞管理漏洞,补齐制度短板。

要筑牢关员思想防线。分级分类开展党风廉政教育,结合干部培训、专项工作部署,以"纪律教育月"为抓手,加大廉政教育力度,做好思想道德和党纪国法教育,加强廉政文化创建,用好红色资源及"实体+网络"学习阵地,引导党员干部时刻自重自省自警自励,慎独慎微慎始慎终,做政治信念坚定、遵规守纪的明白人。

(三)持之以恒正风肃纪,破解作风建设中的顽瘴痼疾。

作风建设是攻坚战,更是持久战,各级领导干部要增强政治自觉,带好头、做示范、抓落实。

要抓"四风"树新风。持之以恒落实中央八项规定及其实施细则精神,清理公务用车、用房,严查享乐主义、奢靡之风问题。引导领导干部在思想上、行动上自觉反对特权思想和特权现象,树立良好家风,从严管好家属子女和身边工作人员,防止不正之风向腐败问题演变。发扬艰苦奋斗、勤俭节约精神,继续贯彻"过紧日子"的要求,堵住"舌尖上的浪费",持续推进节约型机关创建,把好传统带进新征程,将好作风弘扬在新时代。

要防止形式主义、官僚主义蔓延反弹。进一步精简会议文件、改进文风会风,完善制度机制,巩固基层减负具体措施和成果,持续为基层减负松绑。从基层倒查职能部门在学习培训、政策执行等方面存在的"一刀切"、层层加码问题。防止和纠正任何形式的"低级红""高级黑",特别是对贯彻落实党中央决策部署做选择、搞变通、打折扣,发现一起、通报一起、问责一起。

要着力解决企业群众身边问题。进一步推进"放管服"改革,做好政务服务"好差评"系统新增服务事项上线,优化创新服务流程和方法,增强企业群众的满意度、获得感。开展"我为群众办实事"

主题实践活动，畅通信访渠道，健全网络平台，落实特约监督员制度，进一步深化应用"12360"，加强惠企政策宣传，在制度允许的范围内及时解决企业群众"急难愁盼"问题需求。

（四）加强准军事化纪律部队建设，为社会主义现代化海关建设提供有力保证。

在疫情防控工作中，海关广大党员干部诠释和丰富了准军事化纪律部队建设内涵，遵令而行、闻令而动、纪律严明、执行高效，今后的工作中应长期坚持、发扬光大，要蔚然成风。

要提升能力素质。坚持需求导向、问题导向、实践导向，完善教育、政工、职能部门岗位培训练兵协同机制，深化教育培训改革，压实隶属海关党委责任，创新培训方式，安排职能部门"送教下基层"，分级分类深化全员大培训，开展业务一线大比武，全面提升关员的能力素质和业务水平。进一步加强应急管理机制建设，全力做好常态化疫情防控，确保随时拉得出、顶得上、打得赢。

要严格队伍管理。针对海关总署政治部通报的问题，补短板、强弱项，在内务规范、办公环境、考勤纪律、窗口作风建设等4方面加大监督力度，多措并举动真碰硬，下大力气从根本上扭转思想认识松懈、管理执行松劲、压力传导松动的顽症。继续坚持教育提醒，严格管理，保持关区酒驾醉驾问题"零发生"。

要加强激励引导。融合开展党史、新中国史、改革开放史、社会主义发展史教育，大力弘扬伟大抗疫精神、劳模精神、工匠精神，增强党员干部的理想信念和职业荣誉感。结合重大节庆日和重要活动，举行升国旗、宪法宣誓、重温入党誓词等政治仪式，强化号令意识。组织开展"党旗在基层一线高高飘扬"活动，加强身边先进典型的选树和宣传，组织开展"两优一先"评选，扎实推进各类文明荣誉称号创建，弘扬社会主义核心价值观，在新的创建周期内实现数量质量双丰收。

（五）强化权力运行监督制约，提升风险源头防控能力。

运用系统思维，加强体系建设，把完善权力运行和制约机制作为基础性工作，构建全覆盖的责任制度和监督制度。

要强化法治的基础保障作用。贯彻落实习近平法治思想，推动关区法治建设，将防腐措施与改革举措同谋划、同部署、同落实，持续推进建章立制，围绕海关全业务领域一体化改革等中心工作，有效提供法治保障，以"三项制度"为抓手规范执法，进一步健全国有资产管理、财会等非执法领域制度规定，规范事业单位、涉企收费等管理。

要发挥"制度+科技"优势。提升正面监管智能化水平，加大科技装备配备使用力度，扩大智能审图应用领域，深化智能审图等人工智能技术攻关，实现智能审图识别范围和准确性双提升。建立以数据为中心的安全防护体系,全面提升海关数据、信息使用管理和安全保护能力。推进"基本建设项目全过程管理监督模块"建设,开发疫情防控物资储备库管理系统,探索供应商、采购商评估机制,完善实验室常态化检查机制,整合利用闲置资产,有效防控非执法领域风险。

要增强系统性、协同性建设。加强"云擎"应用,打造智能高效的风险管理体系,稳步提升人工分析精准度和风险管理整体效能。推进"全员、全领域"的内控监督体系建设,提升执法评估质量,增强关区内控合力。完善涉检风险研判处置机制,规范检验检疫证单管理使用,完善岗位工作指引,增强标准化执行水平,提高人岗适配度,系统化解检验检疫业务风险。

(六)促进监督力量贯通融合,形成常态长效的监督合力。

监督没有禁区、没有例外,以党内监督为主导,不断完善权力监督制度和执纪执法体系。

要突出政治监督。把落实"两个维护"作为首要任务,聚焦习近平总书记重要指示批示精神和党中央、国务院重大决策部署等统筹开展重点监督和专项监督。强化巡视整改长效机制建设,把整改融入日常工作、融入深化改革、融入全面从严治党、融入班子建设。丰富巡察工作手段,完善巡察工作机制,贯通使用常规巡察、专项巡察和巡察"回头看"等方式,开展全方位"政治体检";加大巡察整改检查督导、质量评估和成果运用力度,做实巡察整改"后半篇文章"。发挥纪检专责监督作用,紧盯重点领域、部门、人员,有效挖掘问题线索,确保有错必究、有责必问。完善监督部门协调配合机制,提升信息数据共享、成果综合运用水平。

要强化"一把手"和领导班子监督。上级"一把手"要加强对下级"一把手"的监督,定期约谈提醒下级"一把手";坚持任中审计和离任审计相结合,强化隶属海关选人用人过程监督,严格落实民主生活会、组织生活会、述职述廉等工作;完善一线执法科长廉政档案,有效规范"一把手"权力运行,逐步形成自觉接受监督的习惯。

要做实做细日常监督。充分发挥派驻纪检组优势,强化"飞行监督""交叉监督"等手段,持续开展"四不两直"式监督检查;搭建全方位干部监督体系,严格个人有关事项报告检查,规范领导干部配偶、子女及其配偶经商办企业行为,加强"八小时以外"监督;善用监督执纪"第一种形态",抓早抓小抓出成效,有效推动监督下沉、监督落地,实现监督于问题未发生之时。

(七)深入推动责任落实,确保知责明责、履责尽责。

各级党组织和领导干部要知责于心、担责于身、履责于行,把全面从严治党各项职责任务落到实处。

要压紧压实全面从严治党责任。进一步完善与全面从严治党主体责任清单对应的事项清单、任务清单，有效落实，跟踪问效，确保抓深抓细抓实。不断完善"四责协同"机制，压实党委全面从严治党主体责任和书记第一责任人责任，党委委员要落实"一岗双责"，纪检机构要履行好监督专责，有效发挥监督保障执行、促进完善发展的作用。持续深化"强基提质工程"，增强基层党组织政治和组织功能，将责任和从严管理要求传导到"最后一公里"。

要推动隶属海关党委责任落实。不断完善上下贯通、执行有力的党委领导机制，把党的领导延伸到各级组织，贯穿于各项工作，优化隶属海关党委考核制度，加强监督指导，推动隶属海关党委加强制度创新和治理能力水平提升，克服工作上"等、靠、要"思想，杜绝不作为慢作为乱作为。

要提升敢抓善管的能力。聚焦政治责任、盯住"关键少数"、突出重点领域，严肃、规范、精准开展问责。加强对隶属海关党委及各单位"一把手"运用"四种形态"的监督检查，倒逼领导干部直面问题、勇于碰硬。深入贯彻"三个区分开来"原则，继续落实容错纠错机制，营造担当尽责、干事创业的氛围。

要强化考核评估的"指挥棒"作用。完善全面从严治党主体责任考核机制，高质量开展各类专项考核，强化结果运用，树立重实干、重实绩的选人用人导向，发掘、培养、使用在疫情防控等急难险重工作中涌现出的优秀干部，切实发挥考核对领导班子和领导干部的管理监督和激励鞭策作用。

胸怀千秋伟业，恰似百年风华。建设社会主义现代化海关的新征程已开启，我们要以永远在路上的韧劲和执着，锲而不舍，一以贯之，不断开创汕头海关全面从严治党、党风廉政建设和反腐败工作新局面，以优异成绩迎接建党100周年！

汕头海关贯彻落实《"十四五"海关发展规划》任务分解表

序号	内容	页码	主办单位	协办单位	《发展规划》内容	落实意见	标识	备注
1	国家《规划纲要》分工对海关的要求	10	办公室	梅州海关	重点工程项目：（四十一）普速铁路。建设西部陆海新通道黄桶至百色、黔桂增建二线铁路和瑞金至梅州、中卫经平凉至庆阳、柳州至广州铁路，推进玉溪至磨憨、大理至瑞丽等与周边互联互通铁路建设。提升铁路集装箱运输能力，推进中欧班列运输通道和口岸扩能改造，建设大型工矿企业、物流园区和重点港口铁路专用线，全面实现长江干线主要港口铁路进港。	配合地方政府推进落实	D	前期主要负责与地方政府沟通。
2	专栏3 "十四五"海关发展主要指标	15	关税处		1. 海关税收预算目标完成率（%）：≥100	总署已启动，各关进一步推进落实	B	约束性指标（至2025年）
			办公室		2. "一带一路"海关国际合作机制（个）：>90	紧跟总署部署推动落实	A	预期性指标（至2025年）总署事权
			法综处		3. 与境外"单一窗口"互联互通国家（地区）数量（个）：15	紧跟总署部署推动落实	A	预期性指标（至2026年）总署事权
			法综处		4. 海关规章立法后评估比例（%）：100	紧跟总署部署推动落实	A	约束性指标（至2025年）总署事权
			风控分局		5. 货物人工分析查获率（%）：16	总署已启动，各关进一步推进落实	B	约束性指标（至2025年）
			食品处		6. 进口食品监督抽检合格率（%）：>99	总署已启动，各关进一步推进落实	B	预期性指标（至2025年）

续表1

序号	内容	页码	主办单位	协办单位	《发展规划》内容	落实意见	标识	备注
2	专栏3 "十四五"海关发展主要指标	15	卫生处		7. 国际卫生港口岸创建数量（个）：35（全国）	总署已启动，各关进一步推进落实	B	预期性指标（至2026年）
			缉私局		8. 海关缉私部门移诉案件起诉率（%）：>98	总署已启动，各关进一步推进落实	B	约束性指标（至2025年）
			法综处		9. 进出口货物口岸放行时间（小时）：进口≤40；出口≤2	总署已启动，各关进一步推进落实	B	预期性指标（至2025年）
			企管处		10. AEO互认国家（地区）数量（个）：≥60	紧跟总署部署推动落实	A	预期性指标（至2025年）总署事权
			动植处		11. 口岸海关动植物检疫标准化建设覆盖率（%）：100	总署已启动，各关进一步推进落实	B	约束性指标（至2025年）
			技术中心		12. 实验室法检项目自检率（%）：≥98	总署已启动，各关进一步推进落实	B	预期性指标（至2025年）
			科技处		13. 海关业务信息化应用覆盖率（%）：100	总署已启动，各关进一步推进落实	B	约束性指标（至2025年）总署事权
			机关党委		14. 党建示范品牌数量（个）：200（全国）	总署已启动，各关进一步推进落实	B	预期性指标（至2025年）
			人事处		15. 海关评定的专家型人才规模（人）：≥10,000（全国）	总署已启动，各关进一步推进落实	B	预期性指标（至2025年）

续表2

序号	内容	页码	主办单位	协办单位	《发展规划》内容	落实意见	标识	备注
3	加强进出境环节实货监管	16	监管处		完善联防联控机制，优化口岸监管作业机制和流程，加强口岸监管能力建设，提高进出境货物查检作业的规范性和科学性。	紧跟总署部署推动落实	A	
			监管处、法综处	卫生处、商检处	强化口岸监管和物流监控，加强口岸监管环节的反恐、防扩散和出口管制等工作，构建完善口岸核生化爆监测和枪支弹药的查发反恐体系。加强重点商品管控，有效落实贸易管制措施。认真履行蒙特利尔议定书等国际公约，对进出境禁限管制物项实施有效监管。推进行李物品、免税品、邮递物品监管智能化、规范化建设，提升通关体验。	紧跟总署部署推动落实	A	
			企管处		完善加工贸易海关监管制度体系，创新边境贸易监管方式。	紧跟总署部署推动落实	A	"创新边境贸易监管方式"为总署事权。
			监管处	科技处	探索应用区块链、大数据等加强联网监管，应用智能审图等新技术强化实货监管快速监测探测，提升监管的精准性和威慑力。	紧跟总署部署推动落实	A	
4	确保税收安全	16	关税处	各隶属海关	完善海关税收征管流程，优化税收征管模式，提高税收征管质量。	紧跟总署部署推动落实	A	
				统计处、各隶属海关	打击价格低报瞒报、不实贸易等各类逃税涉税违法活动，维护安全公平有序的贸易环境。	紧跟总署部署推动落实	A	
				各隶属海关	深入开展税政调研，积极参与进出口税收政策调整。	紧跟总署部署推动落实	A	
				各隶属海关	优化非贸渠道税收征管机制，依托大数据等新技术促进征管智能化、作业信息化、缴税便利化。	紧跟总署部署推动落实	A	总署事权
				各隶属海关	深入落实各项进口税收优惠政策，加强原产地管理，引导企业用好用足保税、减免税等政策，支持补齐产业链供应链短板，保障和促进产业安全。	紧跟总署部署推动落实	A	

续表3

序号	内容	页码	主办单位	协办单位	《发展规划》内容	落实意见	标识	备注
5	专栏4 税收风险防控能力提升工程	17	关税处	各业务职能部门	（一）完善税收风险协同防控体系。建立并完善产业、行业、企业和商品"四维"管理模式，聚焦"大税源、高风险"商品和企业以及税收政策执行风险防控，持续优化研判机制，防范化解整体性、全局性重大风险，规范排查处置税收风险，统一税收征管执法，推进税收风险源头治理。构建税管局与直属海关互为优势，关税部门与风控、稽查、缉私、监管、企管部门"六方"协同治理的综合治税新机制。	紧跟总署部署推动落实	A	
				企管处	（二）深化属地纳税人管理。推动构建新型关企征纳关系。坚持源头规范、分类管理、协同治理，建立属地纳税企业底账和"双特"台账管理、纳税遵从度评估、涉税化验争议解决等机制，统筹运用正向激励和逆向管控手段，实施差别化纳税信用管理，引导企业守法自律，源头防控税收风险。	紧跟总署部署推动落实	A	
				科技处	（三）发挥科技引领支撑作用。强化科技创新应用，持续提升关税大数据研发与应用能力，建立大数据应用安全体系下的、符合税收征管特点的数据驱动式征税大数据应用研发工作机制。	紧跟总署部署推动落实	A	总署事权
				督审处	（三）发挥科技引领支撑作用。持续优化完善税管作业平台功能，建设H2018税收征管平台和属地纳税管理平台，提升税收风险智能化防控水平。	紧跟总署部署推动落实	A	总署事权
6	维护口岸公共卫生安全	17	卫生处	各单位	构建完善口岸公共卫生体系，建立健全多渠道疫情监测和多点触发的预警机制，推动实施智慧口岸精准检疫，筑牢"境外、口岸、境内"三道检疫防线。	紧跟总署部署推动落实	A	
				各隶属海关	完善口岸公共卫生治理体系，创新口岸公共卫生制度，优化口岸卫生监督工作模式，加强口岸卫生检疫设施设备建设，推动制定口岸核心能力建设强制性国家标准，开展国际卫生机场（海港、陆港）建设，探索建立重大疫情指定口岸和分级建设模式。	紧跟总署部署推动落实	A	
				各单位	强化口岸卫生应急建设，完善应急响应指挥体系、工作机制和应对预案，建立现代化口岸突发公共卫生事件应急处置指挥体系，实施应急队伍"在岗-预备-储备"三级管理模式，完善应急物资储备制度。	总署已启动，各关进一步推进落实	B	
				各单位	深化联防联控常态化运作机制，推动实现联合调查、联合预警、联合管理、信息共享。	总署已启动，各关进一步推进落实	B	
				各隶属海关、保健中心	积极参与全球公共卫生治理，加强境外疫情监测，探索建立国际旅行卫生安全保障机制和标准。	紧跟总署部署推动落实	A	

续表4

序号	内容	页码	主办单位	协办单位	《发展规划》内容	落实意见	标识	备注
7	专栏5 口岸公共卫生防控体系建设工程	17	卫生处	各隶属海关	(一)全球传染病疫情监测系统建设。建立全球传染病疫情3D可视化展示平台,建立指标型、事件型传染病风险评估模型,建成全球传染病疫情监测系统。	紧跟总署部署推动落实	A	
				各隶属海关	(二)口岸检疫查验和应急处置能力建设。完善新冠肺炎疫情防控制度,形成长效机制。充分利用信息化、智能化、自动化手段,完善口岸查验和检疫保障体系,加快构建现代化口岸突发公共卫生事件实时监控和桌面指挥系统。	总署已启动,各关进一步推进落实	B	
				各隶属海关	(三)强化国境病媒生物监测。建成病媒生物实时监测、远程智能鉴定系统,建立病媒生物标本库和生物信息库,推进病媒生物监测处置平台建设,建成"一系统、两库、一平台"智慧病媒生物监测体系。	紧跟总署部署推动落实	A	
				各隶属海关	(四)建立特殊物品国家准入评估制度。建立高风险特殊物品国家准入评估制度,推动建立出入境特殊物品联合风险研判机制。	紧跟总署部署推动落实	A	
				各单位	(五)口岸公共卫生核心能力建设。推动创建国际卫生港。建设"国际旅行健康服务网",推动国际旅行医学人才建设。	紧跟总署部署推动落实	A	
8	严格进出境动植物检疫监管和外来入侵物种口岸防控	18	动植处		健全动植检法规技术标准体系,强化动植物疫情和外来入侵物种监测和预警,创新动植物检疫监管制度,建立健全便利可控集约高效的检疫监管机制、快速有效的重大动植物疫情和外来入侵物种应急处置机制。	紧跟总署部署推动落实	A	
				监管处	优化动植物检疫作业监管模式,实施更加安全便捷的动植物检疫措施。	总署已启动,各关进一步推进落实	B	
					完善风险评估、检疫准入、境外预检、现场检疫、实验室检测、检疫处理等管理制度和技术标准,动态调整进境动物检疫疫病名录、进境植物检疫性有害生物名录、动植物产品检疫准入清单,及时收集发布国外检验检疫法律法规标准。	紧跟总署部署推动落实	A	
					建成主要贸易国家和地区动植物检疫要求数据库,构建全球动植物疫情和外来入侵物种信息平台,推动开展国际动植物疫情和外来入侵物种联合监测。	紧跟总署部署推动落实	A	

续表5

序号	内容	页码	主办单位	协办单位	《发展规划》内容	落实意见	标识	备注
9	专栏6 动植物检疫和外来入侵物种口岸防控能力提升工程	19	动植处	风控分局	（一）动植物疫情和外来入侵物种监测与预警能力建设。构建动植物疫情和外来入侵物种监测体系，加强信息搜集与整理，完善风险监测预警制度。建立监测数据库，构建动植物疫情和外来入侵物种风险级别判定指标体系及风险预警智能化判定模型。动植物疫情和外来入侵物种监测点数量不少于2万个。	紧跟总署部署推动落实	A	
				监管处	（二）动植物检疫监管能力建设。建成外来物种信息和口岸截获数据库，建立科学的口岸查验比例和项目动态调整机制。完善检疫处理、进境活动物、粮食、种苗等高风险业务监管系统，推进口岸初筛鉴定室建设，实现口岸初筛检查鉴定覆盖率和远程鉴定系统覆盖率达到70%。加强旅客携带物、寄递物等非贸渠道监管，防范外来物种入侵。	紧跟总署部署推动落实	A	
				企管处	（三）支持优势农产品扩大出口。加强对主要贸易国家和共建"一带一路"国家动植物检疫法规标准的系统收集和研究，建成主要贸易国家和地区检疫要求数据库和我国优势农产品资源数据库。推动建立出口农产品风险分级指标体系。支持水果蔬菜、种苗花卉、水生动物等优势农产品扩大出口。	总署已启动，各关进一步推进落实	B	
				办公室	（四）跨境动植物疫情疫病防控全球共治。共建"一带一路"国家动植物疫情疫病防控多双边合作覆盖率达到80%。世界动物卫生组织（OIE）和国际植物保护公约（IPPC）等国际组织活动参与率不低于60%。完成发展中国家动植物检疫人员技术交流培训项目3-5个。	紧跟总署部署推动落实	A	
10	强化进出口食品安全监管	19	食品处	监管处、企管处、各隶属海关、技术中心、保健中心	落实食品安全"四个最严"要求，优化进出口食品源头治理、口岸监管和后续监管等制度设计，构建进出口食品安全现代化治理制度体系。	紧跟总署部署推动落实	A	
				监管处、企管处、各隶属海关	健全输华食品准入管理体系，优化境外生产企业注册管理，完善进境动植物源性食品检疫审批管理，从源头上保障进口食品安全。	紧跟总署部署推动落实	A	

续表6

序号	内容	页码	主办单位	协办单位	《发展规划》内容	落实意见	标识	备注
10	强化进出口食品安全监管	19	食品处	监管处、企管处、财务处、各隶属海关、技术中心、保健中心	优化进出口食品监督抽检和风险监测机制，提升口岸快速反应能力，更加有效处置进出口食品安全风险事件。	总署已启动，各关进一步推进落实	B	
				监管处、企管处、各隶属海关	完善输华食品国家或地区食品安全管理体系回顾性审查机制，建立健全不合格食品信息通报制度，强化与国内相关监管部门的合作。	紧跟总署部署推动落实	A	
				法综处、企管处、各隶属海关	推动出口食品安全监管制度与国内监管制度有效衔接，完善风险分级分类管理制度，全面推行出口食品直通放行。	紧跟总署部署推动落实	A	
11	专栏7 进出口食品安全监管能力提升工程	20	食品处	监管处、企管处、各隶属海关	（一）健全进出口食品安全制度规范。修订进出口食品安全管理办法、进口食品境外生产企业注册管理规定。优化和规范进出口食品安全多双边协议，完善签订机制。	紧跟总署部署推动落实	A	
				监管处、企管处、各隶属海关	（二）优化进出口食品安全监管机制。全面实施输华食品国家食品安全监管体系评估和产品准入管理制度、进口食品境外生产企业注册制度。对大宗、重点输华食品主要来源国家或地区管理体系回顾性检查实现全覆盖。建立与共建"一带一路"国家食品安全合作机制。完善出口食品境外通报问题处置协调机制。	紧跟总署部署推动落实	A	
				监管处、企管处、财务处、各隶属海关、技术中心、保健中心	（三）加强进出口食品安全风险监测与预警。构建进出口食品安全数据库，开展进出口食品安全年度监督抽检和风险监测计划，优化风险预警机制，提升应急指挥和决策处置能力。	总署已启动，各关进一步推进落实	B	
				企管处、各隶属海关	（四）构建进出口食品安全国际共治格局。有效参与联合国粮农组织（FAO）、世界贸易组织（WTO）、国际食品法典委员会（CAC）、世界动物卫生组织（OIE）、亚太经合组织（APEC）等国际组织活动并发挥积极作用，深化进出口食品安全跨境检查执法协作和官方监管结果互认。	紧跟总署部署推动落实	A	

续表7

序号	内容	页码	主办单位	协办单位	《发展规划》内容	落实意见	标识	备注
12	保障进出口商品质量安全	20	商检处	监管处、企管处、风控分局、技术中心、各隶属海关	完善进出口商品质量安全风险预警和快速反应监管体系，充分发挥风险监测点、风险评估中心、风险验证评价实验室作用，科学开展风险评估，精准确定风险类型，及时采取风险预警措施和快速反应措施。	总署已启动，各关进一步推进落实	B	
				各隶属海关	建立健全进出口商品质量安全监管制度规范。	紧跟总署部署推动落实	A	
				各隶属海关	完善法检目录和检测项目动态调整机制。	紧跟总署部署推动落实	A	总署事权
				各隶属海关	采取多样化、差异化的合格评定方式，有序推进检验结果采信，建立采信机构目录管理制度。	紧跟总署部署推动落实	A	总署事权
				各隶属海关、监管处、企管处	加强进口能源、再生资源等大宗商品以及重点敏感消费品、危险化学品及其包装等安全监管。	总署已启动，各关进一步推进落实	B	
				各隶属海关	持续开展"清风行动"，推动建立跨国境打假执法协作和海外维权援助机制。	紧跟总署部署推动落实	A	
13	专栏8 进出口商品质量安全检验监管能力提升工程	21	商检处	监管处、企管处、风控分局、技术中心、各隶属海关	（一）完善进出口商品质量安全风险预警和快速反应监管体系。充分发挥进出口商品质量安全风险监测点和风险评估中心作用，完善风险监测工作机制，提升风险监测精准度和有效性，科学评估商品质量安全风险等级，完善分级分类预警制度和一体化快速反应措施。	紧跟总署部署推动落实	A	
				各隶属海关	（二）优化进口商品检验监管模式。建立基于进口商品质量安全风险等级、科学运用多种合格评定模式的进口商品检验监管工作机制。动态调整法检目录。深化进口大宗商品、危险化学品、机电产品检验监管模式改革，强化进口再生资源等重点敏感商品检验监管。对已取得质量安全准入资质的进口医疗器械、特种设备、强制性认证产品（CCC）等实施"大验证"监管制度。建立跨境电商等新兴业态进口商品质量安全监管制度。	紧跟总署部署推动落实	A	总署事权

续表8

序号	内容	页码	主办单位	协办单位	《发展规划》内容	落实意见	标识	备注
13	专栏8 进出口商品质量安全检验监管能力提升工程	21	商检处	各隶属海关、监管处、企管处	（三）提升进出口商品检验监管基础能力。强化危险货物及其包装检验监管岗位资质管理，提升危险货物及其包装检验监管能力。	总署已启动，各关进一步推进落实	B	
				各隶属海关	（三）提升进出口商品检验监管基础能力。优化商品质量安全风险管理信息化系统功能，全面汇聚商品质量安全检验监管信息，建成覆盖"安全、卫生、健康、环保"要素的国家技术规范强制性要求项目数据库。	紧跟总署部署推动落实	A	总署事权
14	强化风险整体管控	21	风控分局	各业务职能部门、各隶属海关	加强进出境人员、货物、物品、运输工具一体化管控，将检验检疫监管全面纳入海关风险防控体系，推进全领域、全渠道、全过程风险防控。	紧跟总署部署推动落实	A	
				各业务职能部门、各隶属海关	建立适应国家战略的供应链风险防控机制、区域风险防控协作机制和进出境管控机制，构建科学高效的风险监测预警体系、风险分析研判体系和风险处置体系。	紧跟总署部署推动落实	A	
				缉私局、各隶属海关	强化风险情报驱动，构建海关风险情报网络，探索建立海关风险情报国际对接机制。	紧跟总署部署推动落实	A	
				各业务职能部门、各隶属海关	巩固海关内外部风险联合防控机制，深化风险研判、稽核查、打击走私的协同联动，优化重大查发现场快速响应机制。推动建立口岸安全风险布控中心，建立省（自治区、直辖市）级口岸安全风险联合防控机制，构建多元共治格局。	紧跟总署部署推动落实	A	
			监管处	风控分局	落实安全生产责任制，持续深入推进重点领域安全生产专项整治。	总署已启动，各关进一步推进落实	B	

续表9

序号	内容	页码	主办单位	协办单位	《发展规划》内容	落实意见	标识	备注
15	专栏9 风险管控能力提升工程	22	风控分局	各业务职能部门、各隶属海关	（一）强化一体化风险防控。整合公共卫生、生物安全、进出口食品安全、进出口商品质量安全等领域的风险防控，形成海关统一的风险防控规则体系，促进全领域风险防控深度融合。推进货物、寄递、旅检、边民互市、特殊监管区域等风险防控全覆盖。加强进口目的地检验、出口前监管等风险防控，促进风险防控在海关监管事前、事中、事后全链条有效贯通。	总署已启动，各关进一步推进落实	B	
				监管处、企管处、各隶属海关	（二）开展以供应链为单元的风险防控。延伸风险防控链条，将风险信息情报收集向境内外源头、途中运输、港口码头等全供应链拓展，建立供应链风险分析评价标准，综合运用事前、事中、事后手段，制定科学风险防控策略。	总署已启动，各关进一步推进落实	B	
				各业务职能部门、各隶属海关	（三）推进风险防控区域协作。推动建立京津冀、长三角、长江经济带、粤港澳大湾区、西部陆海新通道等区域协作机制，强化与国家区域发展战略对接，对区域重大风险进行整体测量、精准评估和统筹处置。	紧跟总署部署推动落实	A	
				缉私局、各隶属海关	（四）建立风险情报信息网。选择条件成熟、人才富集、具备区位优势的海关，探索建设若干跨区域专项情报信息工作站，分领域、分渠道有针对性开展情报收集。	紧跟总署部署推动落实	A	
				各业务职能处室	（五）强化系统集成保障。建立健全风险作业、风险预警、风险管理、风控作战指挥、大数据管理监控等系统，实现与各业务系统的高效对接，提升风险自动甄别与预警能力，搭建跨关区、跨领域风险一体管控信息化平台。	紧跟总署部署推动落实	A	
16	严厉打击走私违法行为	22~23	缉私局、口岸监管处	各单位	坚定维护国家政治安全，坚决防范和打击各种渗透颠覆破坏、暴力恐怖、民族分裂、宗教极端等活动，严防各类违禁品进境。	总署已启动，各关进一步推进落实	B	
			缉私局	各隶属海关	围绕中央关注、社会关切、群众关心的突出走私问题，加强走私态势掌控，持续深化打击"水客"走私等专项工作，坚决打击"洋垃圾"和象牙等濒危动植物及其制品走私行为，严厉打击重点涉税商品、农产品、毒品等走私。	总署已启动，各关进一步推进落实	B	
			缉私局	各单位	强化打私专业能力建设，探索建立"全域动态感知、智能精准研判、高效监测预警"的情报工作体系和"事前预警、主动查发、精准打击、有效管控"的专业打击方式，优化"智慧缉私"建设，深化执法规范化建设，加强国际执法合作。	总署已启动，各关进一步推进落实	B	

续表10

序号	内容	页码	主办单位	协办单位	《发展规划》内容	落实意见	标识	备注
16	严厉打击走私违法行为	22~23	财务处	缉私局、各隶属海关	提升综合保障水平，推动建立海关缉私部门适用的公安保障标准，推进缉私业务技术用房等基础设施建设。	紧跟总署部署推动落实	A	
			缉私局	各隶属海关	加强打击走私法制建设，探索建立联合打私机制，深化反走私综合治理，推动地方政府落实主体责任。	总署已启动，各关进一步推进落实	B	
17	专栏10 缉私专业能力建设工程	24	缉私局	财务处、科技处、各隶属海关	（一）推进"智慧缉私"建设。按照一组基础网络、二类运行环境、三域数据融合运用、四层架构体系、五类智慧应用的任务框架，补齐缉私基础环境、数据平台短板，对情报、指挥、办案、案管四个中心系统建设升级，到2025年实现缉私业务全部"上网"运行，四中心功能有机衔接和全面推广应用。推进公安网络基础建设，在直属局和隶属分局建设公安网专用机房，力争2022年实现缉私部门公安网络接入率100%，直属局、分局接入带宽分别不低于500M和200M，应用终端和移动警务终端配置分别达到1台/人。建设总署缉私局、直属海关缉私局两级大数据基础设施和应用体系，到2025年缉私部门数据信息存储容量达到10PB。	紧跟总署部署推动落实	A	
				财务处	（二）加强刑事技术、水上缉私、缉私犬业务建设等工作。实现电子取证实验室缉私系统全覆盖，建设3~5个区域刑事技术综合实验室。推动租借码头替代建设，更新升级现役在编缉私艇，加强缉私码头布点和缉私艇力量部署，筑牢水上缉私防线。优化缉私犬业务布局，建立5~7个重点缉私犬业务机构，建立缉私犬机动查缉机制，提升对涉毒、枪、濒危走私的查缉效能。	紧跟总署部署推动落实	A	
				财务处、缉私局、各隶属海关	（三）完善警务保障机制。加强经费保障，推进警务装备标准化、体系化和专业化建设，力争建成适应缉私实战需求的警务装备保障体系。保障缉私警察公务用车需要，依法依规做好公务用枪、公安被装等保障。推进缉私业务技术用房等基础设施建设，实现海关缉私部门业务技术用房总体保障率达到95%以上。继续推进办案场所（中心）规范化建设。升级改造各级缉私指挥中心，逐步建成一体化缉私指挥体系。建设2~3个缉私警务实战训练基地。	紧跟总署部署推动落实	A	

续表11

序号	内容	页码	主办单位	协办单位	《发展规划》内容	落实意见	标识	备注
18	推动共建"一带一路"高质量发展	24~25	法综处、监管处、企管处	各隶属海关	落实共建"一带一路"倡议，促进政策、规则、标准联通，提升沿线贸易安全与便利化水平。加快推广"经认证的经营者"（AEO）国际互认合作，支持亚欧货运大通道建设，加快国际贸易"单一窗口"建设与对接，拓展中欧"安智贸"合作，加大"关铁通"、海关信息交换共享平台等项目推广力度，优化中欧班列和多式联运监管，支持中欧班列国内外集结中心从"点到点"向"枢纽到枢纽"升级。	紧跟总署部署推动落实	A	
			法综处、统计处	各隶属海关	研究编制"一带一路"货物贸易指数，强化共建"一带一路"国家技术性贸易措施影响研究与应用，推进技术法规、标准和合格评定互认，定期开展我国与共建"一带一路"国家货物贸易评估。	紧跟总署部署推动落实	A	
			动植处、食品处、监管处	各隶属海关	加强与沿线国家技术交流和能力建设合作，推动边境口岸基础设施建设，扩大食品农产品等重点商品快速通关"绿色通道"范围，促进优进优出。优化中东欧国家食品农产品输华准入评估程序，推动加快准入进程。	紧跟总署部署推动落实	A	
19	推动产业链供应链优化升级	25	企管处	各隶属海关	探索建立高端制造全产业链保税模式，以信用管理为基础，以信息监管为手段，通过政策叠加、制度创新、机制优化，对高端制造产业链上中下游企业实施整体监管、全程保税、便利流转，提升高端制造全球竞争力。	紧跟总署部署推动落实	A	
				各隶属海关	拓宽保税政策范围，支持企业开展保税研发、保税检测，支持扩大保税维修、再制造业务领域。创新保税监管模式，促进产业链内保税料件自由流转，促进区内区外联动。	总署已启动，各关进一步推进落实	B	
				各隶属海关	发挥保税政策优势，支持在海南自由贸易港、自由贸易试验区、综合保税区设立全球供应仓与枢纽。	紧跟总署部署推动落实	A	
			动植处	各隶属海关	支持动植物种质资源引进，服务国家种业发展。	紧跟总署部署推动落实	A	
			卫生处	监管处	在确保风险可控的前提下创新特殊物品进出境监管机制，助力生物医药产业健康发展。	紧跟总署部署推动落实	A	
			法综处	各隶属海关	完善法律法规，强化信息共享，建立与国际接轨的监管标准和规范制度，加强知识产权海关保护，维护各类企业合法权益。	紧跟总署部署推动落实	A	

续表12

序号	内容	页码	主办单位	协办单位	《发展规划》内容	落实意见	标识	备注
20	专栏11 知识产权海关保护能力提升工程	26	法综处	监管处、风控分局、各隶属海关	（一）开展知识产权保护专项行动。加强对国际贸易中侵权违法态势的综合研判，根据不同运输渠道、不同贸易形态下侵权违法特征，组织开展靶向性执法行动。加大行政执法力度，对群众反映强烈、社会舆论关注、侵权假冒多发的重点领域和区域开展集中整治，有效遏制进出口环节侵权高发态势。	紧跟总署部署推动落实	A	
				监管处、风控分局	（二）加强知识产权保护信息化、智能化建设。完善知识产权海关保护备案和执法子系统。加强大数据、云计算等新技术运用，增强对侵权线索的发现、收集、甄别能力，开展风险联合研判与风险布控，通过制定不同的数据分析模型，实现对侵权货物的精准打击。	紧跟总署部署推动落实	A	
				办公室、企管处	（三）推动构建大保护工作格局。加强内外协同，强化知识产权全链条保护。加强知识产权海关保护措施宣传引导，积极培育企业维权意识，提升企业维权能力，促进企业便利维权。加强与行业协会合作，促进行业健康发展。利用国际海关合作机制，为企业开展知识产权海外保护提供支持。加大培训宣传力度，加强社会公众的知识产权意识培育。推动知识产权保护线上线下融合发展，充分发挥中国海关博物馆以及青岛、义乌、厦门海关知识产权保护展厅的作用。	紧跟总署部署推动落实	A	
				办公室、法综处	（四）知识产权海关保护国际合作机制建设。全面参与国际规则制定，推动形成知识产权全球治理体系。积极参与世界知识产权组织（WIPO）、亚太经合组织（APEC）等国际组织的知识产权国际事务，扎实推进多双边国际协议落实。加强知识产权边境保护合作交流，不断拓展合作领域，深化共建"一带一路"国家知识产权合作，与主要贸易国家或地区开展数据交换、案件信息共享、立法及执法实践交流等合作，完善打击跨境侵权违法活动的国际网络。	紧跟总署部署推动落实	A	总署事权，我关配合。

续表13

序号	内容	页码	主办单位	协办单位	《发展规划》内容	落实意见	标识	备注
21	推动外贸创新发展	26~27	各业务职能部门	各隶属海关	服务贸易强国战略，支持做强做大一般贸易，提升加工贸易，引导企业提升产业附加值，增强谈判、议价能力。支持办好中国国际进口博览会等展会，推动进口贸易促进创新示范区建设。完善与国际海关间行政互助协查机制。	紧跟总署部署推动落实	A	
			企管处	各隶属海关	加大对加工贸易转型升级示范区、试点城市、梯度转移重点承接地的支持力度，推动企业提升加工贸易技术含量和附加值，促进产业链由加工组装向技术、品牌、营销等环节延伸。	紧跟总署部署推动落实	A	
			监管处	各隶属海关	落实促进边境贸易创新发展政策措施，完善边民互市贸易监管，支持培育发展边境贸易商品市场和商贸中心。促进新型国际贸易发展，落实外贸新业态领域支持政策。按照包容审慎原则，创新适应跨境电子商务、市场采购贸易方式、外贸综合服务企业、海外仓等新业态发展的通关便利化措施，推动跨境电商零售进口试点开展。推动货物贸易和服务贸易协调发展，支持北京打造国家服务业扩大开放综合示范区。	紧跟总署部署推动落实	A	我关无边境贸易业务。
22	促进内外贸一体化	27	动植处	监管处	支持优质产品进口，加强对外农业产业链供应链建设，增加国内紧缺和满足消费升级需求的重点农产品进口，促进供给多元化。	紧跟总署部署推动落实	A	
			法综处、关税处	商检处、监管处、企管处	支持能源资源性产品进口，对国家战略性重点产业链实施专项扶持，落实相关减免税政策，支持扩大重点产业的原材料、生产设备、关键零部件进口。鼓励优质消费品进口，积极吸引海外中高端消费回流。	紧跟总署部署推动落实	A	
			法综处	各隶属海关	完善技术性贸易措施工作机制，提升技术性贸易措施研究、应用、服务能力与效能。	紧跟总署部署推动落实	A	
			企管处	各隶属海关	促进内外销产品同线同标同质，更好满足国内市场消费升级需求。	紧跟总署部署推动落实	A	
			企管处	商检处、各隶属海关	对海关特殊监管区域内生产的内销商品，探索实施特殊质量安全检验监管便利化措施。	紧跟总署部署推动落实	A	

续表14

序号	内容	页码	主办单位	协办单位	《发展规划》内容	落实意见	标识	备注
23	专栏12 技术性贸易措施研究与服务能力提升工程	28	法综处	动植处、食品处、商检处、数据中心	（一）技术性贸易措施规则研究与应用。加强对世界贸易组织（WTO）及自由贸易协定等多双边框架下技术性贸易措施规则的研究应用，以及国际标准化组织（ISO）、国际电工委员会（IEC）、国际电信联盟（ITU）、世界动物卫生组织（OIE）、国际植物保护公约（IPPC）、国际食品法典委员会（CAC）等组织的国际标准研究，深度参与国际规则和国际标准制修订。加强技术性贸易措施影响评估、趋势预判、监测预警、通报评议、交涉应对等相关基础支撑技术研究，提升运用规则维护国家安全和发展利益的能力。	总署已启动，各关进一步推进落实	B	
				各业务职能部门、各隶属海关	（二）技术性贸易措施服务平台建设。完善技术性贸易措施工作机制。建设技术性贸易措施研究评议基地集群，强化政企联合应对。建立涵盖世界贸易组织（WTO）成员技术性贸易措施通报，以及主要贸易伙伴、重点敏感产业、关键准入要求的技术性贸易措施数据库，打造国家级技术性贸易措施公共信息平台。	紧跟总署部署推动落实	A	
				办公室、企管处	（三）技术性贸易措施精准服务能力建设。建立面向政府和企业的技术性贸易措施精准服务体系，提高技术性贸易措施影响调查评估精准度。加强对主要贸易伙伴、共建"一带一路"国家重要敏感技术法规标准的跟踪、研究、评议和预警，建立多维度多层级培训和宣传机制。建立国外技术壁垒交涉应对重点企业数据库，增强企业运用规则维护自身合法权益的能力，引导企业吸收国外技术性贸易措施所包含的先进技术，提升合规意识和技术创新能力。深化国际交流合作，推动与贸易伙伴在技术性贸易措施上的协调与互认，合作化解技术壁垒。建立一支涵盖多语言、多业务领域、多层次的技术性贸易措施骨干队伍，重点培养主任骨干50名左右。	紧跟总署部署推动落实	A	

续表15

序号	内容	页码	主办单位	协办单位	《发展规划》内容	落实意见	标识	备注
24	支持区域协调发展	28	法综处、监管处		深化与地方政府的合作,推进通关制度合作与创新,推动口岸集群一体化融合发展,服务京津冀协同发展、长江经济带发展、粤港澳大湾区建设、长三角一体化发展、黄河流域生态保护和高质量发展等区域重大战略,以及西部大开发、东北全面振兴、中部地区崛起、东部率先发展、特殊类型地区加快发展等区域协调发展战略,畅通国内大循环。	总署已启动,各关进一步推进落实	B	
			企管处	各隶属海关	发挥综合保税区开放型经济平台作用,支持确有发展需要且符合条件的地区设立综合保税区。	紧跟总署部署推动落实	A	
			法综处	各隶属海关	加强沿海沿边地区口岸与内陆口岸通关制度衔接,支持西部陆海新通道建设,持续推动通道沿线通关便利化。支持建设沿边重点开发开放试验区、边境经济合作区、跨境经济合作区等开发开放平台,加强边境重点战略通道口岸建设。	紧跟总署部署推动落实	A	
			动植处	企管处	通过优化口岸开放布局、支持优势食品农产品出口等,推动实现巩固拓展脱贫攻坚成果同乡村振兴有效衔接。	总署已启动,各关进一步推进落实	B	
25	促进跨境贸易便利化	29	法综处	监管处、企管处、各隶属海关	依法削减进出口环节审批事项,精简进出口环节单证及证明材料,简化企业注册备案流程,取消不必要的监管要求。	紧跟总署部署推动落实	A	
			法综处	各业务职能部门、各隶属海关	优化通关流程,推动进出口环节监管证件和通关物流类单据单证电子化无纸化。提高通关效率,稳固整体通关时间压缩成效在合理区间。	紧跟总署部署推动落实	A	
			关税处	各隶属海关	降低企业税收担保成本,完善多元化税收征管改革措施,增加企业便利缴税渠道。	紧跟总署部署推动落实	A	
			财务处	各隶属海关	清理规范口岸收费,完善口岸收费目录清单公示制度,放开口岸服务准入,引入竞争机制,降低通关成本。	总署已启动,各关进一步推进落实	B	
			监管处	法综处	加强与境外口岸查验管理部门合作,推动联合实施对等通关便利化措施。	紧跟总署部署推动落实	A	总署事权

续表16

序号	内容	页码	主办单位	协办单位	《发展规划》内容	落实意见	标识	备注
26	加快口岸现代化建设	29	监管处	各单位	推进平安、效能、智慧、法治、绿色"五型"口岸建设，基本建成具有中国特色的国际一流现代化口岸。建设平安口岸，完善口岸安全联合防控工作机制，提升口岸风险预警、防控和应急处置能力。建设效能口岸，促进人流、物流、资金流、信息流高效便捷流动，持续优化口岸营商环境。建设智慧口岸，围绕国际贸易"单一窗口"建设，推动口岸数字化转型，推进国际间互联互通。建设法治口岸，健全完善口岸管理制度，提升口岸管理法治化水平。建设绿色口岸，推动口岸高效可持续运行，实现口岸资源集约利用、投入产出最优、设施共享共用。	紧跟总署部署推动落实	A	
27	专栏13 深化国际贸易"单一窗口"建设工程	30	法综处	各业务职能部门、数据分中心、各隶属海关	（一）深化"单一窗口"政务服务功能。推动口岸和国际贸易领域相关业务统一通过"单一窗口"办理，除涉密等特殊情况外，进出口环节涉及的监管证件和检验检疫证书原则上都通过"单一窗口"一口受理，推动实现企业在线缴费、自主打印证件等，其他国际贸易领域相关业务办理事项实现"应上尽上"。	紧跟总署部署推动落实	A	
				各业务职能部门、数据分中心、各隶属海关	（二）拓展"单一窗口"覆盖面。依托"单一窗口"基础架构，将"单一窗口"功能逐步覆盖国际贸易管理全链条，打造"一站式"贸易服务平台和跨境贸易大数据平台，推动形成良好贸易服务生态。	紧跟总署部署推动落实	A	
				各业务职能部门、数据分中心	（三）推进"单一窗口"国际联通。拓宽联接共享，推进与主要贸易伙伴国"单一窗口"的互联互通和数据交换，成为我国与世界贸易联通的数字门户，联接贸易、物流、金融和基础设施等，驱动贸易链和供应链的数字化转型。	紧跟总署部署推动落实	A	
				各业务职能部门、数据分中心	（四）夯实"单一窗口"信息化基础。推进数据协调、简化和标准化工作，充分运用区块链等技术，实现"单一窗口"性能优越、信息安全可信、流程公开透明。加强电子口岸基础设施建设，完善运维服务体系，提高平台稳定性，全年系统整体可用性达99.9%以上。基于电子口岸、"单一窗口"数据交换体系和统一标准规范，持续推进跨部门、跨地区、跨行业数据交换共享。建设全国口岸综合管理平台，提升全国口岸数字化、精细化管理水平。	紧跟总署部署推动落实	A	

续表17

序号	内容	页码	主办单位	协办单位	《发展规划》内容	落实意见	标识	备注
28	深化"放管服"改革	30~31	法综处	各业务职能部门	持续推进简政放权,建立健全海关权责清单制度,准确界定海关法定职责,厘清权力边界,规范权力运行。	紧跟总署部署推动落实	A	
				相关业务职能部门	精简行政许可事项,拓展"多证合一""双随机、一公开"等改革,创新监管模式,努力做到监管效能最大化、监管成本最优化、对市场主体干扰最小化。	紧跟总署部署推动落实	A	总署事权
				相关业务职能部门	推进海关行政相对人统一管理平台建设,整合行政相对人管理系统,建立统一的行政相对人数据库,推动数据共用共享,实现一个平台统一办理。	紧跟总署部署推动落实	A	总署事权
				卫生处、动植处、食品处、商品处、监管处、企管处、各隶属海关	推进海关行政审批制度改革,落实"谁审批谁负责"工作机制。	紧跟总署部署推动落实	A	
				各部门	推动部门间联合检查,鼓励各地海关加强探索创新,形成更多可复制推广的"放管服"改革经验做法。	紧跟总署部署推动落实	A	
29	深化全国通关一体化改革	31~32	法综处	关税处、风控中心、各隶属海关	围绕"拓围、提质、增效"目标,更高质量、更大范围、更深层次地推进通关一体化改革。巩固"中心-现场式"管理架构,加强"两中心"核心能力建设,健全作业现场与"两中心"之间的执行反馈机制,全面提升风险防控、税收征管的科学化、精准化、协同化水平。	紧跟总署部署推动落实	A	总署事权
				监管处、风控分局、各隶属海关	强化业务运行监控,加强报关单运行监控系统建设,推动实现全链条实时监控和有效预警,统筹风险整体防控和业务运行管控。	总署已启动,各关进一步推进落实	B	总署事权
				人事处、财务处、各隶属海关	完善与改革相适应的组织管理体系,以条块结合和专业化原则科学调整职能部门管理范围,优化人、物、事、职、权相宜的监管资源配置。	紧跟总署部署推动落实	A	总署事权
				各业务职能部门、各隶属海关	深化关检业务全面融合,按照市场化要求,聚焦"合格入市"环节监管效能提升,重点厘清各类管理行为法律属性和不同现场海关功能定位。	紧跟总署部署推动落实	A	

续表18

序号	内容	页码	主办单位	协办单位	《发展规划》内容	落实意见	标识	备注
29	深化全国通关一体化改革	31~32	企管处	动植处、食品处、商检处、风控分局、各隶属海关	推进属地查检业务改革，优化属地查检作业流程，科学设定查检抽样检测比例，提升属地查检专业技术水平和业务能力。	紧跟总署部署推动落实	A	
			法综处	企管处、监管处、风控分局	强化改革系统集成，以"两步申报"改革为引领，以"两轮驱动"为枢纽，以制度、系统、举措的配套衔接为重点，加强各项改革举措关联耦合，拓展通关环节与流程的全国一体化到海关全业务领域一体化。	紧跟总署部署推动落实	A	
30	创新事中事后监管	32		监管处	完善海关信用管理制度体系，将信用管理嵌入海关监管全过程，强化结果应用，优化系统建设，构建以信用管理为基础的新型海关监管机制。	紧跟总署部署推动落实	A	
			企管处	各隶属海关	创新稽核查工作模式，推行"互联网+稽核查"。统筹开展涉税、涉检领域稽查，加强对检验检疫违法违规问题的贸易调查和风险研判，开展检验检疫领域专项稽查，拓展稽查广度深度。	总署已启动，各关进一步推进落实	B	
			企管处	各隶属海关	优化海关核查管理制度，完善第三方协助核查工作机制，建立第三方结果采信制度、守法优质企业自查结果认可制度。	紧跟总署部署推动落实	A	
			监管处	企管处	探索包容审慎监管，健全支持服务贸易和数字贸易发展管理机制，完善跨境电商监管模式，规范外贸综合服务和市场采购监管，促进新业态健康有序发展。	紧跟总署部署推动落实		"健全支持服务贸易和数字贸易发展管理机制"属于部委层面的工作。
			企管处	各隶属海关	推行和完善主动披露制度，促进企业规范经营、守法自律。	紧跟总署部署推动落实	A	

续表19

序号	内容	页码	主办单位	协办单位	《发展规划》内容	落实意见	标识	备注
31	专栏14 海关稽查核查能力提升工程	33	企管处	各隶属海关	（一）创新稽核查工作模式。加强"互联网+稽核查"系统应用，扩大企业资源计划（ERP）系统或仓储管理系统（WMS）联网应用企业数量，健全智能监控分析模型，强化对企业后续监控分析，积极开展网上稽查。将第三方协助稽查拓展至检验检疫领域，提升稽查整体效能。	总署已启动，各关进一步推进落实	B	
				相关职能部门	（二）深入开展专项稽查行动。强化对"洋垃圾"、濒危动植物、野生动物等非法入境行为的稽查，加大涉税、涉检领域专项稽查力度。	总署已启动，各关进一步推进落实	B	
				各隶属海关	（三）建立健全海关核查工作体系。健全海关核查管理制度，推进分类核查改革，完善标准化作业内容，健全联系配合机制，构建权责明晰、统一规范、协同高效的海关核查工作体系。	紧跟总署部署推动落实	A	
				法综处	（四）推行主动披露制度。优化主动披露制度规范，引导企业主动如实向海关报告发现问题，探索将主动披露适用范围扩大到检验检疫领域，促进企业规范经营、守法自律。	紧跟总署部署推动落实	A	
32	推动自由贸易试验区和特殊监管区域发展	33	企管处	法综处、监管处、各隶属海关	更好发挥自由贸易试验区先行先试试验田作用，优先在海关管理机制、管理方式、监管模式和科技手段上改革创新，并做好成熟经验的复制推广。	总署已启动，各关进一步推进落实	B	总署事权
				法综处、监管处、各隶属海关	支持海南自由贸易港早期收获项目建设，探索海关监管模式集成创新。	紧跟总署部署推动落实	A	总署事权
				濠江海关、梅州海关	科学规划综合保税区布局，完善管理制度，推动综合保税区高水平开放高质量发展。	配合地方政府推进落实	D	总署事权
				各业务职能部门、各隶属海关	发挥海关特殊监管区域政策功能优势和自由贸易试验区改革创新、扩大开放、先行先试的体制机制优势，推动海关特殊监管区域与自由贸易试验区统筹发展。	紧跟总署部署推动落实	A	总署事权

续表20

序号	内容	页码	主办单位	协办单位	《发展规划》内容	落实意见	标识	备注
33	专栏15 推动自由贸易试验区和海关特殊监管区域发展工程	34	各业务职能部门	各隶属海关	（一）支持海南自由贸易港建设。推进海南自由贸易港早期收获项目落地，做好全岛封关运作海关相关工作。建设海南自由贸易港海关智慧监管平台。探索实施"一企一账""一人一码"管理，创新与高水平自由贸易港相适应的安全准入、税收征管风险防控等体制机制。推动二级监控指挥中心实体化运作。建设一流国际旅行保健中心。	紧跟总署部署推动落实	A	
				各隶属海关	（二）促进上海自由贸易试验区临港新片区发展。支持洋山特殊综合保税区建设最具国际竞争力的自由贸易园区，支持临港新片区重点产业发展，打造更具国际市场影响力和竞争力的特殊经济功能区。	紧跟总署部署推动落实	A	
				各业务职能部门、各隶属海关	（三）充分发挥自由贸易试验区改革创新"试验田"作用。将海关改革项目优先在自由贸易试验区先行先试。服务国家战略，支持各自由贸易试验区开展差异化创新。推动跨部门联合创新，积极开展系统集成制度创新，加大复制推广力度。	紧跟总署部署推动落实	A	
			企管处	濠江海关、梅州海关	（四）推动综合保税区高水平开放高质量发展。支持综合保税区不断完善政策，拓展功能，科学合理布局，强化综合保税区事中事后监督。推动综合保税区发展成为具有全球影响力和竞争力的加工制造中心、研发设计中心、物流分拨中心、检测维修中心、销售服务中心。	紧跟总署部署推动落实	A	
				监管处、各隶属海关	（五）推动海关特殊监管区域与自由贸易试验区统筹发展。新设综合保税区或自由贸易试验区相互依托开展规划选址。发挥政策比较优势，合理安排区内外产业布局。大力开展集成创新，进一步延伸产业链，提升价值链，做强创新链。	紧跟总署部署推动落实	A	

续表21

序号	内容	页码	主办单位	协办单位	《发展规划》内容	落实意见	标识	备注
34	全面提升服务决策能力	34	统计处	各单位	强化全局视野和系统观念，进一步加强调查分析研究，以高质量的分析研究服务党中央决策。	总署已启动，各关进一步推进落实	B	
				各隶属海关	依托真实、客观、准确的数据，开展有立场、有方向、有质量的研究，为国家宏观经济治理提供高质量决策建议。	总署已启动，各关进一步推进落实	B	
				各单位	做好前瞻性、战略性、基础性政策研究，形成上下联动、内外协调、整体运行的政策研究合力。	总署已启动，各关进一步推进落实	B	
				办公室	加强与外部智库合作、国际交流合作，形成常态化的政策研究合作机制。	紧跟总署部署推动落实	A	
				各隶属海关	深入挖掘数据价值，深化贸易数据、业务数据和其他数据的综合分析研究，完善全球贸易监测分析中心工作机制，健全宏观经济分析研究、业务分析研究、统计新闻发布等工作机制。	总署已启动，各关进一步推进落实	B	
				各业务职能部门、各隶属海关	推进统计现代化改革，坚持依法统计、科学统计，加快推进统计作业流程再造，不断完善统计制度方法。	先行先试	C	
				各业务职能部门各隶属海关	探索构建具有中国海关特色、准确反映国际国内经贸发展趋势的指数体系，建设覆盖海关业务全链条的业务统计系统。	紧跟总署部署推动落实	A	
				各单位	加强统计数据质量管理，加快推进数据安全分类分级，建立全国海关统计数据质量控制中心，构建业务数据安全与管理体系，规范数据对外交换，确保数据安全可控。	紧跟总署部署推动落实	A	

续表22

序号	内容	页码	主办单位	协办单位	《发展规划》内容	落实意见	标识	备注
35	专栏16 海关特色高端智库建设工程	36	统计处	办公室	(一) 统筹推进智库建设。科学界定各类智库功能定位，以战略问题和公共政策为主要研究对象，突出优势和特色，调整优化智库布局，到2025年重点建成2-3个具有较强影响力和知名度的海关特色高端智库实体。对标国家高端智库入选条件，推荐符合条件的海关单位申报国家高端智库建设培育单位。	紧跟总署部署推动落实	A	
				办公室	(二) 优化智库运行机制。加强对海关特色高端智库建设组织领导，推进组织管理体制改革，建立和完善符合智库运行特点的经费保障和管理制度，优化完善重大决策意见征集制度和海关政策评估制度，实施研究课题项目化管理，创新成果评价和应用转化机制。建设专业数据库、案例库和信息系统平台，为决策咨询研究提供信息和技术保障。建立与外部智库交流合作机制。	紧跟总署部署推动落实	A	
				人事处	(三) 提升智库研究力量。加强海关特色高端智库人才培养，培育若干名具有较大影响力和知名度的领军人才。探索构建智库"旋转门"机制，推动行政机关和智库之间、海关内部与外部智库之间人才有序流动，吸纳一批在国内外具有较大影响力的外部专家学者。按照国家规定，深化智库人才岗位聘任、职称评定、薪酬分配等人事管理制度改革，完善以品德、能力和贡献为导向的人才评价机制和激励政策。	紧跟总署部署推动落实	A	
36	完善海关技术规范和业务规范体系	36	法综处		建立全国海关统一的业务指标体系，实施目录管理，统一发布。完善统一的数据规范体系，实现数据规范化、标准化。优化支撑性业务规范，统一各业务现场执法尺度、技术规范。	紧跟总署部署推动落实	A	
				卫生处、商检处、动植处、食品处、科技处、技术中心、保健中心	遵循国家和国际有关标准规范，构建适用于全链条监管的统一技术规范，提升信息数据交换水平。	紧跟总署部署推动落实	A	
				卫生处、商检处、动植处、食品处、科技处、技术中心、保健中心	加强国内外技术规范跟踪比对研究，不断完善海关技术规范体系。	紧跟总署部署推动落实	A	

续表23

序号	内容	页码	主办单位	协办单位	《发展规划》内容	落实意见	标识	备注
37	深化财务管理改革	36~37	财务处		健全海关预算保障机制，加强中期财政规划管理，深入推进预算和绩效一体化，建立"过紧日子"长效机制，全面提升预算执行效能。	总署已启动，各关进一步推进落实	B	
				技术中心、保健中心、后勤管理中心、基建办	加强财务制度标准体系建设，完善海关涉案财物管理制度，健全与国家政府采购法律制度相衔接、适应海关发展要求的现代海关政府采购制度，建立具有海关特色的业务技术用房建设标准。完善符合国家政策导向、适应海关系统特色的海关事业单位财务保障机制，提升海关技术支撑和后勤服务的保障能力。	紧跟总署部署推动落实	A	
					科学管理海关资产，以闲置房地产处置为突破口，提升海关资产使用效益。完善应急物资保障机制，优化应急物资储备结构和空间布局。提升海关财务管理信息化、智能化水平，全面完成智慧财务建设。进一步加大对艰苦地区边关的支持保障力度。	先行先试	C	
38	完善海关法律制度体系	37	法综处	相关职能部门	以海关法修订为牵引，推动国境卫生检疫法、进出境动植物检疫法、关税法等法律以及配套行政法规、规章制修订，积极参与传染病防治法、野生动物保护法等海关执法密切相关领域立法，逐步形成以海关法为核心的系统完备、科学规范、运行有效的海关法律制度体系。	紧跟总署部署推动落实	A	总署事权
				相关职能部门	全面优化现行海关规章结构布局，统筹推进海关法律配套制度的"立改废释"工作。	紧跟总署部署推动落实	A	
				相关职能部门	着力加强科学立法、民主立法，科学确立立法项目，提高立法计划执行率，完善立法程序，深入开展立法后评估，提升海关立法质量和效率。	紧跟总署部署推动落实	A	

续表24

序号	内容	页码	主办单位	协办单位	《发展规划》内容	落实意见	标识	备注
39	严格规范公正文明执法	37~38	法综处	各业务职能部门、各隶属海关	坚持权责法定、依法行政，落实落细行政执法公示、执法全过程记录、重大执法决定法制审核等制度，进一步规范行政执法统计年报。	总署已启动，各关进一步推进落实	B	
				各业务职能部门	健全完善海关行政执法裁量基准制度，规范行政执法自由裁量权，从源头上规范权力行使。	紧跟总署部署推动落实	A	
				各业务职能部门、各隶属海关	主动纠正违法或不当执法行为，提高行政复议能力和行政诉讼应诉水平。	总署已启动，各关进一步推进落实	B	
					完善重大行政诉讼案件挂牌督办制度，强化制度执行力。	紧跟总署部署推动落实	A	
				各隶属海关	坚持和发展新时代"枫桥经验"，探索建立多元行政争议化解机制，努力实现执法效果最大化。	总署已启动，各关进一步推进落实	B	
					深入推行行政执法案例指导制度，建设智慧海关法律服务数据库。	紧跟总署部署推动落实	A	
40	强化法治保障作用	38	法综处	各部门	健全对重大业务改革方案、配套制度文件的合法性审查机制，重点开展对涉及公民、法人和其他组织权利义务规范性文件的合法性审查，对审查内容实行目录管理，完善跟踪反馈和评估制度。	总署已启动，各关进一步推进落实	B	
				各业务职能部门	运用法治思维和法治方式推动海关业务改革，做好相关改革方案的法律论证，确保重大改革于法有据，及时将成熟的海关业务改革经验和举措固化为制度规范。	总署已启动，各关进一步推进落实	B	
				办公室、法综处	深化涉外法律制度研究，做好我国缔结或参加的国际条约项下海关相关配套规章制定和相关文件的合法性审查，提升跨境贸易透明度和便利化。	紧跟总署部署推动落实	A	总署事权

续表25

序号	内容	页码	主办单位	协办单位	《发展规划》内容	落实意见	标识	备注
41	营造良好法治环境	38	法综处	各单位	强化主要负责人履行推进法治建设第一责任人职责，落实党委中心组集体学法制度和领导干部任前考法制度，推动领导干部做尊法学法守法用法的模范。	总署已启动，各关进一步推进落实	B	
				人事处、教育处	科学布局法治人才梯队建设，加强涉外法治人才培养，开展分层级分岗位多方式的培训轮训，推进法律专家制度，充分发挥公职律师在推进依法行政中的积极作用。	紧跟总署部署推动落实	A	
					进一步加强法律顾问工作，从海关公职律师和其他具有法律职业资格并专门从事法律事务的公职人员中择优选任内部法律顾问，建立以内部法律顾问为主体、外聘法律顾问为补充的法律顾问队伍。	紧跟总署部署推动落实	A	
				各业务职能部门、各隶属海关	全面落实"谁执法谁普法"普法责任制，大力实施"八五"普法规划，利用国家宪法日、全民国家安全教育日、海关法治宣传日等重要节点，扩大海关法治文化的覆盖面和影响力。	总署已启动，各关进一步推进落实	B	
42	强化国门安全科技保障	39	科技处	卫生处、动植处、食品处、商检处、监管处、技术中心、保健中心	面向重点应用需求，突破基础研究瓶颈，加大共性技术与装备研发应用，推动集成示范全链条设计，按照一体化思路组织实施，攻克关键难题，建设国门安全现代化科技创新体系，提升国门安全总体防控科研能力和水平。	紧跟总署部署推动落实	A	
				卫生处、保健中心	围绕国门生物安全，加强新发和烈性传染病国境阻断技术研究与储备，完善早期预警、实时监测、远程鉴定、快速检测、应急处置技术研发与应用。	紧跟总署部署推动落实	A	
				动植处、技术中心、保健中心	针对输入或潜在重大动物疫病、植物疫情、外来入侵物种等，开展综合防控关键技术的研发与应用。	紧跟总署部署推动落实	A	
				食品处、技术中心	开展进口食品安全风险因子关键性检测、预警和监控追踪技术研究。	紧跟总署部署推动落实	A	
				商检处、技术中心	加强商品质量检验检测技术研究，优化现场快速检测技术手段。	紧跟总署部署推动落实	A	

续表26

序号	内容	页码	主办单位	协办单位	《发展规划》内容	落实意见	标识	备注
42	强化国门安全科技保障	39	科技处	监管处、企管处、风控分局、技术中心、保健中心	以"境外、口岸、后监管"环节为场景，开展技术平台构建、境外风险监测、口岸风险监测以及进出口企业管理与稽核查等领域关键技术研究。	紧跟总署部署推动落实	A	
				监管处、科技处	优化海关查验作业，升级单兵查验系统和设备，实现海关监管更加智能、精准、高效。	紧跟总署部署推动落实	A	
43	专栏17单兵查验优化升级工程	40	监管处	科技处	（一）更新换代单兵查验设备。升级单兵查验设备，统筹检验检疫业务对现场查验设备需求，以便捷实用管用为原则升级换代现有单兵设备，拓展单兵查验设备应用领域，为现场查验关员减负。	紧跟总署部署推动落实	A	
				科技处	（二）研发应用新型单兵查验设备。落实《国务院关于加强和规范事中事后监管的指导意见》"推行以远程监管、移动监管、预警防控为特征的非现场监管"要求，研发应用AR智能眼镜等装备，推广非接触式查验。丰富设备功能，加快实现专家远程指导，不断提高查验效能。	紧跟总署部署推动落实	A	
				相关职能部门	（三）优化移动查验作业应用。将重点检疫人员信息、有害生物和外来入侵物种图谱等实时植入单兵作业应用，实现移动查验作业系统对检验检疫业务现场查验的全覆盖。加强5G、物联网等新技术应用，探索新智能化手段在监管点的应用。深化"互联网+单兵作业"在查验流程中的应用，服务现场查验去繁就简。探索完善既符合法律法规又与移动查验作业实际相适应的新型查验制度机制。	紧跟总署部署推动落实	A	

续表27

序号	内容	页码	主办单位	协办单位	《发展规划》内容	落实意见	标识	备注
44	增强海关信息化支撑能力	40	科技处	办公室、监管处、机关党委、财务处、监察室	着力做好海南自由贸易港、粤港澳大湾区、上海自由贸易试验区临港新片区等海关信息化建设。	紧跟总署部署推动落实	A	
					全面推广应用H2018新一代通关管理系统，加快各类信息系统整合优化，加强智能审图、智能化卡口、区块链等技术应用，提升智能监管水平。	总署已启动，各关进一步推进落实	B	
					优化完善电子政务内网基础设施，升级完善政务办公、党建队伍、财务管理、廉政监督等信息化应用，实现统一规范的智慧管理。	总署已启动，各关进一步推进落实	B	
				各单位	完善海关安全技术体系，强化安全管理制度规范，以"零风险、零泄漏"为目标，全面落实网络安全等级、海关大数据安全、关键信息基础设施安全等保护要求，建设网络安全态势感知、网络安全保护业务、数据安全保护等平台，提高海关网络安全感知、监测、防护、响应、恢复水平，保障海关业务运行安全。	紧跟总署部署推动落实	A	
				各单位	加强信息系统准入准出管理，建立健全海关信息化质量安全保障与评价体系，推动实现海关数字化、智能化运维。	紧跟总署部署推动落实	A	
				各单位	加快国产软硬件推广应用，构建国产应用支撑生态，提升自主可控能力。	紧跟总署部署推动落实	A	
				各单位	加速基础设施云化进程，建设支撑新一代智慧海关的技术平台。	总署已启动，各关进一步推进落实	B	
45	深化海关大数据应用	41	风控分局	科技处	完善大数据基础设施，汇聚多形态数据资源，形成海关大数据池，为海关数据治理提供基础支撑。	紧跟总署部署推动落实	A	
				科技处	构筑集专家经验与业务知识为一体的知识计算新引擎，建设海关特色知识图谱，打通从数据到知识再到智慧的能力提升通道。	紧跟总署部署推动落实	A	
				科技处	探索构建与业务实体运行良性互动的数字镜像，以大数据驱动风险防控、通关监管、税收征管、检验检疫等海关主要业务运行，建设大数据安全体系，形成大数据智能应用生态，提升大数据辅助治理能力。	紧跟总署部署推动落实	A	

续表28

序号	内容	页码	主办单位	协办单位	《发展规划》内容	落实意见	标识	备注
46	专栏18 大数据海关应用提升工程	42	风控分局	科技处	(一) 完善大数据基础设施。 以海关大数据平台为核心，构建新一代海关云计算平台、海关网络体系、边缘计算和移动终端数据接口设备、大数据共性应用基础支撑平台等大数据基础设施，建设物理环境独立云平台生产环境、仿真环境、开发环境，扩大图形处理器（GPU）计算资源。	紧跟总署部署推动落实	A	
				科技处	(二) 加强海关大数据管理。 梳理汇聚海关内外部数据，提供多类型的实时智能数据服务。建设企业、人员、货物、物品、行为、运输工具、案件、事件等模型主题库。整合数据开发和治理流程，推进共性数据融合加工。在实施数据分层管理的基础上，实现海关数据全域融合。	紧跟总署部署推动落实	A	
				科技处	(三) 完善海关大数据应用。 建立知识库、模型库、智能标签库和知识图谱，建设海关特色知识图谱，提升大数据海关应用智能化水平。构建外贸形势评估、宏观战略决策、全球突发性事件决策等模型，实现全景可视化、智能化、智慧化作业。采用"基础平台+应用场景"模式，建设主题库和大数据应用模型矩阵。建立海关大数据模型管控体系。	紧跟总署部署推动落实	A	
				科技处	(四) 建设大数据安全体系。 以海关数据为核心资产，围绕数据生命周期各阶段，按照数据分类分级要求，制定数据唯一标识、数据动态维护、数据责任确权、数据授权审批、数据安全共享、数据安全销毁等管理规范，通过敏感数据识别、数据加密和脱敏、数字水印、数据血缘追踪等技术，实现对数据使用和共享的安全状况可视、可知、可管、可溯和可预警。	紧跟总署部署推动落实	A	

续表29

序号	内容	页码	主办单位	协办单位	《发展规划》内容	落实意见	标识	备注
47	加强海关实验室整体规划和协同建设	42	科技处	梅州海关、汕尾海关、潮州海关、饶平海关、技术中心、保健中心	优化调整海关实验室规划布局。	总署已启动，各关进一步推进落实	B	
				技术中心、保健中心	依托国家检测重点实验室，按专业领域遴选推进署级中心实验室建设，引领海关各专业领域实验室发展。	紧跟总署部署推动落实	A	总署事权
				梅州海关、汕尾海关、潮州海关、饶平海关、技术中心、保健中心	加强海关实验室分级建设与管理，结合口岸业务分布情况，加强动态调整，推动区域优化，持续完善海关实验室技术体系。	紧跟总署部署推动落实	A	
				梅州海关、汕尾海关、潮州海关、饶平海关、技术中心、保健中心	建设推广海关实验室管理系统，提高海关实验室信息化管理水平。	总署已启动，各关进一步推进落实	B	
				技术中心、保健中心	积极发挥实验室对海关直属院校人才培养的支持作用。	紧跟总署部署推动落实	A	总署事权
				技术中心、保健中心	加强海关科学技术研究中心基础设施和能力建设，按专业领域推进海关基准实验室建设，发挥其科研带头作用。	紧跟总署部署推动落实	A	总署事权

续表30

序号	内容	页码	主办单位	协办单位	《发展规划》内容	落实意见	标识	备注
48	专栏19 海关实验室技术支撑工程	43	科技处	财务处、技术中心、保健中心	（一）加强国门生物安全实验室建设。聚焦国门生物安全执法把关技术保障需要，加强生物安全实验室规划建设。加强生物安全实验室能力建设，满足实验室环境要求。加强传染病防控、动植物检疫、外来入侵物种鉴定、物种资源保护、食品安全等专业领域实验室建设，进一步建设和完善实验室环境设施，加强仪器设备配置，提高实验室技术保障水平。	总署已启动，各关进一步推进落实	B	
				技术中心、保健中心	（二）完善实验室规划布局。优化海关实验室规划布局，重点推进署级中心实验室建设，引领本专业领域海关实验室发展。推进风险验证评价实验室、生物安全三级实验室等专项实验室建设。充分发挥实验室技术联盟作用，加强协同创新、资源共享。	紧跟总署部署推动落实	A	总署事权
				技术中心、保健中心	（三）加强实验室管理制度体系建设。落实生物安全法等国家法律法规关于实验室建设有关要求，制定出台相关管理规定，加强实验室建设与管理。明确海关实验室分级管理要求，提高实验室技术能力。	紧跟总署部署推动落实	A	
				技术中心、保健中心	（四）加快海关科学技术研究中心建设。完善海关科学技术研究中心基础设施，整合集中实验室和科学技术研究基础资源，建设境外传染病样本库和生物信息库，初步建立种质、菌（毒）种等资源的收集、保护和利用体系，为技术研究攻坚和基础资源储备利用打下坚实基础。	紧跟总署部署推动落实	A	总署事权
49	强化口岸监管装备研发与应用	43	科技处	监管处	开展货物监管物联网装备、大宗散货在线监测等口岸监管装备的智慧远程监管技术研究。	先行先试	C	总署事权
			监管处	科技处	开展入境固体废物快速鉴别、危化品现场快速筛查、走私物品快速查验、智能查验机器人、新一代口岸集装箱核生化爆监测、检疫生物雷达、车辆底盘查验等具有自主知识产权的现场监管装备研发。	紧跟总署部署推动落实	A	总署事权
			科技处	监管处	拓展人工智能、5G、物联网等新技术在智慧海关建设中的应用途径，强化实用性关键核心技术研究和设备研发，实现科技装备小型化、便携化、智能化。	总署已启动，各关进一步推进落实	B	总署事权
			监管处	科技处	加快先进技术和装备的引进吸收、推广运用，实现口岸监管装备的联网集成、数据共享和综合应用，持续优化机检设备智能审图。	总署已启动，各关进一步推进落实	B	总署事权

续表31

序号	内容	页码	主办单位	协办单位	《发展规划》内容	落实意见	标识	备注
50	专栏20 强化前沿技术和关键核心技术研发应用工程	44	科技处	监管处	（一）推广人工智能（AI）等信息技术应用。加大人工智能（AI）、大数据、云计算、区块链等尖端技术在相关领域的研究应用，推进全链条商品管控，保障源头可溯、去向可循、状态可控，实现无人式、智能化、泛在化、实时化远程管理，探索新智能化手段在监管点的应用。	总署已启动，各关进一步推进落实	B	
				相关职能部门	（二）加大5G等网络技术应用。利用5G"超高速、多点同时连接、超低延迟"技术特性，实现超高分辨率影像发送等大量数据同时多方交换，快捷、便利、准确、实时地在多个地点间进行通信。	总署已启动，各关进一步推进落实	B	
				监管处	（三）扩大射频识别技术（RFID）等感知技术使用。整合影像识别、辐射检测、智能感知、智慧视频等技术应用，推进监管前置管理。将无人机等技术装备或新技术手段应用于进出口监管查验、打击走私等工作，加大机器人对核物资、危化品、放射性超标等有害物品监管查验，建立覆盖口岸的智能监测系统。	总署已启动，各关进一步推进落实	B	
			监管处	科技处	（四）加强生物识别技术研究应用。推进生物识别技术创新应用，提高旅客出入境信息匹配的准确性。扩大生物识别技术应用范围，全面提升对出入境人员以及进出海关监管场所人员的识别能力。	紧跟总署部署推动落实	A	
			科技处	相关职能部门	（五）突破关键核心技术。强化人工智能（AI）、5G、物联网等新技术在智慧海关建设中的应用，加强海关监管智能化技术研发，构建国门生物安全技术体系，推进口岸传染病防控技术、食品安全关键技术、口岸动植物检疫技术研发应用，开展国际贸易保障技术研究。	紧跟总署部署推动落实	A	
51	推进"智慧海关、智能边境、智享联通"合作	45	科技处	相关职能部门	提升科技创新应用水平，推进基础设施、海关管理、海关监管的智能化，以数字化处理、网络化传输、智能化判别为主要手段，深化"智慧海关"建设。	总署已启动，各关进一步推进落实	B	
			法综处	相关职能部门、数据分中心	丰富国际贸易"单一窗口"功能，优化口岸营商环境，提高边境监管手段、各边境部门协同监管、跨境合作的智能化水平，实现信息互通共享、风险联防联控，推动"智能边境"建设。	紧跟总署部署推动落实	A	

续表32

序号	内容	页码	主办单位	协办单位	《发展规划》内容	落实意见	标识	备注
51	推进"智慧海关、智能边境、智享联通"合作	45	办公室	各单位	利用新签或修订合作文件推介"三智"理念，重点推动与共建"一带一路"国家的机制性海关检验检疫合作，提倡海关网络的智能互联、海关治理的智能对接、全球供应链的智能合作，推动"智享联通"建设。	紧跟总署部署推动落实	A	
				相关职能部门	加快推动与中东欧国家海关开展"三智"合作试点，积极推动建设中国—中东欧国家海关信息中心、中欧陆海快线沿线国家通关协调咨询点。	紧跟总署部署推动落实	A	
52	专栏21 全面推进"三智"建设和合作工程	46	办公室	各单位	(一)加强"三智"理念的深入研究。深刻理解习近平总书记提出的"三智"及"海关贸易安全"理念丰富内涵，坚决贯彻习近平总书记重要指示精神，深化海关贸易安全和通关便利化合作，率先探索同中东欧国家海关开展"三智"合作试点。	紧跟总署部署推动落实	A	
				监管处	(二)加强"智慧海关"建设。依托与170个国家和地区海关检验检疫合作关系，将智能卡口、智慧旅检、智能审图、产品信息溯源平台、人脸识别、智能单兵、无人机、机器人等我国海关先进经验融入合作项目，推进"智慧海关"经验交流与合作。	紧跟总署部署推动落实	A	
				监管处	(三)加强"智能边境"建设。深化国门安全合作。推动"点对点""点对网""网对网"等互联互通，建立风险信息特别是重点商品信息互换机制和合作防控机制。建立电子证书联网核查机制，对进口产品检验检疫证书实现电子数据实时查询和真伪比对。	紧跟总署部署推动落实	A	
				相关职能部门	(四)加强"智享联通"建设。结合世界海关组织（WCO）执法等有关网络建设以及新技术应用等，推动建立国际供应链预警体系。深化与重点国家海关在保障供应链安全与便利领域的合作，商签合作文件，贡献海关合作成果。依托国际贸易"单一窗口"和海关"一带一路"信息交换共享平台建设，推进中国海关多双边信息交换。	紧跟总署部署推动落实	A	
				相关职能部门	(五)推动"三智"上升为国际海关最佳实践。围绕货物快速通关、边境监管结果互认、贸易统计数据比对分析等共同需求推进边境"智能化"合作，同时固化双边和区域"三智"合作成果。推进"三智"与世界海关组织（WCO）战略对接，合作设立示范落地项目。在国际海关界积极分享中国经验和中国方案，提升"三智"国际影响力。	紧跟总署部署推动落实	A	

续表33

序号	内容	页码	主办单位	协办单位	《发展规划》内容	落实意见	标识	备注
53	深化对外合作伙伴关系	46	办公室	各单位	以服务国家重大主场外交为重点，积极参与国家间高层对话机制，形成更多有影响力的海关国际合作成果。	紧跟总署部署推动落实	A	
				各单位	全方位加强海关检验检疫国际合作，提高对美国、欧盟、俄罗斯等重点国家和地区经贸合作的主动权，推进与周边国家和地区的务实合作，深化与共建"一带一路"国家的机制化合作，积极探索检验结果互认。	总署已启动，各关进一步推进落实	B	
				各单位	推动与更多国家开展供应链互联互通合作，持续深化中欧陆海快线、国际陆海贸易新通道沿线以及中欧班列沿线海关合作，积极推进"经认证的经营者"（AEO）、"安智贸"、海关信息交换平台、"关铁通"、国际贸易"单一窗口"、风险管理等合作项目。	总署已启动，各关进一步推进落实	B	
				各单位	促进贸易安全与便利，持续深化打击走私等国际执法合作，加强政策沟通和技术交流。巩固和发展现有中俄、中哈、中蒙、中越等双边口岸合作机制。	总署已启动，各关进一步推进落实	B	
54	积极参与国际贸易规则制定	47	办公室	各业务职能部门	深入参与世界海关组织（WCO）、世界贸易组织（WTO）、亚太经合组织（APEC）、世界动物卫生组织（OIE）、国际植物保护公约（IPPC）、国际原子能机构（IAEA）等国际组织事务并发挥建设性作用，积极参与世界贸易组织（WTO）改革领域相关工作，深入研究有关国家（地区）自由区法律法规、监管制度等，推动多边框架下涉及海关议题的谈判磋商，积极参与数字领域国际规则和标准制定，提升运用规则维护国家安全和发展利益的能力。	总署已启动，各关进一步推进落实	B	
				各业务职能部门	深度参与制定贸易便利与安全领域国际规则和标准，推动在华举办全球"经认证的经营者"（AEO）大会等有影响力的国际会议。	紧跟总署部署推动落实	A	
				各单位	积极竞选（聘）国际组织重要职务，资助和承办国际海关能力建设项目，培养和扩大海关国际"朋友圈"。	紧跟总署部署推动落实	A	
				缉私局、监管处、风控分局	深度参与防范核及其他放射性物质非法贩运国际合作。	紧跟总署部署推动落实	A	
				各单位	积极参加与货物贸易相关的气候变化国际合作，主动参与碳边境调节机制相关谈判。	紧跟总署部署推动落实	A	

续表34

序号	内容	页码	主办单位	协办单位	《发展规划》内容	落实意见	标识	备注
55	推动自由贸易协定谈判和落地见效	47	办公室	各单位	服务自由贸易区提升战略，立足中国海关实践和改革发展方向打造中方提案，推进中日韩等自由贸易协定涉及海关议题谈判进程。	紧跟总署部署推动落实	A	
				各单位	提升自由贸易协定规则运用能力，牵头做好原产地规则、海关程序、检验检疫等议题谈判，切实维护国家利益。	总署已启动，各关进一步推进落实	B	
				各单位	做好新签和升级自由贸易协定的对接，加强与相关部门政策协调，推动关税减让、原产地规则、海关程序、检验检疫、技术标准等规则的落地实施。	总署已启动，各关进一步推进落实	B	
				关税处	提高自由贸易协定利用率，提升自由贸易协定项下享惠便利化水平，完善我国原产地规则制度体系。	总署已启动，各关进一步推进落实	B	
				各单位	加强与自由贸易协定伙伴的机制化合作，高质量实施《区域全面经济伙伴关系协定》（RCEP）、《亚洲及太平洋跨境无纸贸易便利化框架协定》等涉及海关工作，加强《全面与进步跨太平洋伙伴关系协定》（CPTPP）等前期工作研究，提升跨境贸易便利化水平。	总署已启动，各关进一步推进落实	B	
56	深化与港澳台地区海关检验检疫交流合作	48	办公室	各单位	建设性开展内地与港澳地区海关检验检疫合作，推进卫生检疫、动植物检疫、食品安全、商品检验、经贸协定、知识产权保护、口岸通关、打击走私等领域规则衔接、制度对接和数据共享互通。	总署已启动，各关进一步推进落实	B	
				各单位	服务高质量建设粤港澳大湾区，推动河套深港科技创新合作区、横琴粤澳深度合作区建设，积极创新大湾区口岸监管模式，加强执法合作，促进人员、货物等要素高效便捷流动，支持香港、澳门更好融入国家发展大局。	总署已启动，各关进一步推进落实	B	
				各单位	按照中央部署做好对台工作，稳步推进海峡两岸海关通关模式、"经认证的经营者"（AEO）互认、知识产权保护、打击走私等方面交流合作，推动两岸食品、农产品、消费品监管合作。	总署已启动，各关进一步推进落实	B	
				各单位	支持对台小额贸易持续健康发展，深度参与闽台合作，服务两岸融合发展示范区、平潭综合实验区开放开发，全力推动两岸"应通尽通"。	总署已启动，各关进一步推进落实	B	

续表35

序号	内容	页码	主办单位	协办单位	《发展规划》内容	落实意见	标识	备注
57	加强党的建设	49	机关党委	各单位	深入学习贯彻习近平新时代中国特色社会主义思想，切实在学懂弄通做实上下功夫，确保习近平总书记重要指示批示精神和党中央重大决策部署落实到位。	总署已启动，各关进一步推进落实	B	
			机关党委	人事处	健全体现三级党委体制更高要求的党建工作机制，完善上下贯通、执行有力的组织体系。	总署已启动，各关进一步推进落实	B	
			机关党委		推进党建工作高质量发展，巩固拓展"强基提质工程"成果，突出机关带系统，深化"四强"党支部建设，挖掘基层热源，打造示范样板，做实做亮党建品牌，推动基层党组织全面进步、全面过硬。深入挖掘和传承海关红色基因，建设红色海关课堂、教育基地，教育广大党员干部坚定理想信念，做对党绝对忠诚的国门卫士。	总署已启动，各关进一步推进落实	B	
			机关党委、离退办		落实信息化精准化规范化要求，用心用情做好离退休干部工作。加强工会、共青团、妇女组织建设。	总署已启动，各关进一步推进落实	B	
58	加强领导班子建设	49	机关党委	办公室	加强政治思想建设，坚决落实讲政治要求，补足精神之"钙"、筑牢思想之"魂"，全面提高政治能力。	总署已启动，各关进一步推进落实	B	
					选优配强领导班子，形成年龄梯次配备、专业优势互补、来源渠道广泛的合理结构，增强班子整体功能。	总署已启动，各关进一步推进落实	B	
				监察室	落实"信念坚定、为民服务、勤政务实、敢于担当、清正廉洁"好干部标准，健全选育管用环环相扣又统筹推进的全链条机制。	总署已启动，各关进一步推进落实	B	
			人事处	机关党委	强化思想淬炼、政治历练、实践锻炼、专业训练，大力培养选拔优秀年轻干部。	总署已启动，各关进一步推进落实	B	
					注重加强企事业单位和隶属海关领导班子建设，统筹使用行政机关和企事业单位领导干部，畅通公务员与企事业单位人员交流渠道。	总署已启动，各关进一步推进落实	B	
					充分发挥政绩考核指挥棒作用，科学制定政绩考核评价指标体系，实行分级分类考核。综合运用多种方式考准考实领导干部，强化考核评价结果运用。	紧跟总署部署推动落实	A	

续表36

序号	内容	页码	主办单位	协办单位	《发展规划》内容	落实意见	标识	备注
59	加强人才队伍建设	50	人事处		大力实施人才强关，以优化人才结构为重点，以培养高端人才为关键，以创新人才发展机制为保障，切实推动人才工作高质量发展，培养造就一支数量充足、结构合理、素质优良、充满活力的人才队伍。	总署已启动，各关进一步推进落实	B	
				相关职能部门	着力培养引进高层次人才，改进完善海关专家制度，重点培育海关特色智库人才、创新型科技领军人才。	紧跟总署部署推动落实	A	
				相关职能部门	大力开发急需紧缺人才，补充引进国门安全监管领域专业执法人才，扩大国际合作人才队伍储备，科学布局法治人才梯队。统筹培养重点领域人才，大力推进综合管理人才、行政执法人才和专业技术人才队伍建设。	紧跟总署部署推动落实	A	
					健全完善人才培养、使用、评价、流动、激励机制，强化人才在科技创新中的主体地位，持续优化人才发展环境和成长路径。	总署已启动，各关进一步推进落实	B	
60	专栏22 海关人才发展工程	51	人事处	相关职能部门	（一）着力培养引进高层次人才。实施海关专家人才培养工程，分专业领域培养首席专家30名、一级专家150名，建立10,000人以上的专家人才库；实施特色智库人才开发工程，培养储备各类智库人才约200名；实施科技领军人才提升工程，引进工程院院士1名、长江学者1~2名，培养具备冲击两院院士条件的科技领军人才2~3名，建好建强8~10个博士后科研工作站，培养引进50名以上博士后人员。	紧跟总署部署推动落实	A	
				相关职能部门	（二）大力开发急需紧缺人才。实施专业岗位执法人才补充工程，培养或引进具有专业背景、专业技能的急需紧缺人才3,000人；实施国际合作人才储备工程，完善覆盖各语种、海关各专业的海关外事工作骨干库，入库人才达到1,000名；实施法治人才梯队建设工程，培养150名左右应用型复合型创新型法治人才队伍。	紧跟总署部署推动落实	A	
				相关职能部门	（三）统筹培养重点领域人才。实施党政人才培养工程，持续加强各级领导班子建设，优化班子结构、增强整体功能；实施青年英才培养选拔工程，既考虑今后5年需要，又着眼今后10年乃至更长远发展，建立数量充足、质量优良、结构合理的青年英才队伍；实施边关人才支持保障工程，选派干部援藏援疆不少于30人，推荐博士服务团成员不少于10人，选派干部参与"西革老"项目、乡村振兴项目不少于200人，组织东西部互派业务骨干交流锻炼不少于300人。	紧跟总署部署推动落实	A	

续表37

序号	内容	页码	主办单位	协办单位	《发展规划》内容	落实意见	标识	备注
61	加强干部教育培训	51	教育处		把学习贯彻习近平新时代中国特色社会主义思想作为首课、主课贯穿始终、覆盖全面，充分发挥干部教育培训在海关业务改革和队伍建设中的先导性、基础性、战略性作用，以素质培养为中心，完善全面系统的培训内容体系，建立分级分类的培训对象体系，构建务实高效的培训方式方法体系，健全科学规范的培训制度体系，建设坚强有力的培训保障体系，着力构筑、完善、提升海关干部教育培训体系，提高干部教育培训的针对性、精准性、有效性。	总署已启动，各关进一步推进落实	B	
62	专栏23 教育培训体系建设工程	52	教育处	各单位	(三) 建立分级分类的培训对象体系。分类分级开展党的理论教育、专业能力培训，每年组织党政主要负责人、各级领导干部、职级公务员、新考录公务员、专业技术岗位人员参加专题培训。	总署已启动，各关进一步推进落实	B	
					(四) 构建务实高效的培训方式方法体系。根据业务发展和干部队伍需求制定年度培训方案，统筹运用集中调训、网络培训、实操培训等多种方式有针对性开展培训，丰富拓展其他形式培训，创新培训方法。	总署已启动，各关进一步推进落实	B	
					(五) 健全科学规范的培训制度体系。健全完善需求调研、培训管理、评价评估、理论研究等培训工作制度，推进一批重点课题研究，提升培训工作制度化、规范化水平。	紧跟总署部署推动落实	A	
				财务处、政工办	(六) 建设坚强有力的培训保障体系。建设一批署级实训基地和党性教育现场教学点，培养500名署级兼职教师，深化师资、教材、需求、评估等信息化管理，加强干部教育培训经费的管理保障。	紧跟总署部署推动落实	A	
63	加强海关文化建设	52	机关党委		大力加强海关职业道德教育，发挥文化思想保证、精神激励、道德滋养的独特作用，增强海关干部职工自豪感、荣誉感、使命感，提升队伍凝聚力和战斗力。	总署已启动，各关进一步推进落实	B	
				办公室	大力培育和践行社会主义核心价值观，持续抓好精神文明建设，实施海关品牌建设工程，创作海关精品力作，丰富群众性文化体育活动，打造一批具有行业特色的品牌项目，推进建设具有鲜明海关特色的文化体系。	总署已启动，各关进一步推进落实	B	
			办公室	各单位	实施媒体融合发展工程，构建网上网下一体、内宣外宣联动、全员参与的海关新闻舆论工作大格局，探索建立"新闻+政务服务"的运营模式，提升海关新闻舆论工作的传播力、引导力、影响力、公信力。做好重大活动、重大事件和重大项目的专项档案工作。	总署已启动，各关进一步推进落实	B	

续表38

序号	内容	页码	主办单位	协办单位	《发展规划》内容	落实意见	标识	备注
64	加强党风廉政建设	53	机关党委	人事处、监察室	坚持严的主基调,严格落实全面从严治党主体责任、监督责任,健全完善与主体责任清单配套的检查考核机制,突出政治监督、做深日常监督,充分发挥全面从严治党引领保障作用。	总署已启动,各关进一步推进落实	B	
			办公室	各单位	不断深化落实中央八项规定及其实施细则精神,建立完善"四风"问题常态化收集核查机制,持续纠治形式主义、官僚主义,健全基层减负常态化机制。	总署已启动,各关进一步推进落实	B	
			监察室	各单位	强化"制度+科技"成果运用,推进廉政风险源头防控,严厉查处"效率寻租"、吃拿卡要等侵害群众利益问题。	总署已启动,各关进一步推进落实	B	
			督审处		聚焦重大决策部署、重大改革举措落实情况等开展督察,全面推行督察项目清单管理,依托信息化强化督察数据分析,加强联合督察。	总署已启动,各关进一步推进落实	B	
			督审处		落实审计全覆盖要求,有序推进领导干部经济责任审计,有重点地开展专项审计,推广"集中分析、分散核实"联网审计,提升审计监督质效。深化内控机制建设,完善以岗位为单元的内控节点清单管理制度,实现海关风险预警处置和审计监督平台覆盖行政执法全领域及非执法主要领域。	总署已启动,各关进一步推进落实	B	
					完善海关执法评估体系,客观、量化评估海关政策措施落实成效。	总署已启动,各关进一步推进落实	B	
			巡察办		创新巡视工作方式方法,完善巡视巡察上下联动工作机制,实现巡视工作全覆盖。	总署已启动,各关进一步推进落实	B	"巡视"由总署组织开展,我关为"巡察"。
			监察室	人事处、机关党委	坚持无禁区、全覆盖、零容忍,坚持重遏制、强高压、长震慑,推动纪律监督、监察监督、派驻监督、巡视监督统筹衔接,一体推进不敢腐、不能腐、不想腐。继续从严规范领导干部配偶、子女及其配偶从业行为,深化以案促改,加强廉政警示教育和廉政文化创建,深入推进清廉海关建设。	总署已启动,各关进一步推进落实	B	

续表39

序号	内容	页码	主办单位	协办单位	《发展规划》内容	落实意见	标识	备注
65	加强组织部署	54	统计处	各单位	深入贯彻党中央重大决策部署，把加强党的全面领导落到实处。总署党委加强对"十四五"规划实施的统一领导，全国海关各单位、各部门均要建立健全规划实施工作机制，按照各自职责，细化发展目标，落实工作任务。加大发展规划的专题宣贯，营造规划实施的良好氛围。	总署已启动，各关进一步推进落实	B	
66	全面统筹推进	54	统计处	各单位	加强行政运转综合保障，推动内外协同，以规划统领全面深化改革、有效履行职责等各方面工作。加强规划衔接，专项规划要以本规划为基本依据，互相兼容，形成完整的海关规划体系。加强与国家相关部委、地方政府等沟通协作，发挥社会组织作用，深化政务公开，畅通公众参与渠道，共同推动规划组织实施。	总署已启动，各关进一步推进落实	B	
67	强化支持保障	54	人事处	相关职能部门	加强组织人事与规划实施的协调，强化重大规划项目实施管理。	总署已启动，各关进一步推进落实	B	
			财务处		强化财务保障与规划实施的衔接，科学编制预算，提高资金使用效益。积极争取国家主管部门的政策和资金支持，做好"十四五"时期海关重点建设项目的落实。	紧跟总署部署推动落实	A	
68	狠抓督导落实	55	统计处	办公室、人事处	制定规划任务分工方案，把规划落实情况纳入政绩考核体系，加强跟踪问效。	总署已启动，各关进一步推进落实	B	
			统计处、督审处、人事处、巡察办	各单位	开展规划实施情况中期评估和总结评估，推动规划全面落实。	总署已启动，各关进一步推进落实	B	
			巡察办	各单位	紧紧围绕规划贯彻落实情况加强巡视、巡察等，以强有力的政治监督保障"十四五"规划顺利实施。各单位、各部门要加强对规划实施工作的督导，确保各项任务落地见效。	总署已启动，各关进一步推进落实	B	"巡视"由总署组织开展，汕头海关为"巡察"。

第二篇 专记

庆祝中国共产党成立100周年和党史学习教育

党史学习教育开展以来，汕头海关坚持以习近平新时代中国特色社会主义思想为指导，把党史学习教育作为重大政治任务，结合庆祝中国共产党成立100周年，深入学习贯彻习近平总书记关于党史学习教育重要讲话和重要指示批示精神，认真落实党中央决策部署，精心组织实施，按照"学史明理、学史增信、学史崇德、学史力行"的要求，采取"学、悟、讲、做、比"等多种方式，高标准、高质量抓好任务落实，达到了学党史、悟思想、办实事、开新局的目的。

▲2021年7月1日，汕头海关组织全关认真收听收看庆祝中国共产党成立100周年大会实况

一、党史学习教育

强化部署推动。汕头海关党委以高度的政治自觉和强烈的政治担当，积极研究部署，推动党史学习教育高起点开局、高标准落实、高质量推进。对照上级党史学习教育有关部署，第一时间成立党史学习教育领导机构，按照"领导小组牵头抓总、巡回指导组督导推动、各单位齐抓共管"的要求，明确职责分工，研究制订工作方案，建立任务分解表，细化明确21项具体内容；同时，把党史学习教育作为全关各级党委重要议题，定期分析党史学习教育形势，研究推进"我为群众办实事"等重点工作，确保认识到位、要求到位、动作到位。多次召开领导小组会、推进会、座谈会等专题会议，各级党员领导干部带头作宣讲报告、带头讲专题党课、带头解决群众问题，坚持一级带一级、层层抓落实，结合落实基层一线联系点制度，加强实地调研和具体指导，推动党史学习教育向广度和深度拓展。对标对表总署指

导组做法，派出3个巡回指导组，对各单位开展指导督导，"一竿子插到底"检查学习教育成果，有力促进党史学习教育上下同热、同质开展。

全面铺开学习。持续强化理论武装，全关学思践悟氛围日益浓厚，读《人民日报》、看《新闻联播》、研《求是》杂志、用"学习强国"App的自学习惯逐渐养成。采取书记领读、自学精读、专家导读、集中研读等方式，先后开展8次党委理论学习中心组专题集中学习，举办2期处级以上领导干部党史学习教育专题读书班，以及"新时代、新奋斗、新胜利"十九届六中全会精神系列学习研讨，确保学有所思、思有所悟、悟有所获。创新理论学习模式，开展"转变作风开新局"主题讨论活动，做到政治站位、思想观念、工作标准、精神状态向高处提领、向实处发力，以思想"破冰"引领发展"突围"；组织处级以上党员干部集中轮训3期，组织党员参加学习教育网上专题培训，全关2,095名党员在线学习；开展主题党日活动1,192场次、专题党课706场次、集中研讨2,654场次，不断增进对党的理论认同、实践认同、情感认同；高质量开好专题组织生活会，各级党员领导干部深入基层开展调研499次、座谈234次，广泛征求意见建议，过好双重组织生活，严密制定整改措施，扎实推动整改落实。

感悟思想伟力。将深入学习贯彻习近平总书记重要讲话和重要指示批示精神，作为党史学习教育核心内容和"两个维护"具体体现。坚持读原著、学原文、悟原理，学好《论中国共产党历史》等4本"指定书目"，用好《中华人民共和国简史》等3本重要参考材料，深刻领会其中蕴含的丰富理论智慧、贯穿的崇高价值追求。把握党史学习教育三个阶段重点，深入学习习近平总书记在党史学习教育动员大会、庆祝中国共产党成立100周年大会、党的十九届六中全会上的重要讲话精神，深刻体悟其总结的伟大历史成就、揭示的宝贵历史经验。坚定自觉看齐追随，跟进学习习近平总书记参观"不忘初心、牢记使命"中国共产党历史展览、北大红楼，在广西、福建、西藏、陕西等地考察期间重要讲话和重要指示精神，深刻感悟其中彰显的深远战略考量、充盈的强大精神力量。

挖掘保护红色历史资源。深度挖掘"潮汕七日红"中周恩来同志支持和领导收回海关主权的斗争事迹；深度挖掘郭沫若同志作为汕头海关历史上第一名共产党员的事迹，在《中国国门时报》头版分上下两期刊出；深度挖掘地下党员彭瑞复同志领导抗日宣传的事迹，在《中国国门时报》全版报道；深度挖掘海关历史上第一批援藏干部中因公牺牲的汕头海关援藏共产党员王镇成同志的事迹，其"红色家书"故事在人民网广泛宣传；依托关史陈列馆深厚的红色文化底蕴、丰厚的馆藏资源，评选"十大红色藏品"；通过实地实物、互动体验等方式，走进红色秘密交通站旧址、大南山革命遗址等地，以现场教学近距离触摸"红色年轮"，开展主题党日活动。

营造浓厚氛围。积极运用"互联网+""融媒体+"等形式，灵活运用大厅展板、LED屏幕、电梯间宣传屏等工具，布设宣传标志、横幅、海报，展示视频及活动照片，建设宣传阵地177处；开设党史学习教育专栏，及时上传发布全关各单位党史学习教育信息，推动学习交流；积极开展"奋斗百年路 启航新征程"重大主题宣传活动，1幅作品入选"人民日报收藏摄影作品"，省部级以上新闻媒体累计刊发稿件103篇次，获汕头市庆祝中国共产党成立100周年征文比赛一等奖1篇、三等奖3篇。一个个抬头可见、驻足可观、触手可及的学习载体，推动党史学习教育全覆盖、活起来、深下去。

二、"我为群众办实事"实践活动

汕头海关坚持把学习党史同总结经验、观照现实、推动工作结合起来，不断强化公仆意识、为民情怀，紧紧围绕"五个着力"要求，用心、用情、用力开展"我为群众办实事"实践活动，汕头海关党委委员深入基层一线、地方政府单位和企业开展调研160多次，确立的22项重点民生项目、39条具体措施已全部落实，长效机制扎实推进，各隶属海关党委确立的177项重点民生项目也已全部落实，党旗在基层一线高高飘扬。

破解企业发展"难题"。2个项目成功获评全国海关"'我为群众办实事'百佳项目"，以标杆带整体，提升办实事质量效果。探索形成"三联三优"长效机制，解决陶瓷出口难题；成功开发"港澳船舶进境信息互通"项目，便利企业更好融入"双区"发展；积极开展源头治理、风险监测，助力优质农产品走出国门，为乡村经济振兴提供新动能；在严格执行国家政策前提下，加快油气能源安全通关验放速度，有力支持汕头关区民生保供和经济运行。另外，全力支持"三大增长极"建设，支持汕头综合保税区封关运作，支持梅州综合保税区通过国家验收，推进汕头宝奥城市场采购试点工作，惠来鲍鱼、澄海卤味狮头鹅等12种特色产品实现首次出口。

解决基层群众"愁事"。巩固深化机关直接服务基层长效机制，持续转变作风。聚焦精文减会，健全基层减负常态化核查通报机制，机关向基层发文减少52.5%，基层报送数据、报表数量大幅减少。合理统筹机关下基层检查指导，实施疫情防控、安全生产、作风纪律等"八合一"督办检查，基层配合次数减少70%，节省更多时间精力用来抓落实。针对性开展"嵌入式"普法宣传，便利进出口企业及时了解法律规定及海关最新政策，举办现场政策宣讲会8场次，上门提供商品归类、估价、原产地等指导服务，现场解决企业各种疑难问题30多个。

办好群众期盼"小事"。积极统筹协调各方资源，建成医务室、风雨连廊等暖心工程，改善食堂和员工宿舍环境；依规合理解决转隶人员房补等多个遗留问题，完成员工养老保险全员参保；关区技术检测工作机制调整顺利启动，机关3个宿舍大院物业实现了社会化管理，事业单位所属企业历史遗留问题得到妥善解决；推动成立汕头市老干部（老年）大学汕头海关分校，文化养老内涵得到进一步拓展。一件件"微实事"充分释放组织关怀，温暖人心。

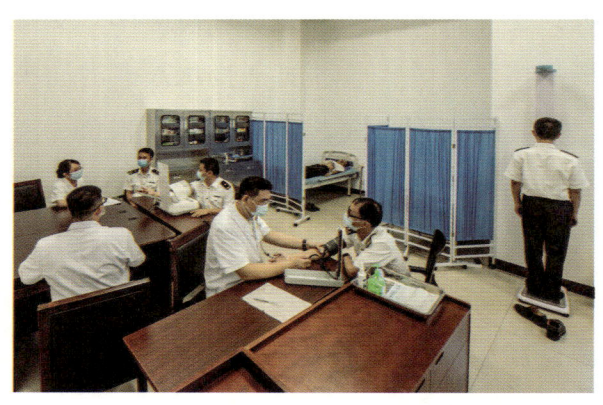

▲2021年7月1日，汕头海关启动医务室为干部职工提供医疗保健服务

三、特色亮点活动

坚持守正创新，把"规定动作"做扎实，把"自选动作"做出彩，搭建一批接地气的创新载体，推动党史学习教育学在基层、落在基层、热在基层。

开展"百优庆华诞"特色活动。以评选10件珍贵红色藏品（郭沫若任潮海关监督任职咨文、周恩来支持收回海关主权手绘画、1961年汕头海关援藏干部王镇成一封未寄出的家书等）、10项特色措施（全面组织不同条线安全应急演练、支持粤东全面融入"双区"发展、探索建立争取地方财政支持海关工作的保障机制等）、10个"我为群众办实事"特色案例（连廊工程、车棚改造、宿舍成立业委会等）、10个自学研讨特色案例、10个优秀党课、10名优秀红色教员、10名新党员、"两优一先"标兵各10名等举措为抓手，持续激发关区党史学习教育的活力源泉。

举办"学史·铸魂"红色讲坛。充分发挥关区覆盖粤东五市、红色资源丰富的优势，共组织红色讲坛142场次。采取发动组织、走访党史研究专家，以及联系地方党史工作部门等方式，对关区革命遗址遗迹、先进典型事迹等红色资源进行充分、深度挖掘，坚定传承红色基因。自上而下强组织强推动，征集宣讲稿件42篇、宣讲视频31个，精心挑选评出10名优秀"红色教员"，开展老党员主动讲述历史、重走革命线路等活动，努力打造生动红色课堂。主动利用"三微一端"，扩大红色讲坛宣讲覆盖面，用鲜活的红色事例锻铸党魂、催人奋进。

打造特色学习品牌。开展"全员学史"活动，全关基层党组织创新打造"港学港讲""时习之""读书笔记漂流""围龙读书会"等自学研讨案例、学习品牌23个，以支部为单位常态化、"短平快"组织一系列喜闻乐见的讲学互动,深入浅出地宣传阐释党的创新理论;开展清明祭英烈、永远跟党走、重走红军路等形式多样的沉浸式、体验式教育活动142次,让红色资源火起来、红色人物亮起来、红色基因传下来。潮州海关组织录制视频微党课,揭阳海关制作应知应会小卡片,潮汕机场海关、濠江海关举办"党的光辉在心中"读书学史知识竞赛活动,推动党史学习教育不断升温。

举办系列特色活动。结合汕头海关实际,搭建载体平台,讲好海关故事。举办"青春耀国门——汕头海关'学党史、强信念、跟党走'"五四主题团日,以纪念大会、党史宣讲穿插文艺展演的形式,引领全关团员青年厚植爱党、爱国、爱社会主义的情感,振奋爱关、强关精气神;关注"一老一幼"群体,举办"童学党史喜迎百年"庆祝"六一"国际儿童节、"翰墨光影颂百年——建党百年百幅书画摄影展"等主题活动,组织"唱支山歌给党听"合唱比赛,提高党史学习教育热度,营造有"声"有"色"的浓厚氛围。

四、党史学习教育工作成效

信仰信念信心进一步坚定。通过党史学习教育,汕头海关党员干部思想认识再深化、历史自信更坚定,更加深刻认识到"两个确立"的决定性意义,更加坚定自觉地将"两个确立"内化于心,将"两个维护"融入血脉,做到维护意识更牢、维护能力更强、维护效果更实。始终把学习贯彻习近平总书记重要讲话、重要指示批示精神作为"第一议题",对习近平总书记关于统筹疫情防控和促进外贸稳增长、打击"洋垃圾"走私、安全生产整治等重要指示批示精神,第一时间学习贯彻、研究落实、督办问效。始终坚持对"国之大者"了然于胸,把讲政治的要求贯穿到工作的全领域各方面,切实提高政治判断力、政治领悟力、政治执行力,做到党中央提倡的坚决响应、党中央决定的坚决执行、党中央禁止的坚决不做,始终做到不掉队、不走偏。

海关职能作用进一步彰显。通过党史学习教育,汕头海关党员干部更加深刻认识到海关工作事关政治经济安全大局,必须始终把准舵、加满油,把路子走对、走实、走好,必须始终站稳人民立场,让企业和群众体会到更多的获得感、幸福感、安全感。始终铭记习近平总书记对广东山高水长的关怀厚爱,努力用好党百年奋斗的历史经验,坚持国家总体安全观,发挥监管职能优势,有效应对和化解各种风险挑战。2021年,汕头海关与粤东五市建立重大事项协商推进机制,制定落实推进贸易高质量发展30项措施,推动5个码头顺利通过开放验收,关区业务量绘就"微笑曲线",多个业务指标创历史新高,为推动粤东外贸发展提质增效做出海关贡献。

干部队伍精气神进一步提振。通过党史学习教育,汕头海关党员干部更加深刻认识到伟大建党精神是中国共产党的精神之源，必须用党在百年奋斗中形成的伟大精神和光荣传统立根塑魂，做新时代忠诚国门卫士。开展"准军大练兵 秋季大比武"活动，组织学"四史"知识竞赛、实操岗位练兵，整治形式主义和官僚主义，保持"敢叫日月换新天"的斗志和担当；进一步深化"强基提质工程"，持续推动"四强"党支部建设，8个集体、8名个人获省部级以上表彰。在口岸疫情防控工作中，全关众志成城、齐心协力，110名关员以大无畏气概坚守在口岸一线。

（撰稿人：林晓鹏）

汕头海关学习贯彻党的十九届六中全会精神

中国共产党第十九届中央委员会第六次全体会议于2021年11月8日至11日在北京举行。全会听取和讨论了习近平总书记受中央政治局委托作的工作报告，审议通过了《中共中央关于党的百年奋斗重大成就和历史经验的决议》，审议通过了《关于召开党的第二十次全国代表大会的决议》。汕头海关高度重视，及时行动，把学习宣传贯彻党的十九届六中全会精神作为当前和今后一个时期的重大政治任务，系统谋划、创新载体，以"领导干部示范学、党史教育深化学、主题党日集中学、丰富载体创新学、激励党员自主学、知识竞赛全员学"等方式，推动全会精神落地落细落实取得一定成效。

传达学习。汕头海关党委进一步提高政治站位，将学习贯彻全会精神作为形势分析及工作督查例会"第一议题"，第一时间组织传达学习，从党委会、中心组、党支部、各部门4个层面，采取集中学习、专题研讨等方式，切实在学懂、弄通、做实上下功夫，迅速在全关掀起学习宣传贯彻党的十九届六中全会精神热潮。

▲2021年11月19日，汕头海关举办"新时代 新奋斗 新胜利"党的十九届六中全会精神系列研讨

关党委召开专题党委会传达学习全会精神，对标对表总署党委工作部署，研究制定学习宣传贯彻针对性落实举措。随后，召开专题学习班，传达学习贯彻党的十九届六中全会精神和总署党委理论学习中心组学习会精神，关党委书记、关长刘大立宣讲党的十九届六中全会精神，对全关学习宣传贯彻工作进行部署并提出要求，学习会以视频会议形式向全关直播。关党委委员分别作重点发言和交流发言，

并参加小组学习讨论，各小组代表作会议交流发言，切实把思想和行动统一到全会精神和《中共中央关于党的百年奋斗重大成就和历史经验的决议》上来，更加深刻领悟会议的思想精髓、丰富内涵、精神实质和实践要求，推动忠诚拥护"两个确立"、坚决做到"两个维护"在国门一线、开放前沿、革命老区形成生动实践。

关党委委员到所在支部或联系点开展宣讲，多形式提醒督促各基层党支部、党员持续抓好学习宣传，推动全会精神学在基层、落在基层、热在基层。在关党委的示范引领下，各部门结合工作实际，通过干部自觉深入学、专项课程巩固学，大力营造浓厚学习氛围，增强实践能力；各隶属海关党委迅速将学习贯彻要求传达至基层党组织和全体党员。各党支部充分利用"三会一课"、党日活动、书记讲党课等形式，通过支部会议集中学、专题研讨交流学，推动全会精神入脑入心、见行见效。

组织领导。关党委下发《关于认真组织学习贯彻党的十九届六中全会精神的通知》，制订具体实施方案，明确责任，抓好落实。压紧压实责任，建立学习宣传贯彻六中全会精神工作责任制，关党委委员加强督导、靠前指挥，以巡听旁听等方式开展学习检查，不断提升两级中心组学习质效；各级领导班子主要负责同志承担第一责任人政治职责，抓实抓好学习贯彻，发挥示范引领作用。

各基层党组织增强思想和行动自觉，组织深入学习和开展系列研讨活动，把学习宣传贯彻全会精神同习近平总书记关于党史研究的重要论述、在一系列重大庆祝纪念活动上的重要讲话精神、在党史学习教育中提出的一系列学史研史要求和关于开好六中全会、起草好全会决议的重要指示精神结合起来，齐心协力将学习宣传贯彻全会精神引向深入。强化考核作用，将学习宣传贯彻全会精神的工作情况纳入巡察督查和队伍建设考评、基层党建述职评议考核、"四强"党支部评选，确保学习贯彻扎实推进、取得成效。全体关警员强化责任意识，读原著、学原文、悟原理，自觉主动学、及时跟进学、笃信笃行学，注重在消化、深化、细化、转化上下功夫，做到学思践悟、知行合一，切实把全会精神转化为讲政治、抓落实的磅礴力量。

学习形式。坚持形式多样学、自觉主动学、联系实际学，把自己摆进去、把职责摆进去、把工作摆进去，做到学习到位、领会到位、应用到位。

一是深入推进学习宣传教育。在全关党建活动室全面开设讲习班，将全会精神纳入各级各类培训班学习内容，突出抓好各级党员干部的学习培训，分期分批组织全体党员干部深入系统学习；下发《关于开展学习贯彻党的十九届六中全会精神集中轮训的通知》，组织各单位处级领导干部分3期开展集中轮训，组织全关人员分别参加总署举办的厅局级、处级、科以下干部3个网上专题培训班；订购全会学习辅导读本和辅导百问，及时发放到各支部学习。

二是组织主题研讨活动。开展"新时代 新奋斗 新胜利"党的十九届六中全会精神系列研讨活动，组织青年党员进行学习交流，关党委书记、关长刘大立进行点评，对全关深入学习贯彻全会精神提出"学上去、落下来、做得好"的要求，激发全员从党的百年奋斗历史经验中汲取智慧和力量，始终保持"赶考"的清醒和坚定，走好新时代"赶考"之路。

三是注重学习延伸覆盖。通过书记讲课领学、党委检查促学，推进全会精神进基层、进支部、进岗位；各基层党组织通过"三会一课"开展学习讨论，青年读书小组自觉组织开展学习研讨；运用多种方式组织离退休党员学习。

四是拓宽学习渠道。利用手机App、微信等载体，依托"学习强国""钉钉"学习平台以及"云端"微党课，积极打造线上学习阵地，引导党员干部通过手机客户端进行灵活性自学。通过多种形式的学习，全关广大党员干部进一步提高思想认识，充分认识"两个确立"的决定性意义，准确把握党的十八大以来党和国家事业取得的十三个方面的重大成就，深入领会中国共产党百年奋斗的五个方面重大历史意义和一百年来积累的十个方面宝贵的历史经验，全面系统学习领会全会精神的丰富内涵与核心要义。

五是创新学习形式。开展基层党组织书记讲党课活动，潮州海关综合业务科党支部书记以学习贯彻全会精神为主线，以推动业务高质量发展为抓手打造"微党课"，并录制视频入选总署视频集中展播活动；揭阳海关制作学习十九届六中全会精神小卡片，方便疫情防控一线人员利用工余时间随时看、随身学；办公室、梅州海关组织参观档案文献展、城市展览馆等，沉浸式引导党员干部进一步认识党团结带领人民筚路蓝缕、砥砺奋进的百年光辉历程和重大成就；食品处、潮阳海关、汕头港海关、人事处依托读书班，开展形式多样的集中研讨交流；潮汕机场海关、潮州海关、濠江海关举办读书学史知识竞赛、应知应会知识测试等活动，推动全员以练促考、以考促学。

宣传工作。坚持"内宣+外宣"，充分利用线上线下宣传载体，开展多形式的宣传活动，大力营造浓厚的学习宣传氛围。

一是广泛开展宣讲研讨活动。积极组织党员、干部收听收看中央宣讲团以及总署、机关各类专题辅导报告会，推动全会精神广泛传播、深入人心。关党委书记面向全关党员、干部进行主题宣讲，关党委委员到所在支部或联系点，结合分管领域工作开展宣讲4次，各支部书记围绕所学所思所悟，结合工作实际，进行专题宣讲，引导广大干部群众增强"四个意识"、坚定"四个自信"、做到"两个维护"，更好地用全会精神统一思想、凝聚共识、坚定信心、增强斗志。

二是在门户网站开设学习专栏，展示全会知识要点、关区学习情况和心得体会214条，营造浓厚学习氛围；制作学习贯彻全会精神的宣传展板，用图文并茂的形式和生动鲜活的语言宣传全会精神，有效增进学习宣传吸引力、感染力和传播力。

三是在"汕关零距离"微信公众号刊载各单位学习六中全会精神访谈文章，介绍学习全会精神的经验做法4篇。

四是在内网开辟专栏，及时报道各单位学习贯彻全会精神工作情况。依托全关177处学习阵地，通过电梯滚动屏、宣传栏和文化长廊等全覆盖宣传全会精神内容。

五是加强对外宣传。依托"中国海关"学习强国号、"钉钉"等及时发布学习全会精神工作动态，宣传学习成果。积极向《中国国门时报》、总署门户网站等媒体报送汕头海关深入学习宣传全会精神的新闻稿件，大力宣传汕头海关学习贯彻全会精神情况。主动利用"三微一端"，广泛宣传学习贯彻的做法经验，持续扩大成效转化。其中，在《中国国门时报》、"海关发布"、学习强国号等新闻媒体发表21篇次。利用窗口宣传栏、电子显示屏等向进出口企业和进出境旅客宣传全会精神，介绍汕头海关学习贯彻全会精神的工作举措。组织各单位主要负责人、领导班子成员、青年骨干撰写心得体会或理论文章162篇；撰写学习贯彻全会精神工作简报7篇，在总署政工网发表3篇，激发全员学习思考，确保真学真懂、真信真用。

贯彻落实。一是把学习贯彻党的十九届六中全会精神与深化拓展党史学习教育结合起来。以学习贯彻全会精神为重点，深化推进党史学习教育第三阶段各项工作。把学习贯彻全会精神与深入贯彻习近平新时代中国特色社会主义思想结合起来，与贯彻落实习近平总书记对海关工作重要指示批示精神结合起来，与贯彻落实习近平总书记视察汕头、潮州重要讲话重要指示精神结合起来，与做好当前重点工作结合起来，真正把全会精神体现在行动上、落实到工作中。根据党中央的部署要求，按照总署党委的统一安排，研究制订专项工作方案，围绕传达学习、培训宣讲、成果转化、课题研究、氛围营造等5个方面内容，细化26条具体贯彻落实措施，设定完成时限和责任人，形成汕头海关学习宣传贯彻党的十九届六中全会精神工作任务分解表，进一步压紧压实责任，确保分工明确、工作到人、责任到人。

二是把学习贯彻全会精神与推进"我为群众办实事"实践活动结合起来。胸怀"两个大局"，牢记"国之大者"，深入学习贯彻习近平总书记重要指示批示精神，准确把握党中央各项重大决策部署战略意图，围绕中心、服务大局，确保汕头海关工作始终沿着正确方向前进。践行"人民海关为人民"，持续深化"我为群众办实事"实践活动，累计办实事1,507件，孵化监管处、濠江海关2个项目入选全国海关"'我为群众办实事'百佳项目";将全面深化改革作为推动海关发展的内生动力,法综处实施"优化三个机制、实施三个保障、强化三个成效"工作法推进"问题清零",收集解答业务疑难问题5,080个;坚持"三个走进"、突出"三个找准"、实施"三项工程",不断巩固提升学习教育成果转化,探索建立4项为群众办实事、为民服务、便民利企的长效工作机制;推动"汕头海关新征程专家人才启航计划",提升队伍能力素质。

三是把学习贯彻全会精神与推动关区高质量发展结合起来。立足新发展阶段、贯彻新发展理念,助力构建新发展格局、推动高质量发展,增强忧患意识、树牢底线思维,深入贯彻总体国家安全观,更好统筹口岸疫情防控和促进外贸稳增长、统筹发展和安全。深刻领会全会精神实质,完整、准确、全面贯彻新发展理念,发挥好海关处在国内国际双循环"交汇枢纽"作用,立足汕头关区"特区、老区、苏区叠加"实际,完善综合保税区、深汕特别合作区、广东石化炼化一体化等重大项目关地对接推动机制,支持粤东全面融入"一带一路"建设,全面融入"两区""双合作区"建设等国家发展战略,打造高水平开放平台,服务外贸高质量发展;统筹口岸疫情防控和促进外贸稳增长,关区进、出口整体通关时间均居全国海关前列,粤东"开放指数"有效提升。全面加强党的建设,强化政治机关建设,深入践行新时代党的组织路线,巩固提升基层党组织"强基提质工程"成效,深入推进全面从严治党,从百年党史中汲取不懈奋斗的力量,更加坚定自觉地践行初心使命,奋力推动"政治强关建设取得成效,业务改革高质量推进,粤东国门铁军建设走在全国海关前列",在新时代新征程上展现新气象新作为,以优异成绩迎接党的二十大胜利召开。

(撰稿人:詹建光)

"十四五"汕头海关发展规划编制与实施

一、背景介绍

2021年3月11日，十三届全国人大四次会议表决通过《关于国民经济和社会发展第十四个五年规划和2035年远景目标纲要的决议》，这是党的十九届五中全会作出的重大决策，描绘了我国进入新发展阶段的发展蓝图，对全面建设社会主义现代化国家具有重大现实意义和深远历史意义。

"十四五"时期是我国全面建成小康社会、实现第一个百年奋斗目标之后，乘势而上开启全面建设社会主义现代化国家新征程、向第二个百年奋斗目标进军的第一个五年，也是推进社会主义现代化海关建设的关键五年。党的十九届五中全会明确了"十四五"时期经济社会发展的指导思想，提出了"坚持党的全面领导、坚持以人民为中心、坚持新发展理念、坚持深化改革开放、坚持系统观念"的"五个坚持"的要求，确立了"经济发展取得新成效、改革开放迈出新步伐、社会文明程度得到新提高、生态文明建设实现新进步、民生福祉达到新水平、国家治理效能得到新提升"的主要目标。

二、《"十四五"海关发展规划》简介

总署坚持以习近平新时代中国特色社会主义思想为指导，紧密围绕党中央决策部署，准确把握新时代中国特色社会主义发展战略安排，以规划引领发展，力争从持续深化政治建关、改革强关、依法把关、科技兴关、从严治关"五关"建设的维度实现五大主要目标。2021年6月9日，总署印发《"十四五"海关发展规划》（以下简称"《规划》"），根据海关牵头及参与规划纲要的工作任务分工，规划部署了"十四五"时期海关发展的主要任务和重大举措，制定坚决维护国家安全、服务国内国际双循环相互促进等4个领域15个"十四五"海关发展主要指标（表2-1）。

表 2-1 "十四五"海关发展主要指标

类别	指标	2020年	2025年	属性
推动国内国际双循环相互促进	1. 海关税收预算目标完成率（%）	≥100	≥100	约束性
	2. "一带一路"海关国际合作机制（个）	53	>90	预期性
	3. 与境外"单一窗口"互联互通国家（地区）数量（个）	1	15	预期性
	4. 海关规章立法后评估比例（%）	—	100	约束性
维护国门安全	5. 货物人工分析查获率（%）	12	16	约束性
	6. 进口食品监督抽检合格率（%）	98	>99	预期性
	7. 国际卫生港口岸创建数量（个）	—	35	预期性
	8. 海关缉私部门移诉案件起诉率（%）		>98	约束性
促进跨境贸易便利	9. 进出口货物口岸放行时间（小时）	进口：41.8 出口：2.2	进口：≤40 出口：≤2	预期性
	10. AEO互认国家（地区）数量（个）	42	≥60	预期性
	11. 口岸海关动植物检疫标准化建设覆盖率（%）	75	100	约束性
	12. 实验室法检项目自检率（%）	97	≥98	预期性
	13. 海关业务信息化应用覆盖率（%）	—	100	约束性
加强准军事化纪律部队建设	14. 党建示范品牌数量（个）	100	200	预期性
	15. 海关评定的专家型人才规模（人）	300	≥10,000	预期性

作为海关机构改革后第一个面世的"五年计划","十四五"规划工作备受总署重视，总署专门成立高层次的专家咨询委员会，在编制过程中不仅注重听取专家学者意见，更广泛征求相关部委意见，还组织1,500余家外贸企业参与问卷调查，汇聚各方智慧、凝聚广泛共识。作为对《规划》重点工作的细化和推进《规划》落实的重要抓手，《规划》还设置了包括"十四五"时期海关发展主要指标在内的20个专栏和19个具有支撑性、引领性以及补短板、强弱项的重点工程项目专栏。同时，要求全国海关要把落实《规划》和贯彻落实中央各项决策部署衔接起来，同抓好当前海关重点工作紧密结合起来，锚定2035年基本建成社会主义现代化海关的远景目标，形成落实《规划》的强大合力；根据《规划》部署，抓紧研究制订配套实施方案和细化落实措施，对《规划》确定的主要指标、重点任务举措，要明确责任主体和进度要求，确保《规划》各项目标任务如期完成。

三、汕头海关贯彻落实《规划》情况

汕头海关党委高度重视《规划》在汕头海关的贯彻落实，关党委书记、关长刘大立多次召集相关部门研究部署工作，要

求全关以高度政治自觉、思想自觉和行动自觉，推动落实《规划》；坚定不移贯彻落实党中央重大决策部署，紧跟总署党委要求，统筹把握好政治性和科学性，要求各部门按照"紧跟总署部署、加快本关推进、积极探索实践"3个层面，切实做好《规划》各项任务在汕头海关的推进落实。同时，立足汕头关区实际，经广泛调研和征求意见，提出"政治强关建设取得成效，业务改革高质量推进，粤东国门铁军建设走在全国海关前列"的3个工作目标，科学制定"十四五"汕头海关现代化海关建设重点目标，测算量化未来5年汕头关区部分主要业务建设和队伍建设指标，形成"十四五"汕头海关现代化海关建设重点目标（表2），充分体现了汕头海关贯彻党中央重大决策部署的高度政治自觉、思想自觉和行动自觉，进一步明确了奋斗目标和努力方向。

表2 "十四五"汕头海关现代化海关建设重点目标

类别	指标	"十三五"平均水平	2020年	2025年基本目标	2025年理想目标
业务建设	1. 监管进出口货运量（万吨）	2,709.57	2,981.11	5,000	8,000
	2. 进出口货值（亿元）	1,171.19	981.63	2,000	3,000
	3. 实际入库税收（亿元）	44.56	35.32	100	200
	4. 进出口报关单（万份）	25.46	18.99	26	30
	5. 进出境报检单（万份）	7.73	5.22	8	10
政治建设	1. 海关系统党建示范品牌数量（个）		2	4	6
	2. 海关评定的专家型人才（人）		11	100	100

2021年10月29日，汕头海关党委召开党委会，审议通过了《汕头海关关于推进落实〈"十四五"海关发展规划〉的通知》，编制任务分解表，将需要落实的任务梳理细化成294项，根据职权归属逐级落实责任到人，要求各单位部门根据职责分工从3个层面推进落实《规划》，形成紧跟总署部署、有序衔接，主动研究谋划、加快推进落实，争取支持、先行先试等3个层面推进机制。

一是要紧跟总署部署，确保与《规划》任务有序衔接。要根据《规划》总体部署和各相关业务条线印发的专项规划、指导意见等，对涉及本单位、本部门牵头的任务，做好任务分解，确保总署部署的任务逐项落实好、落实到位。二是要深入研究谋划，力争推动落实工作走在全国海关前列。对总署已经启动、需要各关进一步推进的任务，各单位部门要主动研究、深入谋划、加快推进。三是要积极探索实践，对总署鼓励先行先试的任务，要争取总署支持并主动开展探索，立足关区实践，为服务海关发展大局和粤东外贸经济发展做出积极贡献。

与此同时，各单位部门紧紧围绕"政治强关建设取得成效，业务改革高质量推进，粤东国门铁军建设走在全国海关前列"的3个工作目标，结合"十四五"汕头海关现代化海关建设重点目标，建立各单位、各部门重点指标，细化措施、扎实推进、抓好落实。一是突出重点，持续加强政治机关建设，深化全面从严治党，坚定走好"两个维护"第一方阵；二是继续深化海关监管体制机制改革，推动优化口岸营商环境，大幅提升海关制度创新和治理能力，筑牢国门安全防线；三是充分激发队伍干事创业的积极性、主动性和创造性，培养德才兼备的高素质人才，强化清廉海关建设和准军事化海关纪律部队建设，锻造"政治坚定、业务精通、令行禁止、担当奉献"的粤东国门铁军，全面推进汕头海关现代化海关建设。

（撰稿人：佘晓虹）

2021年汕头海关统筹口岸疫情防控和促进外贸稳增长工作

2021年，汕头海关在动员全关力量统筹做好口岸疫情防控的同时，结合关区实际，出台促进关区外贸稳增长措施，实现内部疫情防控"零感染"和关区外贸稳步增长的预期目标。

▲2021年6月3日，汕头海关召开汕头海关统筹口岸疫情防控和促进外贸稳增长工作指挥部会议暨内部防控应急处置指挥部会议

根据总署工作安排，汕头海关牵头编制《新型冠状病毒肺炎口岸防控技术方案（第八版）》和《口岸新型冠状病毒肺炎卫生检疫操作指南（第五版）》，牵头参加制定《国境口岸新型冠状病毒肺炎卫生检疫规程之出入境人员检疫及样本采集》等2个全国海关卫生检疫行业标准，承接总署对泰国、柬埔寨等国家疫情风险研判任务，组织专班密切跟踪重点国家疫情形势。

汕头海关严格落实口岸"三查三排一转运"（"三查"即核验健康申报、开展体温筛查、实施医学巡查，"三排"即流行病学排查、医学排查、实验室检测排查，"一转运"即海关关员对"三排"当中判定的确诊病例、疑似病例、有症状人员、密切接触者四类人员一律按照有关规定落实转运、隔离、留验等防控措施），确保入境人员全流程闭环管理。同时，积极参与旅通卫生处置应用系统业务测试和试点培训，完成系统功能完善任务书编写，关区8个口岸海关全部实现流调电子化作业。与关区各属地联防联控机制签署合作协议35份，健全完善口岸传染病例转运移交等闭环管理长效机制。优化口岸卫生检疫区域设置和污染控制，合理构建"三区两通道"（"三区"即清洁区、污染区、半污染区，"两通道"即工作人员通道、旅客通道），有效降低人员感染风险。

汕头海关优化更新安全防护自查督查机制及安全防护工作方案，采用"四不两直"（"四不"即不发通知、不打招呼、不听汇报、不用陪同和接待，"两直"即直奔基层、直插现场）等方式，对关区6个海港口岸海关开展安全防护督查和卫生检疫现场作业视频巡查全覆盖。坚持"人、物、环境同防"；绘制口岸疫情检出、疫情内部防控先期及应急处置等流程图，开展"半盲"演练和综合演练等，全年组织直属关级应急处置演练3场次、各隶属海关疫情防控演练46场次。制订进口高风险非冷链集装箱货物口岸环节新冠病毒检测和预防性消毒等工作方案。办理包括14个隶属海关和保健中心的可感染人类的高致病性病原微生物菌（毒）种或样本运输证，规范新冠病毒核酸样品包装、保存和运输机制。统一规范口岸医疗废弃物处置，指导监督各口岸运营单位与有处理资质单位签订处置协议8份。落实总署对一线人员实施"14+7+7"封闭管理工作要求，制订关区封闭管理工作方案，建立一线人员关心关爱长效机制，口岸疫情防控更严密、内部防控"零感染"。

汕头海关有关单位部门认真研判国内外形势，立足关区优势、精准施策，支持粤东外贸"稳中加固"。一是聚焦释放海关政策红利，统筹推动优化口岸营商环境。制定出台汕头海关优化口岸营商环境工作方案、若干措施及实施清单，适时推出落实20项优化口岸营商环境举措并细化为46条措施，实行统筹推动、挂账落实和定期评估，关区跨境贸易便利化水平持续提升，企业满意度达98.4%。二是建立关地协作机制，协同推动外贸高质量发展。与汕头市建立促进外贸高质量发展推进会机制，与深汕特别合作区管委会签订合作备忘录，实现关地联动、协同发力；结合国家战略布局，服务粤东融入协调发展，出台落实推动活力经济特区建设、融入"双区"13项任务和支持深汕特别合作区建设20个项目。2021年，汕头市、梅州市、汕尾市、潮州市外贸进出口同比分别增长10.6%、23%、19.8%、32.7%。三是立足粤东产业优势，培育壮大外贸优势。开展产业调研，深入摸查产业发展难点，研究解决水产、陶瓷、糖果、纺织、茶叶和中药材等关区主要特色产业发展问题，增强企业出口优势；所属汕头港海关对陶瓷产品创新推行"三联三优"监管模式，对进出口食品开展"提质护航"行动，陶瓷、玩具、水产品等优势产业出口持续增长。2021年，粤东五市出口1,167.7亿元，同比增长11%。玩具出口遍布108个国家和地区，特色化妆品产业扩大出口至82个国家和地区。入选中欧地理标志协定保护名录的潮州凤凰单丛茶出口单价同比提高6成以上，"客家茶"及9种中药材首次出口。四是立足民生需求支持保供。做好大宗商品通关保障，有力解决关区电企"燃煤之急"，全年进口煤炭

2,995.6万吨，同比增长28.8%，助力粤东五市发电量同比增长27.5%；进口液化天然气451.56万吨，同比增长71.54%；粤东五市9家电厂向地方财政缴纳税额22.45亿元，实现财政效益和社会效益双赢。

▲2021年12月2日，汕头海关与深圳市深汕特别合作区管理委员会开展工作会商，会上双方共同签署《汕头海关 深圳市深汕特别合作区管理委员会推进深圳市深汕特别合作区建设发展工作合作备忘录》

汕头海关立足改革激发动力，支持外贸稳中求进。一是以改革提升监管效能，持续推广"两步申报""提前申报"，应用占比分别达62%和82%，企业对两项措施满意度达93.91%。全面推广进口货物"船边直提"和出口货物"抵港直装"业务模式，油气类货物实现在监管场所内"零滞留"。自主开发整体通关时间监控项目，通过实时监控主动应对通关异常，2021年，关区进、出口整体通关时间分别为6.41、0.48小时。二是以改革促进减负增效，全力落实国务院、总署关于"放管服"改革工作部署，立项落实、压实责任，复制推广国家口岸管理办公室促进跨境贸易便利化措施10条，实现检疫审批全程网上作业，审批平均时长约1天，同比缩短1天。多渠道推送简化报关单随附单证、企业注销便利化、入境货物检验检疫证明电子化等政策，支持服务企业减负增效。三是以改革提振市场主体信心，探索推进关区特色改革项目，吸引企业到粤东发展。广澳—蛇口"准组合港"模式探索取得初步成效，广澳港区外贸内支线的驳船密度得到提高，所属广澳海关推动智慧海关建设，实现"内外贸同场"监管，支持联运中转业务开展，货运量同比增长1.54倍；与深圳海关开展跨关区协同监管探索，建立"属地监管企业，口岸验证产品，风险联动协同"的出口法定检验检疫业务监管模式，对132批次出口竹木草制品实施新模式监管，货值约3,509万元，助力抢占国际市场。四是积极支持口岸扩大开放，打造外贸增长"硬支撑"。提前介入、全力支持，实现揭阳港广东粤电靖海专用煤码头、汕头港广澳港区二期码头、潮州港口岸三百门港区小红山扩建货运码头以及汕尾港口岸海丰港区和陆丰港区正式对外开放。

汕头海关立足创新主动作为，支持外贸稳中向好。一是积极支持新型贸易业态健康发展，积极推进"保税+实体新零售"海关监管创新制度，支持跨境电商零售进口退货中心仓建设，全面复制推广跨境电商出口B2B模式，试行市场采购贸易全国通关一体化，实现"就地采购、就近通关"，打通"本土特色产业+市场采购"供应链。二是全力支持综合保税区高水平开放高质量发展，复制推广自由贸易试验区改革试点经验，落实"四自一简"监管措施，推进综合保税区一般纳税人政策落地实施。组建工作专班，对在申请建设中的综合保税区进行政策引导，汕头综合保税区进出口显著增长，梅州综合保税区顺利通过验收。三是发挥技术性贸易措施专业优势，帮扶企业转型升级。开展2021年度技术性贸易措施影响调查工作，加强技术性贸易措施的解读和应对帮扶，征集企业、行业协会等对国外技术性贸易措施的意见建议，助力企业在产品创新上发挥优势。汕头海关报送的5个帮助企业应对技术性贸易措施、支持外贸出口案例被登载于总署门户网站并在全国海关进行推广。

（撰稿人：刘茜川　张　丹　蔡雪妍）

2021年汕头海关打击走私重点专项工作

2021年,汕头海关坚决贯彻落实习近平总书记关于打击走私工作的重要指示批示精神,深入开展"国门利剑2021"联合行动,全面推进反走私综合治理,不断强化全员打私工作效能,着力提升缉私专业能力,圆满完成年初制定的主要打私任务。主要有以下几个方面:

一、持续开展"国门利剑2021"行动

2021年,汕头海关按照全国打击走私综合治理部际联席会议第一次全体会议和全国海关工作会议要求,切实承担起打击走私工作职责。结合关区实际,迅速制订行动方案,围绕五方面打击重点,始终保持打击走私高压态势,扎实组织推进关区打击走私"国门利剑2021"行动。全年立案349宗,案值24.39亿元,侦办总署缉私局一级挂牌督办案件3宗。其中刑事案件87宗,案值21.56亿元,案件数同比上升6.1%;行政案件262宗,案值2.83亿元。

汕头海关始终将打击"洋垃圾"走私作为关区反走私工作的"一号工程",列入海关巡视整改中长期规划细化任务清单,一并落实、一并督办,持续保持打击"洋垃圾"走私入境的高压态势。持续严厉打击燕窝、海产品、高档消费品等重点涉税商品走私,斩断"购运储销"链条,查获"830"特大海产品走私案,切实维护国家利益和经济安全。关区立案涉税刑事案件75宗。开展多轮次缉毒专项行动,严厉打击海关监管区内毒品、麻精药品、易制毒化学品走私和违法进出境活动,破获毒品走私案件2宗,缴获毒品冰毒片剂12克、大麻25克。

二、打击治理"水客"走私

汕头海关贯彻落实习近平总书记重要指示批示精神,落实海关总署、公安部工作要求,制订汕头关区打击治理"水客"走私专项行动方案,组织开展打击治理"水客"走私专项行动。

▲2021年4月19日凌晨，汕头海关开展"剿猎2021-1"打击"水客"走私专项行动

组成工作专班对"水客"走私渠道、手法、人员进行分析研判，实施全链条打击。强化正面监管，运用非侵入式机检设备对进出境行李物品实施100%机检，重点查缉"水客"携带高价值商品违规偷逃税款进境行为。研究制订汕头海关建立健全打击治理"水客"走私长效机制工作方案，统筹推进关区打击治理"水客"走私行动常态化工作。参加总署缉私局三轮打击"水客"走私专项行动。

经全关各参战单位努力，全年立案侦办"水客"类走私案件36宗，总案值7.19亿元。其中，刑事立案12宗，打掉"水客"走私团伙7个，对41名犯罪嫌疑人采取刑事强制措施；行政立案24宗，总案值89.4万元。开展打击跨境电商进口走私"断链刨根"专项行动，严厉打击跨境电商进口走私违法活动，坚决遏制跨境电商进口走私多发、频发势头。

2021年4月19日凌晨，在总署缉私局统一部署下，汕头海关联合乌鲁木齐海关、大连海关以及多地公安机关，在新疆、广东、辽宁等10余省（市、区）同步开展打击"水客"走私专项行动，破获"914"特大走私案，抓获犯罪嫌疑人72名，打掉团伙16个，查扣涉嫌走私入境的高档洋酒一批。

三、打击治理粤港澳海上跨境走私

汕头海关根据海关总署、公安部、国家移民局、中国海警局及广东省人民政府和全国打私办工作部署，积极开展打击治理粤港澳海上跨境走私行动。研究推进关区全员打私和粤港澳海上跨境走私打击治理工作。强化信息收集，加大对来往港澳小型船舶的情报调研，加强船舶航行轨迹日常监控，及时通过查阅船舶航海日志、走访海事部门等方式核查，提高风险分析能力和布控精准度。加强与海关系统相关部门的联系协作，开展风险态势联合研判。

汕头海关制订专项行动工作方案，强化口岸监管，严格审核进出境运输工具申报单及随附单据，提高查验比例，加大对运输工具检查力度，加强对进境快件、邮件的查验处置。深化综合治理，联合地方政府全面清理非法码头、上货点，开展清理"三无"船舶工作，加强对辖区内冻库、冷链、专业市场、货运公司等重点渠道常态化监管与清查整顿，防范粤港澳海上跨境走私行为向汕头关区漂移。2021年10月，汕头海关按照上级工作部署，组织参加打击治理珠江口水域走私联合行动，查获来自其他关区走私入境后陆路运输至汕头关区的冻品案件2宗。

四、打击海南离岛免税"套代购"走私专项行动

汕头海关根据上级工作部署，制订打击治理海南离岛免税"套代购"走私专项行动方案，组织开展打击海南离岛免税"套代购"走私专项行动。2021年12月10日，查获全国首宗从本地旅客空港出行特征锁定的"套代购"走私案件，案值254万元。

五、打击野生动物非法贸易"清风行动"

2021年1月31日至3月31日，汕头海关认真开展打击野生动物非法贸易"清风行动"。加强对进境邮件特别是濒危物种、进出境动植物产品的审单、布控查验，对邮件100%过机检查。围绕野生动物及其制品等走私热点物品，守牢邮递、快件、旅检、货运等渠道，严厉打击濒危物种及其制品走私，刑事立案5宗，查扣野生动物制品一批。

六、打击涉成品油违法犯罪专项行动

根据广东省打击走私领导小组关于打击涉成品油违法犯罪专项行动工作方案的通知，汕头海关缉私部门牵头组织开展关区打击涉成品油违法犯罪专项行动。对关区沿海及非设关地的油库、码头以及涉案车辆、人员等信息进行分析、比对和监控，提高打击效能，行动期间查获涉嫌走私成品油案件5宗，查扣成品油30.56吨，案值18.78万元。

汕头海关与地方打私部门建立健全常态化合作和通报机制，主动参与联合巡查、打击非法脱色工厂、查处黑油点和"清海净边"等联合执法和综合整治工作，提升打击合力。强化与辖区公安机关协作，对成品油走私行为"购运储销"进行全链条打击。2021年4月26日，联合汕头市公安局潮阳分局查获加装加油设备的机动车1辆。对2条涉嫌走私成品油线索立案调查，查获涉案成品油54.73吨，案值26.6万元。

七、打击虚开骗税违法犯罪专项行动

根据国家税务总局、公安部、海关总署、中国人民银行《打击虚开骗税违法犯罪两年专项行动方案（2018年8月—2020年8月）》以及《关于延长打击虚开骗税违法犯罪专项行动时间的通知》，汕头海关加强与辖区税务、公安、银行等部门的协作配合，在情报研判、案件经营、统一行动、联合宣传等方面，共同推进打击虚开骗税违法犯罪专项行动工作深入开展。重点关注关键行业，对服装、玩具、电气、电子及零配件等高退税率行业，紧盯伪报商品编码、伪报品名、高报价格等违法手段，专项行动期间立案调查申报不实

影响出口退税管理案件及依法移送虚开增值税发票案件44宗，涉及案值约13,690.21万元。

八、加强对空箱体监管

汕头海关在各业务监管现场，通过加强对空箱体监管，确保物流监控不留死角。加强舱单管理，做好日常监控和及时处置，确保物流过程不留缝隙。规范查验流程，确保查验制度全面遵守。落实随机派单查验要求，提高查验结果登记质量，强化科长审批职责，规范查验执法录证。充分发挥机检设备的效能和威慑作用。开展机动查验，充实人员队伍，完善工作机制，加大排查力度。加强联合研判，确保风险可知。紧盯粤港澳海上跨境走私进口风险，加强监管、缉私、风险等部门的信息共享和联合研判。

（撰稿人：邹长燕　郑　峰）

第三篇

政治建设

党建工作

【概况】2021年，汕头海关坚持以习近平新时代中国特色社会主义思想为指导，深刻领会"两个确立"的决定性意义，增强"四个意识"、坚定"四个自信"、做到"两个维护"，在总署党委坚强领导下，以政治建设为统领，以推动党建工作高质量发展为主题，以抓好庆祝中国共产党成立100周年活动、开展党史学习教育为重点，加强政治理论武装，宣传思想文化、基层组织建设、党风廉政建设以及群团工作取得良好成效，为汕头海关"十四五"开好局、起好步提供有力保障。

【宣传思想文化】2021年，汕头海关党委高度重视思想政治工作，始终将其摆在突出位置、列入重要日程，研究部署、听取汇报、分析情况、解决问题，扎实推进思想政治工作取得新成效。持续深化理论武装，把学习贯彻习近平新时代中国特色社会主义思想作为重大政治任务，把坚决做到"两个维护"作为检验学习的重要标尺，以党委中心组为示范，带动提高"三会一课"质量，广泛开展支部书记讲党课活动，开展"百优庆华诞"系列庆祝活动、"新时代 新奋斗 新胜利"系列研讨活动，打造专题读书班、青年党校等学习平台，营造学习气氛、提升学习效果、激发学习动力，推进党史学习教育走深走实；关党委成员带头讲党课12场次，全关开展专题党课706场次。

围绕庆祝中国共产党成立100周年宣传教育，开展"永远跟党走"群众性主题宣传教育活动，在管理网主页开设党史学习教育专栏，发布信息700多篇次，推动学习交流。在主流媒体、"三微一端"强化宣传力度，在省部级以上新闻媒体刊发党史学习教育宣传稿件103篇次，有力提升汕头海关故事传播力；7个红色讲坛视频被"学习强国"等平台采用发布，2个微党课入选总署微党课展播并获"最佳组织奖"；1个微党课获评广东省汕头市机关精品党课，并作为广东省委组织部确定的全省党员培训教材推送。组织开展干部思想动态调研，形成调研报告并上报总署。严格落实意识形态工作责任制，强化阵地建设管理，抓好舆情引导管控，把牢网络宣传空间，切实筑牢意识形态工作防线。

充分发挥先进典型示范引领作用，深化道德模范、最美家庭、汕头好人、先进人物等学习宣传，持续讲好先进典型的感人事迹；发挥汕头海关关史陈列馆作为全国爱国主义教育基地作用，赓续"潮汕七日红"留下的百年汕关红色血脉，组织"学史·铸魂"红色讲坛186场次。积极发挥群团组织作用，开展形式多样、生动活泼的文化活动，构建起积极向上、充满正能量的文化氛围。

落实精神文明建设责任制，制订汕头海关关于进一步加强文明单位创建工作的实施方案，针对汕头海关现有的文明单位（全国文明单位6个、省级文明单位5个、市级文明单位4个），明确新一轮文明单位创建周期的路线图、责任清单和细化措施，在分类指导、持续提升上下功夫。积极开展志愿服务活动，全力支持地方"创文"，推动做好"门前三包"、文明交通志愿服务、挂钩帮扶，结合"我们的节日"主题活动，积极开展关怀慰问、爱心帮扶、文艺展演、"送春联"等一系列志愿服务活动。深化"心灵驿站"志愿服务，重点围绕新冠肺炎疫情防控一线集中封闭管理人员，制订心理援助预案，公布9个心理咨询热线，推动全覆盖开展谈心谈话和家访。

【基层组织建设】2021年，汕头海关开展模范机关创建，所属龙湖海关获评"汕头市直机关模范机关创建先进集体"；完善挖掘基层热源的制度机制，深化党建品牌创建活动，5个党建品牌通过总署复核（离退办党支部"一轴心五抓手"工作法、监察室"3E"党支部、汕头港海关综合业务科党支部一线工作法、龙湖海关机关党委"关企连心桥"、潮汕机场海关口岸监管科党支部空港卫生安全守护队），入选全国海关基层党建创新案例1个（督审处党建创新案例），入选全国海关党支部书记"百问百答"1个（离退办党支部），入选总署微党课展播2个（龙湖海关机关党委微党课、潮州海关综合业务科党支部微党课）。1人获评广东省优秀党务工作者（蔡英才）。统筹开展"全领域创建、典型选树、示范提升"的党建品牌创建提升行动，评选认定关区首批"四强"党支部，提升党建品牌的示范效应。加强对事业单位党建工作指导，成立汕头海关事业单位党建工作指导小组及工作专班，强化分类指导，提升事业单位党的建设质量。查摆事业单位党建工作薄弱问题，制定整改措施，起草24个相关制度形成汕头海关事业单位党建工作手册，为提升事业单位党建工作规范化水平打牢基础。

以提升组织力为重点，突出政治功能，全面激发基层党组织生机活力，构建"机关面向基层、职能处室服务隶属海关"的党建工作格局；组织开展"党旗在基层一线高高飘扬——以实际行动庆祝中国共产党成立100周年"活动，加大党费投入用于保障基层组织运行、教育和培训党员、开展阵地建设方面力度；加强网格化管理，基层党建"两个覆盖"质量优化提升，全部基层党组织架构齐全，均按期换届，配齐配强基层党务干部，把政治素质高、能力强的优秀党员干部放到党建岗位上锻炼。各级党员领导干部带头参加所在支部"三会一课"，带头过好双重组织生活，带头讲党课；开展经常性政治体检，用好批评和自我批评武器，高质量开好2020年度党委民主生活会、组织生活会和民主评议会。把好党员发展入口关，发展党员11名；开展党务干部培训，培养抓党建、懂党建的行家里手。

用好"智慧党建"平台，加强对基层党组织执行"三会一课"等检查和效果评估。加强党建工作督查，通过实地看、随机问、当面谈等方式，近距离了解队伍精气神，以把关服务成效和企业群众满意度评价党建工作效果。强化考核评议，认真贯彻落实基层党建述职评议考核办法，优化改进党建考核方式，推动各级党组织书记把党建责任扛在肩上、抓在手上；强化考核结果运用，充分调动广大党务干部的积极性，推动形成齐心协力抓党建工作的强大合力。

【党风廉政建设】2021年，汕头海关压紧压实主体责任，修订完善贯彻落实"三重一大"决策制度实施办法等4项制度，强化责任和压力传导。聚焦"一把手"监督，开展隶属海关选人用人专项监督检查，从严规范领导干部配偶、子女及其配偶从业行为，完成对5个"一把手"的经济责任审计，通过"书面+现场"方式组织各单位"一把手"述责述廉述党建。

加强监督执纪问责，开展公务员经商办企业及"裸官"排查整改。各级党组织和党员领导干部运用"第一种形态"开展谈话提醒，对责任落实不到位的隶属海关党委委员进行问责，对履行监管职责不力的班子进行及时调整。

持续纠"四风"树新风，持之以恒落实中央八项规定及其实施细则精神，关区全年未发现发生违反规定情事，连续4年酒驾醉驾"零发生"。扎实落实为基层减负措施，开展"转变作风开新局"大讨论和"指尖上的形式主义"排查，推行"八合一"督办检查，向基层发文同比减少52.5%、检查次数同比减少70%。政务服务"好差评"系统五星好评率保持100%，取得良好社会效果。

加强准军事化纪律部队建设，组织开展"严纪律、展形象、强作风"内务规范强化月活动，举办"准军大练兵 秋季大比武"，强化垂直管理意识。扎实开展危险品检验监管等业务领域岗位练兵，3位同志在总署"万人争先"线上练兵中进入全国海关百强，队伍履职能力和执法水平不断提升。

一体推进"三不腐"建设，扎实开展"现场监管与外勤执法权力寻租"专项整治。深入推进"制度+科技"，深化智能审图等人工智能技术攻关，建设综合行政管理平台，推行内控节点岗位清单制管理试点，以"三项制度"为抓手严格规范执法，部署权责清单编制工作。在全关深入开展警示教育，组织开展"基层书记、组长谈责任"考核检查工作，持续推进家庭家教家风建设，全方位营造廉洁文化氛围。

【工会工作】2021年，汕头海关落实习近平总书记关于建设体育强国、文化强国的重要指示批示精神，全面推进汕头海关群众体育和文化建设工程。充分发挥文体协会主力军作用，将文化体育建设作为关区精神文明建设的有机组成部分，组织举办"三八"节日分享会、羽毛球比赛、乒乓球邀请赛、摄影展等活动赛事，组织观看红色电影，配齐配全机关文化体育场地设施，为南澳办公区准军事化训练场和羽毛球场配套相关设施。

努力建立立体型医疗保障体系，在普通医保基础上，增加大病帮扶、"二次医保"保障，为全关员工办理《在职职工住院医疗综合互助保障计划》参保相关手续。举办商业医疗保险培训班，引导员工购买商业医疗保险。举办健康知识讲座，帮助员工预防疾病。全年大病帮扶报支7人，协助"二次医保"报支约100人次。

多举措开展暖心聚力工程，组织慰问坚守疫情防控一线单位干部职工70人，开展春节、中秋、国庆节日慰问和生日慰问活动慰问4,709人次，慰问"婚育病丧"员工80人。联合后勤管理中心举办"凝心聚力迎新春　鼓足干劲再出发"活动，组织留汕过年关员包饺子、做红桃粿，组织"新春新胜利"元宵灯谜诗会活动。积极推荐争优创先，所属汕头港海关进口监管科被授予"2021年广东省五一劳动奖状"，所属濠江海关综合业务科王超被授予"2021年汕头市五一劳动奖章"。

【共青团工作】2021年，汕头海关把学习贯彻习近平总书记系列重要讲话精神作为头等大事和首要政治任务，举办青年学习"七一"重要讲话读书班，召开学习贯彻习近平总书记在中青班开班式上重要讲话精神座谈会。深化青年关员政治理论学习提升工程，100%落实团中央组织化开展党史学习教育任务，组建16个青年理论学习小组，"青年大学习"网上主题团课参学率稳定在90%以上，团委书记主讲的党课《初心讲堂》获评广东省汕头市精品党课。增强"党建带团建"机制保障，全年基础团务工作维持在最优水平，团委书记获评"广东共青团整治软弱涣散基层组织三年行动'命脉工程'优秀工作者"。

举办"青春耀国门——学党史、强信念、跟党走""五四"主题团日活动，总结展现100年来青年在党的领导下的奋斗史和发展史，被列入海关系统党史学习教育宣传精品。组织青年红色教员深度挖掘宣传周恩来、郭沫若等潮海关革命斗争重要人物史及因公牺牲的汕头海关援藏共产党员王镇成、海关青年抗疫先进个人蔡雪妍的感人事迹，制作4部宣讲视频，1部获评广东省汕头市精品党课，3部入选全国海关线上党课展播。全年在中宣部"学习强国"App、海关总署"金钥匙"微信公众号推送16部青年红色题材作品。

在常态化疫情防控形势下创新搭建海关"云端"文化平台，上线2台全关新春网上文艺展演，呈现建党百年、全面建成小康社会、脱贫攻坚、中国梦、疫情防控等主题。节目线上点击率超过10万人次，获央视频、"学习强国"App、总署门户网站"海关影像"栏目转载。持续打造志愿服务品牌，连续12年定点助学帮扶广东省汕头市天港小学，并推出以"立德树人、乡村振兴"为主题的青年志愿服务MV《圆梦》，在"学习强国"App展播。

全年获共青团表彰覆盖面、获奖层级创历史新高，2个集体获评第20届全国青年文明号（梅州海关青年突击队、潮汕机场海关旅检班组），1个团支部获评全国五四红旗团支部（揭阳海关团支部），5个集体、14名个人荣获地市级以上共青团表彰。激励引领青年创新创优创效，搭建全关7个国号、9个省号、3个市号的青年文明号创建梯队，保证创建工作活跃度。

【妇女工作】2021年，汕头海关结合庆祝中国共产党成立100周年，激发各级妇女小组爱党热情，更好地贡献巾帼力量、展现巾帼风采。扎实开展主题活动，召开"致敬'她'力量 巾帼展风采"纪念"三八"国际劳动妇女节总结分享会，开展"童学党史 喜迎百年"庆祝"六一"国际儿童节线上主题活动，宣传第十六届广东"优秀书香家庭"评选活动并发动推荐，营造温馨机关工作氛围。黄翔子家庭获评"全国最美家庭"，汕头海关12360热线事迹入选广东省妇联编制的《树时代文明 展巾帼风采》一书，汕头海关所属潮汕机场海关旅检科（室）荣获广东省"巾帼文明岗"称号，汕头海关离退休干部办公室、所属澄海海关"蕙心雅集"工作室荣获广东省汕头市"巾帼文明岗"称号。

▲2021年6月1日，汕头海关举办"童学党史 喜迎百年"庆祝"六一"国际儿童节活动

▲2021年3月8日，汕头海关举办纪念"三八"国际劳动妇女节总结分析会

（撰稿人：吴文玲 吴锦波 陈作煌 周文霞 詹建光）

巡视巡察

【概况】 2021年，汕头海关深入学习习近平总书记关于巡视工作的重要论述和党中央关于巡视巡察工作的新精神，以党的政治建设为统领，全面贯彻中央巡视工作方针，落实总署党委对巡视巡察工作的要求，坚持稳中求进，统筹谋划，精准发力，做好政治巡视巡察工作，确保党中央、国务院重大决策部署在汕头海关得到全面贯彻落实。

扛稳抓牢巡视整改重大政治责任，坚持把整改融入日常工作、融入深化改革、融入全面从严治党、融入班子队伍建设，按照"明确目标、细化责任、落实督办、形成机制"的工作思路，紧盯汕头海关巡视整改中长期规划的整改措施，坚持严的主基调，坚持系统观念，注重承前启后，主动担当作为，不断通过整改深化改革、强化监管、优化服务，推动汕头海关各项工作全面发展，切实把巡视"后半篇文章"做深做实。牢牢把握政治巡察定位，聚焦"两个维护"根本任务，突出监督重点，贯通运用常规巡察、巡察"回头看"等方式组织两轮巡察，以巡察高质量发展为主题，着力从政治层面分析业务问题、从业务问题查找政治偏差，切实提高发现问题和推动解决问题的能力，推动全面从严治党向纵深发展，督促各级党组织和党员领导干部强化政治担当，为建设社会主义现代化海关提供坚强保证。

【巡视整改】 2021年，汕头海关新一届关党委班子成立后，迅速调整巡视整改工作领导小组，通过党委会等形式集体学习习近平总书记关于巡视工作的重要论述，对巡视整改中长期事项进行集体研究，紧密结合学习习近平总书记"七一"重要讲话精神、贯彻落实党的十九届六中全会精神和党史学习教育，围绕汕头海关"政治强关建设取得成效，业务改革高质量推进，粤东国门铁军建设走在全国海关前列"的发展目标，进一步增强抓好中长期巡视整改的思想自觉和行动自觉。

落实巡视整改中长期规划。紧密结合关区重点工作，以巡视整改中长期规划为抓手，形成责任落实、定期督办、评估监督、挂账销号4项工作机制，统筹推进巡视整改工作落实。由巡视整改中长期规划主办单位将整改措施细化成具体任务，制发汕头海关巡视整改中长期规划细化任务清单（2021年），逐一明确具体任务的责任领导、牵头单位和完成时限。进一步强化"拟稿人—审核人—主办单位负责人—分管关领导"逐级确认的督办流程，按季度向广东分署报送年度细化任务落实情况和整改成效，按时完成年度细化任务全部核销工作。2篇巡视整改工作信息（《汕头海关着力将实事办细办实 答好巡视整改政治答卷》《汕头海关持之以恒抓具体防反弹 推动巡视整改走深走实》）获广东分署巡视整改监督工作简报选用，工作成效得到肯定。

完善巡视整改日常监督。纪检监察部门制订汕头海关党委纪检组中长期巡视整改日常监督工作方案，明确监督重点、监督方式、监督措施，与巡察整改日常监督相结合，开展日常监督检查。组织人事部门制订汕头海关人事处中长期巡视整改日常监督工作方案，明确工作目标、监督方式、监督内容和时限等，开展日常监督检查。派驻纪检组充分发挥抵近监督优势，经常性报告驻在单位开展中长期巡视整改落实情况。坚持群众路线，通过内网首页"巡视整改"专栏持续动态更新巡视整改进展，刊登经验做法，保障干部职工的知情权，做到"开门整改"。

迎接广东分署中长期巡视整改专项检查。组建迎检专班，结合关区重点工作撰写汇报材料；扎实、细致准备印证台账，按要求将2020年全部以及2021年已完成的细化任务逐一完成对账销号；组织覆盖范围广的问卷调查摸底测试，抽取部分隶属海关进行实地督导，开展随机电话抽查。在检查组正式反馈检查情况并指出存在的问题后，坚持马上就办、真抓实干，迅速研究部署整改工作，推动即查即改，建立台账，召开推进会，逐项整改，挂号销账，按时完成反馈问题的集中整改。

紧盯重点难点工作，巩固集中整改成果。推广公车管理系统关区全覆盖，严格落实"一车一卡""定点加油"等要求，进一步提升公车管理规范化水平。针对超期涉案财物处置难题，积极争取总署财务司、缉私局和地方林业主管部门的实地指导，稳步推进涉案财物的处置。开展"大练兵、大比武"活动，加强对海关内务规范执行情况的监督检查，强化准军建设，进一步提振队伍精气神。

【巡察工作】2021年，汕头海关持续发挥"关党委带头学、领导小组引领学、下级党组织跟进学、巡察办系统学、巡察干部深入学"的学习网络作用，及时传达全国海关巡察工作推进会精神，以上率下，扎实推进总署组织的全国海关巡视巡察干部专题学习在全关落实落地，切实提高政治站位。

扎实推进巡察全覆盖。准确把握当前海关工作新形势、新任务、新要求，结合关区实际，围绕"三个聚焦"监督重点，紧盯被巡察单位领导班子特别是"一把手",采用常规巡察、巡察"回头看"方式共组织两轮巡察,较好发挥巡察监督保障执行、促进完善发展作用,巡察五年（2018—2022年）全覆盖率达到95%。

完善巡察工作指引。落实巡察工作实施细则和相关工作规则,根据常规巡察和巡察"回头看"不同侧重点,结合巡察实践不断更新完善巡察组参考资料,梳理形成巡察检视要点及方法依据清单、工作模板范本、备查材料清单,有效提升巡察工作科学性、规范性。同时,紧跟总署部署,指导巡察组将"一把手"工作、生活情况作为必谈内容,首次在巡察报告中单独列出"一把手"履行第一责任人职责和廉洁自律情况,并提出明确整改意见和整改要求。

压紧压实被巡察单位整改主体责任,落实巡察整改措施。建立台账,逐项整改,对账销号。在被巡察单位集中整改期间,巡察机构会同纪检监察、组织人事部门,一起开展集中整改"三方联合实地督导",形成督导情况清单建档备查,合力形成"问题整改迭代更新、合力督导、限期销号"的工作闭环,全方位推动2020年第二、三轮巡察和2021年第一轮巡察发现的具体问题表现于2021年年内实现整改清零。落实巡察办与巡察组联合把关机制,对被巡察单位报送的整改方案、清单、报告等材料进行规范性审核,纪检监察、组织人事部门结合巡察整改日常监督、专责监督掌握的情况,对被巡察单位的整改情况报告等相关材料审提意见,力促符合整改要求。

用好用活巡察成果,坚决杜绝"一巡了之"。分管关领导对照关党委巡察工作领导小组会议上点出的涉及职能管理和被巡察单位的问题,牵头督促分管条线整改,指导分管职能部门推动关区业务条线上下统一整改和被巡察单位集中整改。聚焦涉及基层党组织建设、安全生产、基层调研、教育培训等领域的共性典型问题,以巡察告知函形式分别转送6个职能部门,推动其组织本条线对照自查、专项再核查,举一反三,补齐短板,优化完善职能管理。

健全巡察制度规范。全年出台相关制度文件6份,为巡察工作深入开展提供有力基础保障。2021年6月,制定汕头海关党委关于落实巡视巡察上下联动的具体措施,提出针对性措施9项16条,将总署党委巡视反馈问题和广东分署中长期巡视整改专项检查组反馈意见的整改落实情况纳入巡察监督重点,力促巡视巡察上下联动。2021年7月,对标总署,分别建立巡察办与人事处、机关党委（政工办）的巡察工作协作配合机制,分别修订巡察办与督审处、监察室的巡察工作协作配合机制,推动监督成果共享共用。2021年11月,参照总署相关制度,制定巡察干部选派管理考核办法,加强巡察干部队伍库建设和使用管理。

统筹教育培训、以干代训等形式,不

断强化巡察干部队伍能力建设。2021年3月，举办为期3天的巡察业务集中培训班，政治部主任作开班授课并主持专题研讨，综合运用现场教学、分组交流、实操演练、知识测试和集体学习等方式，邀请参加过巡视和交叉巡察的干部到巡察组开展研讨交流，培训26人次。2021年2月至4月底，以总署组织的全国海关巡视巡察干部专题学习网上培训班为契机，组织巡察干部队伍库全库200多人参加培训，及时更新巡察知识理念、提升专业素质；紧盯总署布置的课题开展理论研究，成立关领导牵头的工作小组，通过问卷调查、书面调研、实地走访等方式，形成以"提高巡察发现问题能力"为主题的调研报告、论文等研究成果，专题调研报告《聚焦政治巡察职能　提高发现问题能力——汕头海关"提高巡察发现问题能力"课题调研报告》被总署巡视办评为"提高巡察发现问题能力"课题研究报告一等奖，论文获《海关研究》选刊。13人次参加总署党委巡视及专项工作，1人次参加广东省内海关交叉巡察，21人次参加本关两轮巡察，通过以"老"带"新"、专职干部入组协调等方式，带动提升巡察队伍整体政治素质和业务能力。

（撰稿人：钱程伟）

纪检监察

【概况】 2021年，汕头海关坚持以习近平新时代中国特色社会主义思想为指导，充分发挥全面从严治党引领保障作用，坚决捍卫"两个确立"、做到"两个维护"。始终坚定不移强化政治监督，紧紧围绕各单位落实"第一议题"制度开展监督检查，推动习近平总书记重要指示批示精神在全关落实落地。靶向开展"现场监管与外勤执法权力寻租"专项整治，推动关区执法领域问题集中整改。坚持严的主基调，围绕贯彻落实中央八项规定及其实施细则精神强化日常监督，持续深化以案促改，提升关区党员干部队伍建设水平，有力营造风清气正的政治生态。着力强化党支部建设，汕头海关监察室"3E"党支部品牌通过全国海关基层党建示范品牌复核。科学完善纪检监察队伍建设体系，全面锻造培养一支政治过硬、本领高强的纪检监察铁军。

【监督检查】 2021年，汕头海关结合党史学习教育，推动全关认真学习贯彻党的十九届六中全会精神，通过举办专题学习班等多种形式掀起学习热潮，保障中央精神在全关一贯到底。持续加强疫情防控监督，制发汕头海关党委派驻纪检组新冠肺炎疫情防控监督工作指引，明确12项监督重点和任务要求，及时推动完善内部风险研判机制，制定加强疫情防控制度22条。扎实组织开展疫情防控专项监督，成立检查组对8个口岸型海关进行重点抽查，并持续开展常态化监督检查，开展现场监督检查、视频监督42次。聚焦"关键少数"开展监督，对照党中央《关于加强对"一把手"和领导班子监督的意见》及总署党委、驻署纪检监察组有关要求开展专项监督，制定汕头海关党委对加强"一把手"和领导班子监督的工作任务分工，把对"一把手"和领导班子监督摆在管党治党突出位置。以政治建设为统领，制定《汕头海关干部选拔任用工作手册》等6项操作指引，进一步树立正确选人用人导向。集中开展部门调研和基层单位全覆盖专项监督，全面了解掌握落实民主集中制、选人用人等重点环节情况，推动各级"一把手"和领导班子切实履行好全面从严治党责任。

聚焦执法领域开展"现场监管与外勤执法权力寻租"专项整治工作,梯次构建起指挥有力、层层负责、专业指导的立体组织架构。结合关区实际创新增加"立行立改"阶段,力保风险排查无盲区、无漏项。以派驻纪检组为主体,精选业务条线骨干组成监督组对基层单位开展全覆盖监督检查。筛选39家企业开展实地调研,并由对口职能部门做好分析研判,完善相应业务领域廉政风险防控体系。采取"基层自查+职能复核"的形式做好风险排查,采取防控措施及有关建议227项。坚持同题共答落实整改,针对驻署纪检监察组专项整治第三实地检查组指出的问题建立整改清单、台账,组织召开整改动员部署会,强化成因剖析,要求实地检查被点名的单位深刻反思并开展责任分析;下发专项整治问题整改通知单,进一步压实整改责任,推动全部单位完成问题整改。

紧盯作风建设持续加压发力,开展进一次门、查多项事"八合一"督办检查。针对干部队伍中存在的与新时代新任务新要求不相适应的思维定势和作风问题,开展"转变作风开新局"大讨论,总结身边典型案例开展反思研讨,切实从思想观念、管理机制上推动转变作风。聚焦落实中央八项规定及其实施细则精神,持续纠治"四风",加强日常监督提醒,在节假日等重要节点,着重发挥派驻监督作用,紧盯关键节点开展明察暗访,运用GPS系统开展公务用车定位抽查,关区全年未发生群体性腐败、酒驾醉驾等情事。开展关区2021年党风廉政建设情况调查,对全关处、科级领导干部配偶、子女及其配偶从业情况进行自查,免去2名"裸官"的领导职务并调整岗位;持续完善领导干部廉政档案,开展廉政建议回复3,269人次。扎实履行好巡视整改日常监督职责,采取"书面审核+实地验证"模式,对2021年整改措施进行逐一审核验证,推动巡视整改中长期任务"见底清零"、整改到位。

【执纪问责】2021年,汕头海关不断丰富发展运用监督执纪"四种形态",及时反馈监督执纪过程中发现的苗头性、倾向性问题,推动各单位开展有针对性的约谈提醒,及时预警和矫正,把风险隐患解决在萌芽状态。坚持惩前毖后、治病救人,把思想政治工作贯穿全程,开展受党纪处分党员干部回访教育工作,常态化开展"暖心回访",对党的十八大以来受处分干部进行回访,及时了解相关人员工作、思想状态,体现组织关怀,促进干部从"有错"向"有为"转变。进一步加大问题线索查发力度,制发纪律检查建议书,督促相关单位整改突出问题。

持续健全完善监督工作机制,推动巡察监督、纪律监督、干部监督、派驻监督、审计监督、职能监督等各类监督贯通协同,积极探索联合监督模式,畅顺信息共享和成果共用渠道,强化监督合力。充分发挥执纪审查协作区平台作用,协助组织举办执纪审查第二协作区视频会议,促进协作区间的纪检监察资源、经验共享互通，进一步拓宽工作思路。深化"组地关"联系配合机制，主动走访关区5个地级市纪委监委部门，持续加强与地方纪委监委的密切协作，不断提升监督执纪效能。强化"科技+反腐"运用，加强对权力集中、资金密集、风险突出等关键部位、岗位以及关键人和关键事的监督，把科技手段与监督力量整合、叠加，充分发挥科技支撑作用，使监督执纪靶向施策更加精准。

【以案促改】 2021年，汕头海关持续加强典型案例通报力度，梳理汇总违纪违法典型案例，进行连续通报，充分发挥惩治震慑和教育警醒作用。注重在执纪工作中坚持随案析责、以案问责，对关区廉政风险隐患进行动态分析，并针对性提出意见建议。注重深化制度体系建设，深入检视问题根源，完善内控机制，扎紧制度笼子，进一步发挥以案促改效应。固化警示教育月活动成果，推动健全完善两级党委落实全面从严治党主体责任检查考核机制，组织开展"基层书记、组长谈责任"考核检查等工作，推动主体责任与监督责任统筹协调、监督体系与治理体系紧密对接，深化对"关键少数"教育在先、强化意识在前。

坚持廉洁文化建设和纪法党性教育同步推进，将震慑警醒循循转化为广大干部职工深入反思、以案为鉴、坚守底线的自觉行动。运用"汕关大讲堂""海关人讲海关"等信息化渠道推送监督执纪"四种形态"等课程；联合有关职能部门组成宣讲团，对隶属海关及执法一线科室开展"面对面"宣讲，切实加深干部职工纪法意识。联合地方纪委监委搜集警示教育素材，新增《政商之鉴——魏宏广案警示录》《特权之蚀——苏泽群警示录》等警示教育视频，进一步丰富警示教育内容。持续推进家庭家教家风建设，定期向全关干部职工发送廉政短信，以"小提醒"常敲"廉政钟"，切实将警示教育落实到"最后一公里"。

（撰稿人：刘　波　张倩坤）

队伍管理

【概况】2021年，汕头海关坚持党管干部原则，履行选人用人政治责任；坚持好干部标准，激励干部担当作为；坚持规范优化原则，着力改善干部队伍结构；坚持正向激励原则，关心关爱干部职工，全关人事工作"零投诉""零举报"。

【机构编制管理】截至2021年年底，汕头海关有副厅级机构1个、正处级机构18个，下辖正处级隶属海关单位15个、副处级办事处2个。另有中编办批复设置的事业单位8个、总署委托管理的事业单位1个。

副厅局级内设机构1个，是缉私局。下设正处级机构10个、副处级机构1个、缉私分局7个。

正处级机构33个，其中正处级内设机构18个，分别是办公室（党委办公室）、法规和综合业务处、关税处、卫生检疫处、动植物检疫处、进出口食品安全处、商品检验处、口岸监管处、统计分析处、企业管理和稽查处、财务处、科技处、督察内审处、人事处（党委组织部）、教育处、机关党委（思想政治工作办公室、党委宣传部、党委巡察工作办公室）、监察室（党委纪检组）、离退休干部办公室；正处级隶属海关单位15个，分别是潮汕机场海关、汕头港海关、广澳海关、澄海海关、龙湖海关、濠江海关、潮阳海关、梅州海关、汕尾海关、潮州海关、揭阳海关、饶平海关、海城海关、普宁海关、汕头海关风险防控分局。

隶属海关下设副处级办事处2个，分别是汕尾海关驻陆丰办事处、揭阳海关驻惠来办事处。

事业单位9个，其中中央机构编制委员会办公室批复设置的事业单位8个，分别是汕头海关后勤管理中心、汕头海关技术中心、汕头国际旅行卫生保健中心（汕头海关口岸门诊部）、梅州海关综合技术服务中心、汕尾海关综合技术服务中心、潮州海关综合技术服务中心、揭阳海关综合技术服务中心、饶平海关综合技术服务中心；另有总署委托汕头海关管理的总署所属事业单位1个，是中国电子口岸数据中心汕头分中心。

【干部人事管理】2021年，汕头海关

严格执行选任程序，坚持"凡提四必"，制修订人事工作规章制度和操作规程，开展隶属海关选人用人监督检查。选优配强处科级领导班子，对处科级领导干部进行交流调整，优化班子结构，提升整体合力。加强执法一线科长队伍建设，从执法一线科长中择优选拔副处级领导干部，强化基层一线"战斗堡垒"作用。精简科级机构12个，做到机关"再瘦身"、基层"再强体"、内部"再挖潜"。扎实推进专业技术类公务员分类管理工作，完成专业技术类公务员职级套转。组织开展事业单位岗位聘用和职称评审，公开招聘事业单位人员。建立疫情防控人员调配应急工作机制，抽调26人次支援口岸一线，组织9批次、212名预备队人员开展实操演练。关党委委员多次通过视频连线、实地走访等方式慰问一线人员，及时为4,354人次发放一线人员工作补贴。完成全体关警员养老、医保统一在广东省汕头市参保，依规解决历史遗留的转隶人员房补发放问题。完善全员健康体检制度，推动保健服务惠及员工亲属。

▲2021年6月11日，汕头海关举办健康体检情况通报暨健康知识讲座

【人才队伍建设】2021年，汕头海关实施"新征程专家人才启航计划"，培养专家骨干、青年人才，建立青年人才选荐机制，第一批次确定专家骨干、青年人才20名。聚焦处级以上干部、青年干部等重点对象，举办专题读书班、"青年党校"培训班，提升履职尽责必备的政治素质和实践能力。

（撰稿人：洪榕铭）

教育培训

【概况】2021年，汕头海关坚持突出政治培训，坚持从严治训，强化分级分类施训、实战实训，进一步加强资源建设，推动干部教育培训工作科学化、制度化、规范化，提升教育培训工作的质量和效果。在自行举办各类培训的基础上，积极利用系统内外培训资源，严格落实疫情防控要求，委派人员参加总署、广东分署、兄弟海关及地方各相关单位举办的培训，全关人均学时学分均超额完成总署考核指标要求。

【习近平新时代中国特色社会主义思想培训】2021年，汕头海关把习近平新时代中国特色社会主义思想作为干部教育培训的首课、主课、必修课。深入学习习近平总书记在党史学习教育动员大会、在庆祝中国共产党成立100周年大会、在党史学习教育总结大会、在党的十九届六中全会、在十九届中央纪委五次全会上的重要讲话精神。学习《习近平谈治国理政》（第一卷）、（第二卷）、（第三卷），重点围绕第三卷学习习近平新时代中国特色社会主义思想的核心要义、精神实质、丰富内涵、实践要求。深入学习贯彻习近平法治思想，组织全关人员参加习近平法治思想网上专题班培训。

【政治能力培训】2021年，汕头海关根据党中央关于开展党史学习教育的部署要求，结合海关实际，以中国共产党百年历史为基本线索，围绕新民主主义革命时期历史、社会主义革命和建设时期历史、改革开放新时期历史、党的十八大以来历史4个专题，组织开展处级领导干部专题集中轮训，组织各单位部门开展党员干部学习培训，全面系统学习党的历史。深入研读习近平《论中国共产党历史》《习近平新时代中国特色社会主义思想学习问答》《中国共产党简史》《毛泽东、邓小平、江泽民、胡锦涛关于中国共产党历史论述摘编》，用好《中国共产党的一百年》《中华人民共和国简史》《改革开放简史》《社会主义发展简史》等重要参考材料。学习党中央全面从严治党新要求新部署、全国海关及汕头海关全面从严治党工作会议精神，结合党史学习教育增加党的纪律建设历史发展内容，以及全面从严治党制度解读、工作实务等。对党的十九届五中全会精神进行通讲辅导，组织处级领导干部集中轮训；组织全关人员参加海关系统学习贯彻党的十九届五中全会精神网上专题班培训、学习贯彻党的十九届五中全会精神暨党史学习教育轮训、党史学习教育网上专题班培训；组织全关副处级以上领导干部参加中国干部网络学院"党史百年"网上专题班培训；成功举办"青年党校"培训班（第一期），这是汕头海关首次以"青年党校"方式开展培训；组织举办4期新提任处科级领导干部任职培训。

【业务能力培训】2021年，汕头海关巩固提高口岸公共卫生核心能力，提升国际旅行健康服务水平和传染病检测能力。做好进口冷链食品疫情防控、高风险非冷链集装箱货物预防性消毒培训，重大传染病口岸防控、农产品检疫等培训，同时注重加强口岸一线关员个人防护和心理调节知识培训。开展入境人员新冠病毒采样岗位能力及防护技能培训，新增96人获得合格证书，进一步满足关区各口岸海关封闭管理模式下一线卫生检疫岗位相关执法资质人员需求。

增强开放监管能力和风险防控能力，做好风险防控研判分析和协同处置、税收监控分析、进口食品化妆品风险监测、进出口商品质量安全监管、进出口危险化学品等重点敏感商品检验监管、行李物品免税品邮递物品智能化规范化监管、进出口贸易禁限管控、口岸环节反恐维稳、知识产权海关保护、企业管理和稽核查、打击走私等业务培训。

提高服务高水平对外开放能力，做好优化口岸营商环境、加工贸易监管、新型贸易业态、种质资源检疫监管、出口转型升级、宏观经济研究和外贸形势分析等方面能力培训。

根据各类资质管理办法要求，按照资质岗位职责和在岗人员结构，对需取得岗位资质人员和已取得资质并从事相应工作的在岗人员分类设置教学内容和考核方式。组织开展国境口岸卫生监督员、检疫医师、动物检疫现场查验资质、植物检疫现场查验资质、签证兽医官、签证植物检疫官、进出口危险货物及其包装检验监管资质、加工食品签证官等岗位资质培训。

推进业务科技融合发展，加强科研攻关和新技术转化，做好智能审图创新应用、大数据治理和应用、新一代通关管理系统、监管科技装备使用技能等培训，强化实验室专业技术人员培训。

提升机关运转效能，提高综合保障能力，做好办公综合、政策研究、人事政工、财务保障、督察审计与内控、机关党建、纪检监察等岗位培训。

打造关级教育平台，持续办好"汕关大讲堂（空中课堂）"，解读政策文件，解决工作难点，解答工作难题，举办34期培训，有效提升关员业务能力。

【执法能力培训】2021年，汕头海关学习贯彻中央全面依法治国工作会议精神,全面加强依法把关,提高各级海关干部运用法治思维和法治方式解决问题的能力和水平,提升队伍法治素养和执法能力。

强化制度执行力,全面深入学习行政执法公示制度、执法全过程记录制度和重大执法决定法制审核制度,重点学习解读与海关执法工作密切相关的法律、行政法规及近期出台的海关重点规章。

结合相关业务领域发生的行政复议、行政应诉、国家赔偿等方面的典型案例进行分析解读、案例教学。结合本关实际开展执法实践教学。组织执法人员开展岗前培训与执法业务培训。

开展"海关人讲海关"专题法治宣传教育活动,"钉钉"培训平台发布法治宣传线上课程19个。举办行政执法规范专题培训班,首次成功举办模拟法庭,不断规范关区行政执法。组织各部门多形式开展"送课下基层"活动,为基层一线人员开展面对面业务执法培训交流,答疑解惑,有效提升关员执法水平。

【教育培训资源建设】2021年,汕头海关在所属潮汕机场海关建成"汕头海关卫生检疫业务实操培训点"。加强课程建设,15个课件入选相关署级课程。多次派员参加总署教培中心开展的党史学习教育题库建设集中工作和审题工作。调整充实师资后备人才库,聘任新一届关级兼职教师和特聘兼职教师,加强兼职教师培训培养,进一步提升兼职教师授课水平和培训质量。

(撰稿人:余松浩　洪榕铭　高升凯　黄裕怀)

离退休干部管理

【概况】2021年，汕头海关高质量开展离退休干部管理工作，不断提高精心精细精准为老服务水平，离退休干部管理工作取得新进步。

▲2021年6月29日，汕头海关走访慰问离休干部徐玉香

【离退休干部党建工作】2021年，汕头海关注重发挥离退休干部优势，扎实开展党史学习教育。组织老党员、老同志开展"我看建党百年新成就""学悟百年风雨史 颂赞海关新篇章"系列访谈，举行座谈31场、访谈15人次，700多人参与（参与度达82%）。发放"光荣在党50年"纪念章88枚，并聆听获纪念章老党员感言，唱响"颂党恩 跟党走"主题，组织离退休干部合唱团同心同唱红歌，唱出对党的无限感激和深情。以读书班、座谈会、巡回宣讲、参观红色基地、知识竞赛等"学、感、讲、观、赛"形式，推动离退休干部党史学习教育持续升温。其中，首次举办离退休干部学党史知识竞赛，以赛促学，营造浓厚学习氛围。

组织"银发人才"录制6期学悟党史课程并在"钉钉"课堂上线，借助邮票、奖状等老物件制作4期忆学党史微党课。老党员马庆清应邀参加南方电视台举办的"百年百场党旗飘扬"网络主题宣传系列活动，所作线上微党课在"南方+"媒体平台及公众号推出。"银发教师"李跃辉为关处级干部轮训班授课3场次。

综合运用政治、思想、组织、纪律、服务5个抓手，强化党建引领。加强4个党建活动室阵地建设，推动4个隶属海关成立独立的离退休干部党支部，形成本关离退休干部机关党委组织指导、离退办党支部协调、各老干党支部参与的党建合力。2021年，离退办党支部获总署党委复核认定为全国海关党建示范品牌，离退办党支部、老干十支部以及3名党员分获汕头海关"四强"党支部、"两优一先"荣誉。

▲2021年5月13日，汕头海关离退办党支部组织开展"重温入党誓词　传承红色基因"主题党日活动

实行网格化党建管理模式初见成效。以党员带群众共学习同活动，并近距离接受群众监督，形成"党员示范引领，群众主动参与"的良好局面。1名85岁老同志主动向党组织递交入党申请书，2名群众积极参加学党史知识竞赛。

加强先进典型培树及宣传，激发正能量。老党员李广寒事迹获"学习强国"平台报道，"银发人才"李跃辉先进事迹被总署离退休干部局"智慧银海"离退休干部服务管理平台刊载，老党员王睦山获推广东省汕头市"最美老党员"；老干九支部参加地方"夕阳红"党建品牌创建并作为唯一中直垂管单位做大会经验交流。

坚持"四关"强化思想教育，推进离退休干部廉政建设。注重仪式把好"入门关"，在人员退休时召开座谈会，学习相关文件，签订《廉政承诺责任书》；警示提醒筑好"日常关"，依托"智慧银海"平台及各微信群加强日常提醒，组织学习违法违纪案例通报、参观廉政教育基地，加强异地居住、流动频繁老同志管理，定期开展投资、兼职、持股等专项自查；启智润心抓好"文化关"，开展廉政主题征文、笔会、作品展等活动；接续传承守好"家风关"，注重以廉持家弘扬美德，深化家教家风建设，涌现出"全国五好文明家庭""全国最美家庭"等先进典型。

【为老服务管理】2021年，汕头海关开展老同志重大节日及日常走访慰问529人次，其中"七一"前夕关党委带头走访慰问69人。发放防疫口罩，推动全关区老同志接种新冠病毒疫苗。分年龄段为老同志订阅报刊，鼓励引导低年龄老同志学习使用新媒体开展政治学习。建立体检绿色通道，为腿脚不便的老同志提供"送医体检"服务。关注老同志心理健康，扩大慰问覆盖面，选择适老慰问品，推行生日慰问制度。实施退休后半年内回访、患病住院人员出院恢复期回访等做法。召开2场养老金政策宣讲会，分批次做好425名老同志养老金、职业年金补缴工作。下基层调研了解老同志诉求并解疑释惑。

做好"智慧银海"平台上线准备，加强对平台各模块的日常维护和推广应用。分别组织专兼职老干部工作者、离退休干部层面的"智慧银海"平台应用教学。举办离退休干部智能手机使用培训班，帮助离退休干部更好适应信息化时代要求。

强化离退休干部公用经费使用、老年大学运行、离退休干部慰问品政府采购、慰问标准执行、困难帮扶资格条件审定等非执法领域管理，健全完善服务管理工作机制。

【文化养老活动】2021年，汕头海关经批准成立汕头市老干部（老年）大学汕头海关分校，为不断满足本关老同志的精神追求提供新阵地，以"老有所学"助推"老有所为"。老年大学声乐班秋季开班，已完成教学24次、48课次。开展与汕头市老年大学对接交流6次，持续积累办学经验，提高教学质量。

组织离退休干部参加总署、广东分署书画摄影展览、比赛、征文以及广东省汕头市地方文化惠民活动。线下网上并举组织"翰墨庆华诞　丹青颂党恩"书画展，共征集各类作品108篇/幅，其中，8幅入围总署离退休干部局"翰墨光影颂百年——建党百年百幅书画摄影展"，4幅在广东分署"百年华章同心向党"书画、摄影等比赛中获奖，2篇理论文章被总署离退休干部局"2021年建党百年主题征文"采用，1篇文章获广东省汕头市"学党史践初心推动机关党建高质量发展"征文活动三等奖，1篇文章获广东省汕尾市海丰县庆祝中国共产党成立100周年征文活动三等奖，1幅作品入选"人民日报收藏摄影作品"，1幅摄影作品获广东省汕头市"学好百年党史，争当先锋模范"摄影展优秀奖。

以上门访谈、座谈研讨、书面感言等多种形式组织老党员、业务专家、劳动模范以及退休前在各条战线工作的有代表性的离退休干部与青年对话，分享亲身经历和宝贵经验，传承优良传统。组织退休干部志愿者开展党史学习教育进课堂活动。退休干部张碧珊被聘为广东省汕头市"好母亲传承好家风"宣讲员，送文化下基层、进乡村9场次。退休干部杨烈强获聘汕头市老年大学客座教师。多人次参与地方"送课助教进乡村"等公益活动。退休干部吕侯深入农村调研，撰写文章为脱贫攻坚工作出谋献策。

（撰稿人：刘奕玲　林冰芸）

第四篇

业务建设

口岸开放与运行管理

【概况】2021年，汕头海关坚持稳中求进工作总基调，立足新发展阶段、贯彻新发展理念、构建新发展格局，推动高质量发展，强化监管优化服务，积极推动优化口岸营商环境，共同推动粤东外贸稳增长。2021年，汕头关区进出口1,508.4亿元，同比增长13.7%。

【口岸开放与发展】2021年，汕头海关加强对汕头广澳港区二期码头、潮州港小红山扩建货运码头、揭阳港广东粤电靖海发电公司专用码头、汕尾港华润电力（海丰）有限公司专用码头、陆丰宝丽华新能源电力有限公司专用码头基础设施建设指导，助推6个码头顺利通过口岸开放验收。指导汕头南澳前江、潮州饶平柘林成为全国第五批试行更开放管理措施对台小额贸易点，支持对台小额贸易健康发展。

【优化口岸营商环境】2021年，汕头海关制订优化口岸营商环境工作方案、若干措施及实施清单，出台落实20项优化口岸营商环境举措并细化为46条措施，实行统筹推动、挂账落实和定期评估，关区跨境贸易便利化水平持续提升，企业满意度达98.4%。积极配合地方政府完成市场采购贸易联网信息平台、海关监管场所等软硬件建设，确保市场采购贸易通关顺畅。协助汕头市商务局完成《汕头市市场采购贸易综合管理办法》《汕头市市场采购贸易经营者管理办法》等市场采购系列文件的出台落地。主动与地方建立"优化市场采购贸易联网信息平台，推动月通报、会商研判、违规惩处"的"1+3"机制，助力市场采购贸易高质量发展。主动调研、靠前服务，做好大宗商品通关保障，有力解决关区电力企业"燃煤之急"。

汕头海关与深圳海关开展跨关区协同监管探索，建立"属地监管企业，口岸验证产品，风险联动协同"的出口法定检验检疫业务监管模式，2021年9月14日该监管模式落地以来，已对132批次出口竹木草制品实施新模式监管，货值约3,509万元，助力企业抢占国际市场。持续推广"两步申报""提前申报"，应用占比分别达62%和82%，分列全国第二、第四，企业对两项措施满意度达93.91%。2021年，关区进、出口整体通关时间分别为6.41、0.48小时，分列全国第五、第八，达到国务院较2017年压缩50%及以上的工作任务要求。

支持跨境电商新业态发展。汕头海关支持汕头、梅州跨境电商综合试验区建设，加强政策宣讲力度，结合地方产业特点及企业需求，复制推广成熟的跨境电商监管模式，支持跨境电商退货中心仓建设，便利跨境电商进出口退换货管理，优化完善跨境电商海外仓出口企业备案流程，支持跨境电商企业设立海外仓。

优化液化气监管模式。汕头海关对散装液化气全面实施进口货物"船边直提"和出口货物"抵港直装"业务模式。关区全年开展"直提"业务模式报关单225票，货运量454.37万吨，货值29.91亿美元；开展"直装"业务模式报关单15票，货运量3.53万吨，货值0.23亿美元；受惠企业13家。完善进出口货物"提前申报"和顺势监管业务模式，对高资信企业的货物落实优先查验、到厂查验、适用较低查验率等措施，为"直提""直装"试点工作提供有力支持。

优化陶瓷出口查验模式。汕头海关在关区陶瓷出口企业中先行试点优化查验模式，通过"口岸海关、属地海关、职能部门"三方联动，为陶瓷出口企业提供"优先机检、优化查验、优质服务"，取得明显成效。"三联三优"模式为关区陶瓷出口注入强劲动能，该项目被列入2021年汕头海关"便民利企工程"，入选汕头海关"'我为群众办实事'百佳案例"。

【"单一窗口"建设】2021年，汕头海关深入践行"智慧海关、智慧边境、智享联通"合作理念，找准口岸通关、物流、单证等各个业务环节的结合部难题，以企业需求为导向打通口岸物流"最后一公里"，依托中国（广东）国际贸易单一窗口建设"港澳船舶进境信息互通项目"，向口岸物流参与者推送包括查验通知、查验调度信息等口岸物流信息，企业至少可提前2天获得物流信息，每年可覆盖汕头口岸来自港澳地区集装箱29万标箱、500~600货主单位，每年可为企业节约口岸单证物流成本320万元。

（撰稿人：刘茜川　陈丹云　林奕奇　　　　　郑　峰　黄秋实）

法治建设

【概况】2021年，汕头海关全面落实《"十四五"法治海关建设规划》，按照全国海关法治工作会议精神和上级有关部门的统一部署，以加快推进关区法治海关建设为主线，不断提升制度供给质量，规范行政执法权力运行，强化法治监督，增强普法实效，充分发挥法治服务保障作用，在法治轨道上积极推进关区海关制度创新和治理能力建设。

【法规管理】2021年，汕头海关专题开展习近平法治思想学习，以新法施行为契机，邀请华南师范大学法学院教授孔繁华结合习近平法治思想作"新《行政处罚法》修改要点及适用"专题授课。提高立法参与度，就海关规章、地方性法规等合计19份提出意见65条，参与总署政策法规司法律论证任务3期，完成24部规章及行政解释的立法后评估工作及"证照分离"改革实施情况评估，为海关系统法治建设顶层设计贡献汕头海关智慧。完成关区"十四五"法治建设方案制订，细化关区落实《"十四五"海关法治建设规划》重点任务57项措施，整体推进关区法治建设。修订《汕头海关"谁执法谁普法"普法责任制实施办法》，完善普法工作规范化管理。把好法律审查关，全年对20份规范性文件及重大内部制度性文件提出法律审查意见59条，规范性文件备案全部合格，解决执法疑难问题20余项，办理出证事务10项，法律审查民事合同277份，优化民事合同法律审查和涉及资金往来民事合同管理。开展两轮内部文件清理，推动47项制度及时"立改废"，及时明确与《中华人民共和国行政处罚法》（以下简称"《行政处罚法》"）等上位法相配套内部业务制度的执行问题，并将完善制度设计的鲜活实践转化为理论研究成果，全年向《海关执法研究》投稿12篇，被采用1篇。

【法制协调】2021年，汕头海关按照总署有关工作部署，制订《汕头海关权责清单编制工作方案》，举办"汕头海关行政执法规范专题培训班"，组织公职律师就《行政处罚法》《中华人民共和国海关办理行政处罚案件程序规定》（以下简称"《海关办理行政处罚案件程序规定》"）

实施后海关行政执法新变化进行解读。组建包含31名成员的第二批普法讲师团，发挥普法讲师团作用，就行政执法案例、政府信息公开复议诉讼风险防控等开展案例教学。落实海关行政执法公示、执法全过程记录、重大执法决定法制审核"三项制度"要求，及时总结工作经验，相关文章《全面铺开"阳光执法" 打造法治化营商环境》获《南方日报》刊载。开展在办案件专项清理，以贯彻实施新修订的《行政处罚法》《海关办理行政处罚案件程序规定》为契机，强化对行政案件办案时效、执法质效的指导和监督。全年向总署政策法规司报送具有正面引导作用的行政执法典型案例5个。建立由7名公职律师和5名公职律师后备人员组成的关区首个民事法务团队，为关区基建项目、债务追偿、房产纠纷等10余项民事法律事务提供法律支持，有效防控法律风险。

【法治宣传】2021年，汕头海关制订关区年度法治宣传教育工作计划，列明普法内容清单，明确普法重点和责任。创新开展"海关人讲海关"专题法治宣传教育活动，在"钉钉"教育平台发布线上课程19个，首次成功通过视频方式远程外请教授专题授课1场次，成功举办关区首次模拟法庭活动。结合地方创建文明城市法治宣传、"我为群众办实事"等，扎实开展"美好生活·民法典相伴"活动，结合"8·8"海关法治宣传日、"12·4"全国法制宣传日等普法节点，形成"职能指导、基层联动、关企互动、关地融合"的多维立体普法良好态势，在国家级媒体及海关系统相关媒体平台上发布普法作品12个，开展新闻宣传报道53篇。

▲2021年12月3日，汕头海关开展宪法宣传周主题之模拟法庭普法活动

（撰稿人：黄晓佳）

业务改革与发展

【概况】 2021年，汕头海关根据总署工作部署，结合关区业务特点，持续加强业务改革系统集成与协调联动，推动全业务领域一体化改革，完善贸易管制和技术性贸易措施工作机制，强化知识产权海关保护，切实维护国家安全和利益，推进外贸高质量发展。

【业务改革协调】 2021年，汕头海关复制推广跨境电商B2B出口监管试点，B2B出口货值达70亿元，关区市场采购出口金额突破13亿元。落实"三智"合作理念，推广全国首创的"港澳船舶进境信息互通项目"，每年可为企业节约成本320万元。优化检验检疫流程，支持关区肉类产品重返香港、顺畅输往澳门，出口量和货值同比分别增长238.5%、103%，供港澳活猪同比增长41.5%，获澳门市政署发函致谢。加大科研攻关力度，获批主持署级科研项目2个、参与10个，创新开发内外贸经营监管场所集装箱位置信息与卡口柜号信息对碰放行功能，进出卡口平均时间由3分钟降至10秒，海关执法技术支撑能力再上新台阶。

【通关运行管理】 2021年，汕头海关自主开发"汕头海关通关时长监控"模块，解决基层实时监控难题。积极申请成为H2018新一代通关管理系统3.0版全国第二批上线单位，及时收集整理现场通关问题建议50余条，编写下发《汕头海关H2018系统3.0版现场工作指引》，全部现场报关单覆盖率90%以上，列全省第一位。持续推广"两步申报""提前申报"模式应用，应用率分别达到64%和80%，在全国直属海关排名前列。联合深圳海关开展出口检验检疫口岸与属地风险联动协同监管改革，实现"以单批货物为单元"向"以企业为单元"的通关监管模式转化，首批试点梅州海关辖区2家竹木草制品类企业全部实现快速通关放行，协同监管探索成效明显。

【贸易管制】 2021年，汕头海关围绕落实总体国家安全观，维护贸易秩序，全年共接收总署下发的进出口贸易管制通关参数60期并及时有效维护，确保按要求对关区内进出口商品实施贸易管制。组织学习贯彻《中华人民共和国出口管制法》，应对疫情影响，通过"空中课堂""粤东E通关"等线上方式，面向全体关员宣传授课2场次，参训人员124人次，对其中涉及海关监管的内容进行全面解读，积极培育出口管制人才。

【技术规范建设】2021年，汕头海关按照《汕头海关贯彻落实〈2020—2025年海关进出口商品质量安全监管发展规划〉建设进出口商品风险监测点工作方案》，持续推动汕头关区出口玩具、日用陶瓷等质量安全风险二级监测点建设，组织开展并完成2021年度出口玩具产品抽样检测和质量分析工作。针对当年汕头关区遭遇境外通报86批次、退运货物57批次等情况，开展国外技术性贸易措施信息收集、分析研判和处置，对境外通报或退运货物全部完成溯源调查，并根据核查指令开展通报核查6宗，涉及的主要质量问题包括产品规格不符合合同约定要求、邻苯二甲酸酯超标、热危害、小零件窒息、生物危害等。积极推进规范标准建设，组织申报的10个规范标准制（修）订立项中，被总署确定4个主办项目、5个协办参与项目，实现2020年以来牵头项目零的突破。

技术性贸易调查。汕头海关按照总署相关部署，在关区范围内组织开展国外技术性贸易措施对汕头关区出口企业影响情况调查，全年抽取关区48家出口企业进行问卷调查，调查问卷有效率达100%，涉及农食产品、机电仪器、化矿金属、木制品等行业。汕头海关在开展技术性贸易工作的同时，注重对技术性贸易工作总结分析和提炼，及时形成分析报告和典型案例报送总署。"汕头海关隶属普宁海关帮扶企业应对日本食品添加剂等规格标准助力胡萝卜出口""汕头海关隶属澄海海关追踪欧盟通报情况助力澄海玩具出口"等5个案例均被总署采用并发布。

技术性贸易研究。汕头海关选定技术性贸易调研方向和课题，研究撰写《以"三智"海关理念引领RCEP协定中的技术性贸易措施实施路径探析》报送总署，组织开展调研并发表《汕头海关隶属澄海海关追踪欧盟通报情况助力澄海玩具出口》《玩具冲击试验方法与国外检测标准差异的研究》等技术性贸易论文近10篇；制定3项《输"一带一路"沿线国家产品安全项目检验指南·纺织品》检验检疫行业标准，牵头西亚标准制定，参与通则和东盟标准制定，为企业出口提供指引；积极发挥信息辅政作用，《警惕全球机电领域高筑"三重壁垒"制约我国产品出口》《全球技术性贸易措施再创新高贸易保护趋势持续加剧需关注》等信息获总署采用；汕头海关技术中心参与总署项目"玩具技术性贸易措施关键创新技术及对策研究"在2021年度海关科技成果评定中被评为二级成果。

技术性贸易培训。汕头海关依托"粤东E通关"等公众号平台普及技术性贸易措施应对常识，提升企业对技术性贸易工作的关注度；与辖区玩具行业协会、水产行业协会、化妆品协会开展座谈，进行技术性贸易工作政策宣贯、政策解读和培训，引导企业提升技术性贸易措施应对工作的主动性；面向关区外贸企业举办专题技术培训讲座，共计30家企业、72人次参训，受到参训企业好评，助力企业提升产品质控水平，促进产品质量提升。

【知识产权海关保护】2021年，汕头海关紧紧围绕总署党委工作部署，组织开展"龙腾行动2021""蓝网行动2021"等知识产权海关保护专项工作，查扣侵权商品57批次、43万余件，同比分别增长35.71%、22.86%，其中包括查获一宗重大侵权案件，查获6.35万瓶侵权香水，涉及14家权利人，初估案值4,968万元，已成功移交地方公安部门处理。

多方协作综合治理。汕头海关积极融入地方知识产权保护专项工作，派员参加汕头市政府组织召开的汕头市知识产权保护状况新闻发布会，重点介绍近两年汕头海关开展知识产权海关保护工作的经验做法，宣传展示"龙腾行动"专项工作成果；畅通与兄弟海关沟通协作渠道，及时甄别风险信息、权利人线索举报所涉及的企业、商品进出口岸等要素，与总署风险防控局（青岛）和广州、青岛、黄埔等兄弟海关开展执法协作7次，有效防范侵权风险口岸漂移。保持与权利人的密切联系，针对本关区出口俄罗斯主要侵权商品为玩具的情况，邀请中国外商投资企业协会优质品牌保护委员会（QBPC）玩具组开展知识产权海关保护专题座谈会，有针对性地了解海外查获侵权商品情况，共享海外查获案例，沟通合作事宜，不断提升出口侵权商品打击精度。

科学培训满足需求。汕头海关采取"线上+线下"方法，开展知识产权海关保护专题培训，开发视频课件3个，开展真假商品辨别讲解、侵权商品查发技巧、备案系统运用、执法系统录入等实操性业务培训，提升全员培训便利性和实效性；围绕"我为群众办实事"实践活动要求，充分调研并收集基层、企业培训需求，线下开展"送课下基层、送课进企业"专题培训活动。全年针对知识产权保护工作开展各类培训9场次，覆盖有关职能部门、基层单位、企业等各类人员820人次，培训场次、人次同比分别增加28.57%、33.11%。

培塑企业自主保护意识。汕头海关实施"一企一策"服务，重点扶持拥有行业核心专利的企业，如指导梅州康立高科技有限公司对其拥有自主品牌的血气电解质分析仪开展商标权备案申请，获得总署核准，成为梅州市首家医疗器械产品备案获总署核准的企业。主动推送海关政策，关区14个隶属海关全年面向辖区企业开展知识产权海关保护政策宣传近110次，如汕头海关所属潮州海关根据辖区产业特点，到潮州市建筑卫生陶瓷协会、潮州古巷陶瓷协会以及辖区陶瓷企业开展调研，向协会、企业宣传知识产权海关保护有关措施。

开展多形式专题宣传。在"4·26"知识产权宣传周期间,汕头海关举办知识产权海关保护专题宣传巡回展览,在报关大厅、办公楼电梯间等电子屏滚动播放专题宣传片,在关键时间节点营造浓厚宣传氛围;积极与各级新闻媒体开展宣传合作,助力社会各界提高知识产权保护意识,全年通过《中国国门时报》"海关发布"《南方日报》《汕头日报》《汕尾日报》等10余家主流媒体发布知识产权海关保护专题宣传35篇次,同比增加1.33倍,及时宣传报道"龙腾行动2021""蓝网行动2021"工作成效。

(撰稿人:刘茜川　肖泽帆　陈丹云)

海关特殊监管区域管理

【概况】2021年，汕头海关全力支持关区2个综合保税区——汕头综合保税区、梅州综合保税区正式通过验收并运作，实现"双引擎"驱动粤东外贸高质量发展。汕头关区综合保税区全年累计实现进出口总额173.1亿元，同比增长122.1%，占同期汕头关区进出口总额的11.5%。

【支持梅州综合保税区完成验收】梅州综合保税区是广东省首个内陆型综合保税区、梅州市首个国家级平台，位于梅州市梅县区畲江镇梅州高新技术产业园区规划范围内，是梅兴华丰产业集聚带的核心区域，于2020年6月28日获国务院批复同意设立，批复面积2.53平方千米，其中一期建设面积1.46平方千米（封关围网面积1.29平方千米），二期建设面积1.07平方千米。在梅州综合保税区项目建设过程中，汕头海关选派精干力量驻点指导，跟进梅州综合保税区基础和监管设施建设，关注重要节点，建立问题管理清单，指导解决建设中遇到的疑难问题，确保各项基础建设如期完成。

2021年6月15日，汕头海关组织开展梅州综合保税区模拟预验收工作；6月28日，协助地方政府按期向总署申请验收；10月28日，根据总署工作安排，牵头会同广东省发改委、省财政厅、省自然资源厅、省商务厅、省市场监管局、省税务局、省外汇管理局组成联合预验收组，依据国家有关法律法规和《综合保税区基础和监管设施设置规范》等要求进行预验收。12月2日，海关总署会同国家发展改革委、财政部、自然资源部、商务部、国家税务总局、市场监督管理总局、外汇局等八部委以视频方式进行远程验收。12月28日，海关总署致函广东省人民政府，认定梅州综合保税区（一期）基础和监管设

▲2021年12月2日，梅州综合保税区通过海关总署等八部委联合验收

施验收合格。验收当年已有10家企业落户，投资总额约4亿元，代表性企业有梅州劲越头盔有限公司、博捷酒业（广东）有限公司、广东希佰尼酒业有限公司、广东聚隆电子有限公司和千汇供应链管理有限公司。

【支持汕头综合保税区封关运作】2021年4月，汕头综合保税区经总署认定验收合格。汕头海关发挥职能作用，全力支持汕头综合保税区高质量发展。2021年，汕头综合保税区进出口值158.86亿元，同比增长153.18%，占同期汕头市进出口总值的26.6%。其中，粤东首个"跨境电商+保税展示"项目和首个退货中心仓正式落地，增值税一般纳税人资格试点、"四自一简"（自主备案、合理自定核销周期、自主核报、自主补缴税款，海关简化业务核准手续）、简化进出区管理、便利货物流转、退货中心仓等政策措施均已在汕头综合保税区落地实施，跨境电商保税网购进口等新业态实现稳步发展，年内汕头综合保税区内已入驻8家开展跨境电商网购保税进口业务企业，备案进口商品1,800多万元。同时，做好汕头保税物流中心（B型）的注销手续工作。

（撰稿人：陈昊昱　陈镜河）

风险管理

【概况】2021年，汕头海关根据总署工作部署，扎实做好关区风险管理工作，开展风险信息收集分析，编发《汕头海关风险信息汇编》等各类风险信息35期，发布汕头关区各类预警138条，参与2个署级课题，自主开发的3个风险监控模型被总署采用。利用"云擎"系统建模开展风险分析，在提高人工分析布控查获方面取得较好成效。

▲2021年7月21日，汕头海关风控分局、缉私局情报处开展联合研判

【风险信息情报】2021年，汕头海关建立风控分局与其他业务职能部门、各隶属海关风险情报工作点对点联系。全年发布风险信息101条，涵盖风险动态、分析查发情事和业务交流等内容，向总署上报风险信息65条，被采用13条。收集汕头关区海关业务风险信息，编发《汕头海关风险信息汇编》11期、《汕头海关邮递风险信息汇编》12期、《汕头海关旅客风险信息汇编》12期。

【风险分析预警】2021年，汕头海关成立关区风险布控研判专项工作组，开展全链条常态化研判。组建关区涉及检验检疫风险分析研判常设专家组，为进出口货物涉检风险防控工作提供业务咨询、风险信息支持。参与2个署级课题研究，承接风险防控局（黄埔）态势分析任务。发布汕头关区告知类预警和风险排查类预警138条，编发风险态势报告4份。3人获选成为全国海关风险态势分析专家组成员。

【风险布控处置】2021年，汕头海关利用现有海关业务操作系统及"云擎"系统，针对舱单物流信息、报关单数据等进行数据监控、分析及风险排查。秉承"防得住、通得快"的理念，在强化国门安全风险防控、严密实际监管的同时，创新工作方法，优化工作机制，将风险防控工作融入通关便利改革，从"单纯抓查获"向预防风险、优化营商环境等综合治理方向转变，以实际行动将促外贸稳增长部署和要求落到实处。扎实推进"两轮驱动"，提升风险防控效能，进一步提升人工分析布控精准度。全年先后查获多宗出口伪瞒报危险化学品、食品化妆品逃避检验检疫案件和侵犯知识产权案件，其中1宗涉案货物香水涉嫌侵犯 GUCCI、CHANEL、DIOR 等 14 个品牌，侵权香水约 6.35 万瓶，按照估价计算侵权货物价值约 4,968 万元，已移交缉私部门和地方公安局并刑事立案，该案例获评 2021 年广东省内海关保护知识产权十大案例、汕头市 2021 年十佳知识产权保护典型案例。

【非贸渠道风险防控】2021 年 1 月 21 日，汕头海关第一批参与全国海关新一代风险作业子系统非贸模块邮递应用试运行。定期开展非贸渠道专题风险防控联合研判，就防控"水客"、毒品、雪茄走私入境风险，以及跨境电商新业态发展等进行研究。关区全年进境邮递物品查获涉安全准入情事涉及毒品、濒危野生动植物及其制品、需检疫的动植物及其制品、淫秽物品、反动宣传品等；快件渠道查获情事涉及需检疫的动植物及其制品、来自核辐射污染地区的禁止进出境物品、低报价格等。其中，在寄自泰国的进境邮件中查获 1.6 千克动物皮肉制品，经鉴定为濒危野生动物亚洲象的组织制品。

【大数据应用】2021 年，汕头海关为全关 34 名"云擎"用户举办 18 场次模型开发跟班实操培训，组织全关 133 名"云擎"用户及风险业务数据分析人员参加总署风险司、教培中心联合举办的海关大数据应用网上培训班。成立汕头海关风控分局大数据工作小组，定期研究风险防控分析思路，推广应用"云擎"通用建模，加强数据应用和辅助防控作用，提升大数据分析应用能力。汕头海关风控分局自主开发的 3 个分析模型被总署业务专家组升级选为"云擎"平台级应用。

【联系配合与联防联控】2021 年，汕头海关风控分局与监管、企管、缉私等业务职能部门及隶属海关开展联合研判 39 次。开展口岸安全风险联防联控工作，汕头海关风险防控部门与粤东五市口岸局等单位签订口岸安全风险联防联控合作备忘录等 12 份，与地方政府相关单位召开联防联控会议 68 场。

（撰稿人：王志鸿　冯小茫　佘德雄　姚文绚　翁雪娜）

关税征管

【概况】2021年，汕头海关税收入库46.56亿元，同比增长31.8%。统筹推进综合治税工作，为企业群众办实事44次。树立关警协同服务、全员打私意识，牵头解决"1901"走私燕窝案、"914"水客走私案的计核税款问题，完成涉案货物计核税款相关做法入选全国海关估价典型案例。参与"价格管理监控机制"等5个总署司级课题研究，完成16篇税收分析报告，加强涉税风险防控，推进税收征管工作"量质效"并举。

【归类管理】2021年，汕头海关关税部门充分发挥技术优势，解决属地企业进口商品偏光片在其他口岸通关时因归类认定不一致而影响通关的问题，推进全国归类执法统一性进程；制发商品归类预裁定决定书，提前为企业扫除出口商品通关障碍。结合减免税政策，利用归类技术，帮助企业准确归类，正确适用鼓励项目政策，使企业充分享受进出口税收优惠，为基层解答各类归类疑难问题100多个。扎实开展税政调研，3项议题进入全国重点行业调研议题（全国重点议题仅7个），其中"风电制造设备进口税率研究"议题被国务院关税税则委员会采纳，这是汕头海关继"玩具税号合并归类""陶瓷产品提高出口退税率"之后又一个被采纳的建议。

【估价管理】2021年，汕头海关结合全球海运运费涨价及附加费征收层出不穷的情况，加强对进口海运运输及其相关费用管理，指导各隶属海关准确运用新修订的估价指引，引导属地企业合规申报。全年运保费估价补税占同期全关估价征补税的22%。结合关区进口商品特点及风险特征，协同税收征管局（广州）开展石膏等进口商品价格专项监控，排查申报价格偏低的风险。

【原产地管理】2021年，汕头海关认真贯彻落实党中央国务院重大决策部署，按照总署关于RCEP关税实施准备宣传培训的工作安排，积极推动关区RCEP关税实施准备工作，对内对外培训宣传覆盖率100%，在署内信息快报、"学习强国"等各级媒体刊登RCEP相关宣传稿件50多篇次。RCEP于2022年1月1日在汕头关区顺利生效实施，汕头海关所属龙湖海关签发了广东省内首批 RCEP 原产地证书。持续推进原产地证书申领线上办、智能审核和证书自助打印等便利措施，有效缩短企业办证时间，助力辖区企业充分享受政策红利。加强日常监控和风险研判排查，开展业务现场自查、职能部门抽查，提高优惠原产地进口申报有效率和原产地签证管理有效率，有效防控原产地涉税风险。

【减免税管理】2021 年，汕头海关落实"一企一策"，推进重大减免税项目落地生效，实行"前伸服务"，为关区内企业双向拉伸聚酯薄膜（BOPET）生产线技术改造项目、低蛋白质米饭生产项目等办理项目审核备案，切实落实减税降费政策，助推贸易高质量发展。

【税收征管】2021 年，汕头海关持续深化业务改革，提升税收征管水平。顺利推进全国海关 H2018 现场验估系统、减免税系统、行邮税征管应用系统和 RCEP 原产地管理信息化系统等的上线应用。指导企业综合运用汇总征税、预裁定服务、关税保证保险等便捷纳税措施，营造良好纳税服务环境。办理税收担保改革后广东省内首份电子担保，为煤炭等主要税源企业办理税款担保超 3 亿元。各项税收征管指标处于良好区间，关区无欠税情况发生。

【税收风险防控】2021 年，汕头海关加强涉税风险防控，防范非贸渠道税收风险，确保税收安全。关税部门下达风险提示处置单和布控参数指令，并向总署税收征管局报送税收风险防控建议。开展 2021 年度税收征管质量执法检查，与税收征管局（广州）召开"一对一"税收风险防控调研工作视频会议，加强关局协同配合，加大关区低价风险的联合研判，形成"错位互补、密切协同"的价格管理联动机制，提升协同防控价格风险的配合度。落实属地纳税人管理工作，通过对内组织业务培训、对外联合属地海关开展"一对一"属地纳税人税收政策宣讲和服务等方式逐步推进落实。完成汕头关区年纳税额前 30 家属地企业和报关企业的企业底账建立和纳税遵从度评估工作，同时为 6 家企业建立"双特"价格管理台账。

▲2021 年 11 月 23 日，汕头海关关税处主要负责同志带队到辖区企业了解企业进出口经营情况，开展政策宣传及税政调研

（撰稿人：刘宏喜　柯　凌　谭　琨）

卫生检疫

【概况】2021年,汕头海关切实做好口岸卫生检疫工作,坚定不移地按照"外防输入、内防反弹"总策略,优化完善新冠肺炎疫情防控工作机制,加快推进口岸软硬件设施建设,利用信息化手段为疫情防控赋能增效,加大常态化疫情防控措施落实力度,巩固来之不易的疫情防控成果。

【检疫管理】2021年,汕头海关全年开展卫生检疫进出境航空器35架次、船舶2,328艘次,发现卫生学问题22个。科学开展疫情风险研判及预警监测,严格落实口岸"三查三排一转运",合理构建"三区两通道",推广旅客通关管理子系统卫生处置模块应用,优化口岸卫生检疫区域设置和污染控制,健全完善口岸传染病例转运移交等闭环管理长效机制,修订安全防护自查督查清单87项,规范口岸医疗废弃物处置,牵头完成总署2021年度"新冠肺炎疫情防控口岸卫生检疫操作指南编制"专项工作,牵头制定海关《新型冠状病毒肺炎卫生检疫技术规范 第2部分:出入境人员检疫》、参与制定海关《国境口岸新型冠状病毒肺炎卫生检疫规程 第3部分:样本采集》。

【生物安全】2021年,汕头海关查获两大类输入性病媒生物14批次,其中蝇类21只,占比51%;蜚蠊20只,占比49%。办理进出境特殊物品审批25单、618批次,平均审批时长1.12天,其中入境38批次、出境580批次。新冠病毒核酸检测试剂107批次,294.34万人份,货值944.97万美元。结合"我为群众办实事"实践活动,开通24小时预约审批通道,指定专人"一对一"帮扶指导企业办理审批手续,将审批时间从20个工作日压缩至2个工作日内,新冠病毒检测试剂出口企业增至3家。开展《生物安全法》宣传教育活动,印发《国门生物安全之外来入侵物种宣传手册》《一图读懂国家生物安全法》《全民国家安全教育日 防控重大新发突发传染病》《你好:生物安全法海报》等宣传资料。开展《生物安全法》与海关执法主题讲座、《生物安全法》主题板报宣传,组织"生物安全进校园"活动,1,200多名师生参加活动。各隶属海关制作标语横幅150多副,发放宣传手册

5,000多份、宣传彩页6,000多份,接受咨询、答疑1,200多人次。

▲2021年1月21日,汕头海关所属潮汕机场海关关员开展病媒生物监测

【疾病监测】2021年,汕头海关在做好新冠肺炎疫情防控的同时,扎实履行出入境人员传染病监测体检、健康咨询、预防接种等法定职责。全年完成出入境人员监测体检1,175人次、51,894项次,国际旅行健康咨询约1,600人次。出具各类法定证书1,644份;检出传染病病例33例。严格执行国家收费政策,对符合条件的法定监测对象免征相关费用,着力做好大健康服务,免费体检698人次、免费预防接种88人次,总减免金额22.1万元。进一步加强出入境预防接种管理工作,落实预防接种异常反应、疑似预防接种异常反应处置演练,保障出入境人员健康安全,加强监督检查,全年完成预防接种402人次。做好实验室支撑能力建设,累计检测新冠病毒样品48,016份(口岸出入境人员样品1,373份、环境类和商品类样品1,752份、内部防控样品44,891份),开展新冠病毒采样23,223人次。做好其他重大传染病疫情防控,严防疫情叠加传入,累计检测各类其他可疑传染病样品46份,开展病媒生物鉴定35批223头。多途径拓展社会委托体检业务,拓展中心大健康服务对象和范围,完成各类体检19,922人次,发现严重心脏病17例、恶性肿瘤16例,另发现恶性肿瘤及严重疾病线索近500例,为受检者治疗赢得宝贵时间。

【卫生监督】2021年,汕头海关做好口岸食品安全及公共场所卫生监督工作,完成口岸食品快速检测251个样、实验室安全抽检170个样、国境口岸生活饮用水监测46个样,检出不合格11个(其中食品抽检3个、生活饮用水8个),均按规定落实整改措施,未发生口岸食品安全事件。开展口岸卫生监督867次,发现一般性卫生学问题89个,按规定要求落实整改,做好口岸卫生监督"双随机、一公开"工作。做好口岸病媒生物监测,强化口岸查验力度,未发现病媒超标情况。布放鼠笼5,400个,回收有效鼠笼5,351个,捕获鼠型动物1种2只。捕获成蚊367只。布放有效诱蚊诱卵器10,800个,获得阳性诱蚊诱卵器156个,平均诱蚊诱卵指数为1.44%。布放粘蟑板2,397张,捕获蜚蠊94只,其中美洲大蠊64只,占比68.09%;德国小蠊22只,占比23.40%;蜚蠊若虫8只。

(撰稿人:陈锐强 蔡雪妍)

动植物检疫

【概况】2021年，汕头海关贯彻总体国家安全观，做好动植物检疫工作，持续加强非洲猪瘟等重大动植物疫情和红火蚁等外来入侵物种防控，截获有害生物241种类、749种次，同比分别增长66%、2.6倍，11种为全国首次截获。打击非法引进外来物种和种子苗木"国门绿盾2021"行动取得实效。优质服务农产品进出口，蜜柚出口美国、鲍鱼出口柬埔寨、水生动物供中国港澳等10项实现零的突破；保障供港澳活猪等鲜活农产品安全稳定供应，获澳门市政管理委员会来函致谢。多形式开展国门生物安全宣传教育，开展国门生物安全"六进"活动，拍摄教育片、制作宣传册、撰写文章在口岸、各类公众号发布。参与总署境外动植物疫情信息监测、搜集、评估；收集报送境内外动植物疫情、检疫政策动态276条，被采用185条。关区14人次获总署动植物检疫司发函表扬或感谢。组织开展动植物检疫培训9次、演练3次，新增动植检资质46人次。

【进出境动物检疫】2021年，汕头海关全年检验检疫进出境动物及动物产品3,442批、12,529.2吨、10,988.9万美元，同比分别增长396%、30.5%、108%。其中，进境动物及动物产品26批、2,295.0吨、724.4万美元，同比分别增长66.7%、44.6%、4.9%。进境品种主要包括种猪、日本锦鲤、丰年虫卵毛料、鸡肉粉和牛油脂，贸易国家或地区主要包括丹麦、日本、美国和新西兰。出境动物及动物产品3,416批、10,234.2吨、10,264.5万美元，同比分别增长454%、87.7%、123%。出境品种主要包括活水生动物、丰年虫、海水鱼配合饲料、水洗羽毛和水洗羽绒，贸易国家或地区主要包括韩国、美国、加拿大和中国香港。

开展安全风险监测，抽取进出口货物样品328个，检出不合格样品18个。开展国门生物安全监测工作，抽取项次18,332个，检出阳性79个。截获濒危动植物亚洲象组织制品、海马和鳄鱼肉制品各1批。

审核新增注册出境动物及动物产品企业12家，其中新增出境水生动物养殖场（中转场）9家，新增注册供港澳活猪饲养场2家，新增注册出口饲料生产、加工、存放企业1家。帮促优质农产品扩大出口，出境活水生动物9,588.1吨、9,249.1万美元，同比分别增长102%、230%。供港澳活猪4.81万头，同比增长41.5%。助力优质种质资源安全引进，进口日本锦鲤12,509头，同比增长37.3%；完成关区首次进境1,668头丹麦种猪45天隔离检疫任务，隔离检疫合格放行1,570头，有力扶持地方生猪养殖和观赏鱼产业升级。

▲2021年11月9日，汕头海关所属海城海关关员对供港活猪进行检疫监装

制修订《汕头海关出口饲料和饲料添加剂检验检疫操作指引》等4项工作规范。牵头做好全国海关2020年度进出口食用陆生动物安全风险监控工作总结及2021年监控计划编制工作，牵头做好全国海关2020年和2021年供港澳猪、牛、羊、禽国门生物安全监测工作总结等工作，牵头做好全国海关2021年和2022年供港澳猪、牛、羊、禽国门生物安全监测工作计划等工作，参与做好全国海关2021年进出境水生动物国门生物安全监测工作总结工作，参与全国海关2022年水生动物国门生物安全监控计划制订；牵头完成鄂尔多斯市东方希望畜牧有限公司隔离场验收，参与西安海关进境种羊隔离检疫场远程审核验收和杭州海关进境种牛隔离检疫场远程审核验收；参与做好重大动植物疫情防控和进出境动植物检疫能力提升工程相关工作；参与起草《动植物检疫除害处理技术方法和监管要点》；参与动检专业海关技术规范集中审查工作；参与纳米比亚牛传染性胸膜肺炎（CBPP）区域化建设评估工作；参与总署优化完善检查异常处置系统（动植检规则库）专班工作；参与进口乌拉圭牛遗传物质议定书修订研讨；参与开展广东省内海关实验室布局评估和技术交流集中工作；参与全国海关出入境检疫处理单位监督管理工作督查工作；参与总署动植物检疫司防范进口冷链农产品被新冠病毒污染相关工作；参与H2018动植物检疫审批自动核销系统3.0版功能内嵌专项工作。

【进出境植物检疫】2021年，汕头海关全年检验检疫进出境植物及植物产品6,099批、124,871.4万美元，同比分别增长21.2%、38.5%。其中，进境植物及植物产品18批、446.2万美元，同比分别增长80%、78.9%。进境品种有大麦等，贸易国家或地区主要是加拿大。出境植物及植物产品6,081批、124,425.1万美元，同比分别增长23.0%、41.4%。出境品种主要包括竹木草制品、水果等，贸易国家或地区主要包括欧洲、美国、东南亚等。截获红火蚁、四纹豆象等有害生物241种类、749种次，同比分别增长66%、2.6倍，其中全国首次截获11种，检疫性有害生物7种类、53种次；非贸渠道截获大麻种子等外来物种39种次。国门生物安全监测（植物检疫部分）共设置345个实蝇监测点、8个入境口岸监测调查点、8个外来杂草监测点、15个舞毒蛾监测点、8个红火蚁监测点和2个进出口种植基地监测点，监测到实蝇7种16.9万只、杂草62种192种次，2种次实蝇和2种病毒为关区首次，金鱼花潜隐类病毒为海关系统首次。安全风险监控抽取25个监控样品，得到211个监控数据，全部合格。

汕头海关开展打击非法引进外来物种和种子苗木"国门绿盾2021"行动。抓住境外、口岸、境内防控重点，实时跟踪搜集整理、分析研判境外动植物疫情信息、政策动态，收集报送境内外动植物疫情、检疫政策动态293条，被总署动植物检疫司采用194条；采取监测普查与重点监测相结合方式，在口岸等海关监管作业场所，以及生产存放加工企业设置病虫害监测点433个，做到关区全覆盖；开展打击非法引进外来物种和种子苗木、防范外来入侵物种应急处置演练；加强对查获外来物种的处置力度和执法力度，有效堵截外来物种非法携带入境渠道；加强查验设备、检疫处理设备的建设，推广智能查验及远程鉴定等先进技术和装备应用；大力开展专业技能教育培训和人才队伍建设，壮大关区资质人员队伍。

汕头海关帮扶关区特色农产品柚果及其包装厂应对国外贸易技术壁垒，指导企业按照国外要求做好实蝇监测和果品套袋等，根据总署要求跟踪输美注册企业整改情况，2家果园和2家包装厂获得输美注册。完成"输欧肠衣技术壁垒应对措施研究与应用"和"蝴蝶兰出口检验检疫关键技术研究与应用"科研项目研究并推广，编译《蝴蝶兰出口主要植物检疫法规》，为动植物检疫工作提供技术参考。

（撰稿人：陈泽宇　郭建红　郭瑾瑜）

食品化妆品检验检疫

【概况】2021年，汕头海关贯彻落实习近平总书记关于加强食品安全"四个最严"的重要指示精神，大力开展"国门守护"行动，科学规范实施监督监测计划，加强进出口食品新规宣传，营造食品安全共治共享良好氛围；统筹口岸疫情防控和促进外贸稳增长，落实常态化进口冷链食品疫情防控各项措施，坚决阻断新冠肺炎疫情输入风险；承接美洲多地食品安全管理体系评估工作，服务落实扩大食品进口战略；首倡"提质护航"行动，助推粤东特色食品产业高质量发展。关区全年检验检疫监管进出口食品化妆品41,675批、货值149.88亿元，同比分别增长9.1%、3.2%。其中，出口茶叶1.81亿元，同比增长17%；出口水产品53.43亿元，同比增长14.33%；出口牛肉丸540吨、1,780万元，同比分别增长14%、17.5%。

【进出口食品检验检疫监管】2021年，汕头海关开展"国门守护"行动。关区检验检疫监管进口食品主要品种有饼干、糖果、酒类、燕麦、乳制品等，出口食品主要品种有糖果、饼干、水产品、猪肉及制品、凉果、蔬菜罐头、保健食品等。全年检出出口食品不合格29批，其中货证不符16批，微生物、重金属、生物毒素超标等13批，全部按规定作不准出口处理。

落实"四个不准"要求，规范实施汕头海关进出口食品化妆品监督抽检及风险监测计划，完成送样任务2,126个，检测项目数9,817个。执行总署布控指令实施现场查验、抽采样作业，完成送样任务1,234个，检测项目数3,979个，其中进口食品安全抽样送检405个样品、894个检测项次，均检验合格并放行；出口食品安全抽样检验计划抽批抽中送检829个样品、3,085个检测项次，检出不合格13批，其中10批出口蜜饯检出二氧化硫和糖精钠超标、1批出口紫菜检出镉超标、1批出口花生酥硬糖检出黄曲霉毒素总量和黄曲霉毒素B1超标、1批出口米酱豆腐检出乳蜡样芽孢杆菌超标，均作不予出境处理。

制订实施《汕头海关2021年度出口动物源性食品安全风险监测计划工作方案》《汕头海关2021年度供港蔬菜专项检

查计划工作方案》，分别由9个隶属海关执行301个出口水产品监测样品的检测工作，由3个隶属海关执行12个供港蔬菜监测任务。开展出口动物源性食品风险监测工作，品种包括养殖虾、养殖鱼、养殖贝、野生贝、野生虾、野生蟹，以及其他养殖、野生水产品，监测301份样品、780个监测数据。开展供港蔬菜专项检查工作，完成抽样送检任务12个样品、2,592个监测数据，监测结果均为合格。

加强口岸检疫，连续多次从澳大利亚输华燕麦中截获硬雀麦、不实野燕麦等22种次检疫性有害生物情事，为总署进出口食品安全局发布风险预警提供决策依据。开展通报核查，加强不合格食品后续处置，针对输美牛蛙腿、黄花鱼等不合格问题研究制定针对性措施4项，向地方通报3次，约谈企业3家，暂停企业出口申报资质3家。建立健全食品安全信息通报和快速响应机制，开展舆情监测，向总署食品安全日报报送并被采用信息109条，同比增长166%。

加强进口冷链食品疫情防控工作。落实常态化进口冷链食品疫情防控措施，制订实施汕头海关关于做好新冠肺炎疫情防控进口冷链食品分级分类处置有关工作要求，完善严防新冠病毒污染商品输入应急处置预案、汕头海关进口冷链货物口岸消毒处理工作方案，以及阳性案例处置方案流程图。向全关推广部分隶属海关进口冷链食品新冠病毒核酸监测和预防性消毒工作经验做法，提高全关进口冷链食品疫情防控能力。

全年开展安全防护、进口冷链食品疫情防控线上专项培训2场次、325人次，实操培训和模拟演练5场次、75人次；与地方联防联控，参加地方进口冷链疫情防控工作专班会议9场次，联合开展进口商品专项监督检查3场次；参与总署严防新冠病毒污染商品输入应对集中工作，承接总署对苏里南水产品企业新冠肺炎疫情防范措施的评估工作。年内，汕头关区无冷链食品进口业务。

首倡"提质护航"行动。制发《关于开展"提质护航"行动的倡议书》，并结合粤东食品产业发展实际，研究制订18项措施，助力解决粤东出口食品产业发展瓶颈，助推粤东出口特色食品产业高质量发展。深化关地合作，与粤东地方市场监管、商务、农业农村等部门会商，探索构建跨领域协调联动机制，就新冠肺炎、非洲猪瘟疫情防控等重点工作形成共识，联合签署合作框架文件。精准企业画像，依托属地海关，分行业抓重点开展调研，摸清特色产业安全状况和发展瓶颈，先后形成出口水产品、肉类、化妆品、糖类等质量分析报告；主动融入粤港澳大湾区建设，培育"菜篮子"认定基地100个，推动冰鲜猪肉恢复供港，供澳食品农产品获澳门市政管理委员会主席致函感谢。服务前移，帮助俄罗斯蜂蜜、乌拉圭乳粉首次进口；助力地方特色产品品牌增值，推动潮式卤味狮头鹅、"客家茶"、柑橘纤维、芥辣等首次出口，凤凰单丛茶、揭阳竹笋、普宁中药材等名优产品拓展多元出口市场。

开展美洲多地食品安全体系研究，向总署进出口食品安全局提交美洲多地食品安全体系阶段性研究报告。承接苏里南水产品企业新冠肺炎疫情防范措施评估专项工作，选派7名技术专家成立工作专班，先后3次对苏里南官方及企业提供的材料进行翻译、整理，对照我国相关标准规范，对其食品法律法规、疫情防控、质量控制、技术指标等开展准入评估分析，提出8方面整改意见，形成4份评估报告，为总署服务外交外贸、扩大水海产品进口提供决策技术支持。

开展食品安全宣传。围绕"尚俭崇信，守护阳光下的盘中餐"主题，在关区组织开展食品安全宣传周，制作食品安全宣传打私篇、服务篇、政策篇、口岸行等微信稿，通过"粤东E通关""汕关零距离"微信公众号广泛宣传；深入开展进企业、进商场、口岸行等活动，发放科普宣传手册1,180份，举办培训16场次。开展"送课下基层"活动，加强线上线下宣讲和政策指导，整理新规定条文变化、执法影响等资料，发挥"粤东E通关""汕关零距离"关企联络群、12360热线等新媒体优势进行精准推送，举办专题讲座进行面对面释疑解惑，组织参加"海关e课堂"专题培训101人次。通过设立专家咨询、宣传展板、发放宣传册、播放宣传片等形式，向基层海关、政府部门和管理相对人开展宣传活动10场次。

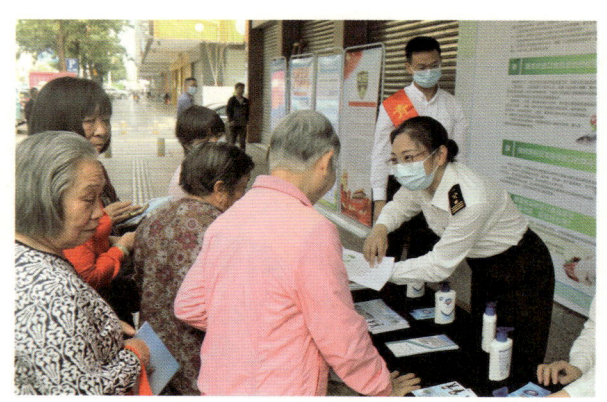

▲2021年6月24日，汕头海关所属汕尾海关开展食品安全宣传进社区活动

【进出口化妆品检验监管】2021年，汕头海关严格执行布控指令实施查检、取样送检，全年完成送检4类35个样品、223个检测项次，均检验合格并放行。执行口岸查检指令3批，核实品名、检查夹藏/夹杂，均未见异常。对进口化妆品成品严格按"进口（非）特殊用途化妆品行政许可批件"进行联网验核，批件均在有效期内。

按照布控指令查检并执行出口化妆品安全抽样检验计划，完成取样送检19类514个样品，2,098个检测项次。主要检测项目是铅、镉、砷、汞、二噁烷等5项污染物，金黄色葡萄球菌、霉菌和酵母菌总数、菌落总数、铜绿假单胞菌、耐热大肠菌群等5项微生物，二硫化硒、甲基异噻唑啉酮、甲基氯异噻唑啉酮和甲基异噻唑啉酮与氯化镁及硝酸镁的混合物等3项限用物质。检出不合格出口化妆品2批，均作不予出口处理。同时，加强对企业生产监管，要求问题企业做好原料进料验收、加工设备消毒、高温灭菌和防感染、出厂前自检自控等措施。

全年检验监管进出口化妆品3,870批。其中，进口30批，主要为洗发液、护发素、润肤露和牙膏等，主要来自泰国、加拿大、日本和马来西亚；出口3,840批，货值12.6亿元，主要为成人淋洗类化妆品、面部化妆品、口唇类化妆品、毛发用化妆品、体用美容化妆品、婴幼儿淋洗类肤用化妆品等，主要输往美国、阿联酋、泰国、印度、沙特阿拉伯、马来西亚、德国、西班牙、荷兰、澳大利亚等89个国家和地区。汕头关区有4家进口化妆品企业、41家出口化妆品生产企业。

宣传法规标准。结合2021年1月1日正式实施的《化妆品监督管理条例》，通过"钉钉"课堂等方式，对从事化妆品监管的关员开展业务技能及监管能力培训；向辖区化妆品企业进行宣贯，督促企业落实主体责任；多方收集国外对我国化妆品出口采取的技术性贸易措施并向企业推送，帮扶企业拓渠道、稳订单。

简化业务流程。以出口产品风险、出口记录等为依据，对辖区出口化妆品生产企业实施差别化分类管理。对认证企业，优先向其他国家（地区）推荐出口企业的境外注册。推行"零跑腿、轻松办"，对被布控抽中的批次实行"随报随派单"落实查验抽样，样品立即送检，落实专人实时跟进检测进度，尽可能压缩样品传递对检测环节时长的影响。对未抽中的批次实行"即报、即审、即放"。

年内，汕头海关监管跨境电商网购保税进口化妆品主要品种为洗面奶、面霜、防晒霜、面膜和口红等，主要来自法国、美国、意大利、日本和比利时等国家和地区。首次开展跨境电商化妆品安全风险监测，完成进口化妆品风险监测10个样品，其中成人口唇美容化妆品样品5个、成人面部膜类化妆品样品5个。成人口唇美容化妆品产品主要来自法国、美国、比利时，成人面部膜类化妆品产品主要来自法国、美国、日本，共监测145项次，监测结果符合我国《化妆品安全技术规范（2015版）》要求。

【供港澳食品】2021年，汕头海关以"提质护航"行动为抓手，主动融入粤港澳大湾区建设，全力保障供港澳食品安全稳定供应。全年检验检疫监管供港澳食品42,035吨、16.93亿元，同比分别增长16.6%、21%。其中，冰鲜猪肉4,340吨、1.52万元，同比分别增长430%、200%；水产品6,522吨、53,675万元，同比分别增长31%、45%；蔬菜2,791吨、3,673万元，同比分别增长43%、52.6%。

建立联络员制度。发挥企业联络员优势，收集研究、提前介入解决企业供港澳农食产品存在的困难和问题，实施"一基地一政策"服务举措，推行"公司+基地+

标准化"的监管模式，帮扶企业提升产品质量安全水平。

强化源头监管。制订供港澳蔬菜质量安全风险监控计划，开展对种植蔬菜基地土壤、灌溉用水抽样检测，对蔬菜农药残留、重金属等敏感指标严格监测，开展供港蔬菜专项检查，完成送检任务12个样品、2,592个监测数据，监测结果均为合格。

实施快速验放。设置供港澳食品农产品绿色通道，提供24小时预约报检、预约监装等通关服务，随报随检，快速检测，快速出证，确保供港澳食品农产品快速通关。

（注：上述数据来自金关工程业务统计子系统、海关监督与内部控制子系统、全国海关大数据应用子系统）。

（撰稿人：叶忠贤 杨东鹏 沈 烨）

商品检验

【概况】2021年,汕头海关认真履行进出口商品检验职责,聚焦"安全卫生健康环保",强监管、优服务、促改革、提效能,提升质量安全风险预警和快速反应监管能力,加强进出口商品质量安全检验监管,守住国门安全底线。全年监管进出口法检商品385亿元、3,502万吨,同比分别增长136.2%、69.6%;实施检验1,945批,检出不合格86批;开展法检以外进出口商品年度抽查检验工作,对18家企业、21款样品抽样检测,检出不合格3批次,均依法处置。优化口岸营商环境,支持大宗资源性商品进口,提高检验检测效率,煤炭和液化气平均检验时长为6.2天和1.9天,比全国平均水平压缩20%。58人通过总署进出口危险货物及其包装检验岗位资质考核,全关现有资质人员增至154人,3人进入总署线上练兵个人百强。构建关检融合后首个商品检验业务监控体系,破解商品检验业务监控手段欠缺、业务掌控弱化难题。全年检验监管进口法检商品382亿元,同比增长1.6倍;货运量3,501万吨,同比增长70%。其中,煤炭和液化气合计占比93.4%,检验监管天然气321万吨(重量同比增长1.64倍、货值同比增长3.8倍),检验监管煤炭3,001万吨(重量同比增长67.7%,货值同比增长2.04倍),为历年最高。

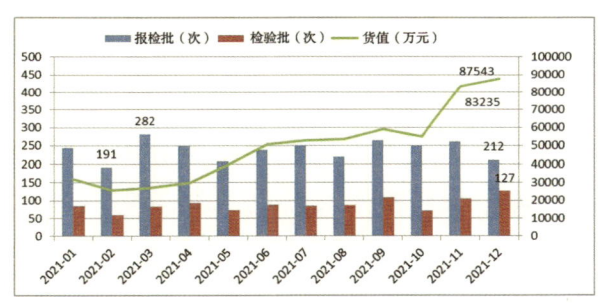

▲2021年汕头海关检验监管进口法检商品概况图

【严防"洋垃圾"入境】汕头海关落实2021年1月1日起我国全面禁止固体废物进口的规定,各隶属海关加强各环节严格审核把关,对任何形式的进口固体废物一律不得放行,对已经放行的立即查封。同时,加强进口法检商品检验和监督管理,紧盯货运渠道废矿渣走私等新特点,强化固体废物属性鉴别,严防固体废物通过伪报、瞒报方式进口。派员到现场海关进行固体废物快筛设备使用培训,提升现场关员对再生塑料颗粒固体废物属性现场快速筛查能力。规范开展进口固体废物属性鉴别工作，加强与鉴别机构沟通，提高属性鉴别精准性和有效性，确保汕头关区进口固体废物彻底清零。

【推进危险化学品检验监管模式改革】落实总署2020年129号公告和进口危险化学品检验模式调整措施，精准实施进口危险化学品及其包装口岸"批批验核+抽批检测"模式，动态评估实施效果，及时研究解决存在问题。落实总署关于进一步加强危险货物及其包装检验监管要求，开展进出境危险货物监管安全整治工作，实施《汕头海关安全生产专项整治三年行动实施方案》，落实任务分工，加强监管现场应急处置演练；组织联合检查组对监管业务现场开展安全生产检查，对检查发现的问题提出整改意见，落实立行立改，防范和遏制危险化学品安全事故发生。全年检验监管进口液化天然气52批、321万吨，检验监管进口液化石油气168批、128万吨。

▲2021年6月4日，汕头海关所属饶平海关关员现场进行进口液化石油气暗罐查验

【加强重点敏感商品质量安全监管】围绕安全、卫生、环保和反欺诈等方面，加强对煤炭、旧机电、医疗器械、成套设备、特种设备、婴童用品、家用电器、食品接触产品、涂料等进口重点敏感商品的风险监测和质量安全监管；加强对进口电器电子产品环保使用期限、有害物质标注的验证和检验；加强入境验证管理，运用技术手段遏制劣质煤炭进口，积极服务国家外交外贸及宏观调控政策。全年实施进口旧机电产品目的地检验20批次，检出不合格8批次；检验进口成套设备11批次，检出不合格2批次；检验进口医疗器械28批次，检出不合格4批次；严格按照相关规定对不合格产品实施退运处置。

全年检验监管出口法检商品3亿元，货运量1万吨，以危险货物为主。

▲2021年汕头海关检验监管出口法检商品概况图

【严把防疫物资出口质量关】持续落实《全国防疫物资产品质量和市场秩序专项整治行动方案》（国市监竞争〔2020〕74号）要求，加大对出口防疫物资口岸查验力度，严厉打击出口产品中掺杂掺假、以假充真、以次充好或者以不合格产品冒

充合格产品等违法违规行为。深化协调配合机制，建立线索通报、信息共享、案件移送快速通道和防疫物资证据快鉴快检通道，及时将违法违规行为纳入企业信用记录，实施联合惩戒，形成打击合力。

【加强出口危险化学品监管】贯彻落实总署2020年129号公告和相关文件要求，加强危险化学品日常监督检查，各业务现场落实出口危险货物及其包装"产地检验、口岸查验"要求，严格执行布控指令要求审核申报要素、实施检验作业。全年监管检验出口危险化学品356批次、货值6,294万元，检出不合格10批次；监管检验出口含危险成分化妆品244批次、货值10,647万元，检出不合格4批次；监管检验出口含酒精消毒剂110批次、货值1,923万元，检出不合格1批次；监管检验出口其他危险货物219批次、货值6,247万元，检出不合格27批次。对监管检验出的不合格货物，均严格依法处置。

【开展"清风行动"】加强组织领导，严厉打击进出口防疫物资、电池、灯具、服装箱包、儿童玩具、体育用品等商品假冒伪劣和贸易欺诈行为，维护"中国制造"信誉，促进关区对外贸易高质量发展。全年查获出口假冒伪劣和贸易欺诈案件11宗，涉案货值11,156万元。其中，办结案件6宗，涉案货值156万元；移交地方公安机关5宗，涉案货值11,000万元。主要假冒品牌商品为玩具、香水、塑料拖鞋、电吹风等，均依照相关法律法规予以相应处置。

▲2021年11月12日，汕头海关所属汕头港海关关员查获出口涉嫌侵权玩具

（撰稿人：李越洋　陈　力　林春贵　黄光正）

口岸监管

【概况】2021年，汕头海关全力提升口岸监管制度创新和治理能力建设水平，落实各项疫情防控措施，守牢"外防输入"关口。全年监管进出境船舶2,706艘次，落实登临检疫100%监控；打击"洋垃圾"、濒危物种及其制品、"水客"走私持续用力，全年查获濒危野生动植物14宗，查获各类"水客"走私案件33宗；坚决抓好安全生产工作，开展专项整治，保持安全生产"零事故"。加快推进监控指挥中心建设，二级监控指挥中心开展视频监控1,348次，发现问题隐患266个。复制推广跨境电商B2B出口监管试点，B2B出口货值达70亿元，关区市场采购出口金额突破13亿元。支持关区5个码头顺利通过开放验收，2个码头成为全国第五批试行更开放管理措施对台小额贸易点。积极推进进出口货物"直提直装"试点，受惠企业13家，油气类货物实现在监管场所内"零滞留"。

【物流监管】2021年，汕头海关监管进口货运量3,621.63万吨，同比增长29.6%；监管出口货运量208.77万吨，同比增长12.4%；累计监管进出境船舶4,076艘/次、进出境车辆1,435辆/次、进出境航空器34架/次。根据布控指令，对992艘次进出境船舶、3架次进出境航空器实施登临检查。

【货物口岸查验】2021年，汕头海关严格按照指令开展货物口岸检查，充分发挥非侵入式查验设备效能，对11,056个自然箱实施机检，其中先期机检7,942个自然箱；制订制图工作专项工作方案，成立专门机构，报送即决式制图311张。积极推动"疫情防控期间收发货人免于到场信息交互平台"应用，对64票报关单实施收发货人免于到场陪同查验，减少口岸人员聚集风险。认真履行危险品监管责任，积极应用H986设备和智能审图系统加强对疑似危险化学品的筛查；加强对疑似危险化学品取样送检，确认危险属性，保障合法货物快速通关、非法货物有效拦截。完善与地方有关部门的情况通报和执法协同，通过口岸海关、属地海关、职能部门"三方联动"，为进出口企业提供优先机检、优化查验、优质服务"三优"服务，

"三联三优"模式在关区陶瓷出口企业先行试点中取得明显成效。

▲2021年4月12日,汕头海关所属广澳海关关员对堆场集装箱进行检查

【行邮监管】2021年,受疫情影响,汕头海关监管进出境航空器34架次,同比减少95.3%。监管进出境邮递物品15.5万件,同比减少32.11%;监管进出境印刷品和音像制品8,989件,同比减少17.7%。行邮渠道查获各类毒品3,427克,其中大麻100克、精神药物927克、其他2,400克;查获国家限制进出境的象牙等濒危动植物及其制品53件;查获其他违禁品166件。

2021年7月1日起,总署在全国海关复制推广跨境电商B2B出口监管试点。汕头海关成立工作专班,复制推广跨境电商B2B出口监管工作。汕头关区本年度申报跨境电商B2B直接出口报关单(监管方式"9710")7,999份,货值约70亿元。出台《汕头海关跨境电子商务海外仓出口企业备案指引》,2021年11月,成功办理关区首个跨境电商出口海外仓企业备案并顺利通关。

【场所(场地)管理】2021年,汕头海关加强对海关监管作业场所的业务指导,新增通过验收的海关监管作业场所6个。截至年底,汕头关区有海关监管作业场所(场地)33个。全年办理海关监管作业场所(场地)行政许可事项11单,根据总署统一部署,更换海关监管作业场所企业登记注册证书24份。口岸海关依托科技运用提升监管作业场所智能监管水平,运用多旋翼无人机开展围网、堆场、卡口、查验平台等重点场所巡查,以"地巡+空巡"监管模式提高监管精度。升级卡口放行系统,实现重柜、空柜车道分流监管。指导汕头市地方申建进境肉类、冰鲜水产品指定监管场地。开展关区指定监管场地核查整改工作,核查发现存在不符合设置规范的问题均要求立行立改。

【空箱体监管】2021年,汕头海关制定实施关于加强空箱体监管的规定,进一步明确加强空箱体进出卡口监管、视频监控、场地巡查,推动开展顺势监管、大数据分析、情报经营、部门联动等工作,筑牢空箱体监管风险防控防线。隶属海关加强对承载空箱体进境船舶的登临检查力度,以及内部作业衔接和监装监卸,加强对夜间等特殊时间作业涉及的空箱体进行抽查,运用红外线测距仪等查验监管设备加强对空箱体的检查,防止不法分子利用空箱体进行夹藏、藏匿等违法行为。运用H986设备开展空箱体卸船到落地前的顺势监管。加强舱单管理，对舱单核注核销情况进行日常监控和及时处置，确保物流过程不留缝隙。规范查验流程，严格执行查验制度，落实随机派单查验要求，提高查验结果登记的完整性、规范性、逻辑性；强化科长审批职责，规范查验执法录证。应用智能审图系统，优化针对刀、枪、烟、酒、高密度物品和混杂夹藏的智能审图程序，充分发挥机检效能和威慑作用。开展机动查验，建立机动查验队伍，完善机动查验和复查复验工作机制，针对走私、伪报、瞒报和涉及固体废物走私进口等风险点加大排查力度。加强联合研判，确保高值商品风险可知。紧盯粤港澳海上跨境走私进口风险，加强监管、缉私、风险等部门的信息共享和联合研判。运用"双随机"小程序实现空箱体查验派单、抽箱、视频监控摄像头、时段选择和外出企业执法人员选派"双随机"，依托科技运用降低执法和管理风险。

【反恐应急能力建设】2021年，汕头海关在所属广澳海关举行口岸监管环节涉恐突发事件防辐射应急技能大比武；在所属潮汕机场海关组织开展口岸监管环节核辐射涉恐突发事件应急处置演练；主动开展核辐射监测设备的调整和校验工作，迅速完成设备调拨配置，夯实反恐应急人防物防基础；邀请汕头市职业病防治所专家到关区开展口岸监管岗位防护培训和《职业病防治法》宣传活动；利用"钉钉"教学平台开展口岸核辐射监测业务培训。

（撰稿人：林奕奇　郑　峰　黄秋实
　　　　　蔡　燕）

统计分析及政策研究

【概况】2021年,汕头海关贯彻落实习近平总书记对统计工作的重要讲话和重要指示批示精神,推进落实党中央关于完善统计体制、发挥统计监督职能作用、推进统计现代化改革等重大决策部署,开展政策研究及统计工作,加强统计督察力度,优化统计专家人才队伍,不断夯实统计基础。分析研究发挥建言献策作用取得成效,参与撰写的《海关工作专报》获党中央、国务院领导同志批示5篇次,为支持粤东外贸提质增效及关区多项业务指标实现快速增长开展统计分析、建言献策,更好服务国家经济社会发展大局,助推"十四五"汕头海关发展开好局、起好步。

【统计监督】2021年8月,汕头海关贯彻落实习近平总书记在中央全面深化改革委员会第二十一次会议上的重要指示精神,制定3条落实措施:一是夯实海关统计工作基础,积极参与总署统计制度方法制定完善工作;二是着力从贯彻新发展理念、构建新发展格局、推动高质量发展方面开展统计监督,提升海关统计监督效能;三是结合职责分工、压实主体责任,进一步优化分析研究机制,监测评估国家重大发展战略在本地区贯彻落实情况,提升循"数"管理的意识和能力。

健全数据质量协同管控机制,制定实施汕头海关综合管控虚假贸易工作机制,建立高风险企业通报制度,将申报不实企业名单通报相关职能部门和隶属海关,以及兄弟海关、地方税务、外汇及商务管理部门,发挥各自优势,形成协同管控机制,把好报关单数据质量关。

强化数据审核和监控分析,运用《统计监督信息》以及工作联系单等多种载体,及时将贸易异常、业务管理薄弱等信息,以及数据审核中发现的问题向相关职能部门通报,提升统计监督效能。配合总署统计分析司开展专项进出口异常数据监控,撰写全国海关统计监督文章3篇。不断推动统计监督和纪律监督、组织监督、巡视监督、审计监督等统筹衔接工作,增强工作协调和统计监督结果运用,提升监督效能。

【统计调查】2021年,汕头海关开展2021年度中国外贸出口先导指数统计调查，每月组织关区 33 家入选的样本企业参与问卷调查，并对全国 2,806 家样本企业填报的"中国外贸出口先导指数"网络问卷开展出口先导指数订单、预期、成本分析，完成《中国外贸出口先导指数样本企业调查情况》等 13 篇统计专报，2 篇次获得习近平总书记重要批示。开展粤东外贸企业发展动态、出口订单、成本等情况分析，以及粤东外贸形势研判，借鉴中国外贸出口先导指数统计调查经验，分层分类选取关区 223 家样本企业组织开展月度粤东外贸出口企业订单情况抽样调查工作，编制调查报告，为关领导管理决策服务，为地方外贸经济活动提供参考，同时帮助企业纾困解难。

根据总署要求，结合国内外疫情形势变化，汕头海关组织对我国防疫物资出口变化情况，尤其是对美防疫物资出口情况开展专项调查研究，形成相关分析报告 2 篇次。根据总署统计分析司部署要求，组织汕头关区 18 家企业开展海运集装箱运力运价相关问题的专项调研工作。同时，组织对外贸企业、货运代理公司、招商局以及相关港务企业等进行专题调研，形成专题调研报告并上报。落实总署工作要求，开展关区部分企业 2020 年度、2021 年上半年跨境电商统计调查，以及进口货物使用去向等专项统计调查工作。

【贸易统计】2021 年，根据总署统计分析司关于强化责任落实保障进出口贸易统计数据质量的有关要求，汕头海关采取日监控、周检控、月审核等常规数据质量检控、人工复核、年度专项审核、重点商品核查相结合的方式管控数据质量，对审核发现的问题及时核实、处置，及时编发统计监督信息。开展 2020 年度、2021 年度上半年贸易统计数据审核工作，审核报关单记录 60 余万条，下发核查 567 条，核实更正 314 条，按时按质完成 2021 年贸易统计数据月度审核报送及跨月更正数据报送工作，上报总署统计分析司的统计数据未曾发现差错，保障贸易统计数据真实性。

创新探索开展海关统计数据质量审核工作流程再造，进一步优化海关统计数据审核运行机制，推进相关统计作业系统的整合，结合关区实际优化调整统计作业系统关区参数 1,000 余条，实现基层统计人员数据审核工作量减少 50%，统计处审核下发重点核实数据准确率超 40%，促进海关统计基础工作提质增效；积极参与总署统计作业系统参数优化调整工作，牵头审核优化总署系统参数 100 余条，提出意见建议均被总署统计分析司采纳。

参与全国海关统计数据审核及制度研究等专项工作。参与全国海关统计数据质量控制中心下设参数、审核、创新、安全等 4 个分中心的日常及专项工作。参与 2020 年版《海关统计实务手册》编写工作、《海关统计目录行业标准立项论证》《海南自由贸易港"二线"海关单项统计制度研究》等署级课题研究工作。

【数据管理】 2021年9月1日,《中华人民共和国数据安全法》正式实施。汕头海关依托"海关人讲海关"专题法治宣传教育等活动载体,制作课件《数据安全法解读》,邀请统计专家解读阐释,通过"钉钉"在线授课实现关区学习人员全覆盖。结合总署《进一步规范向地方商务部门提供贸易统计数据通知》的规定,向地方商务部门及有关部门宣传海关数据安全管理要求,签订数据安全保密协议,确保对外提供数据安全可控。在全关干部职工中开展数据安全教育,进一步强化数据安全意识、保密意识,要求在数据授权、数据提供、系统立项、安全审核等方面的实际工作中压实数据安全责任,严格落实数据安全管理制度。制定实施落地数据库数据使用管理规定等制度规范,进一步加强海关数据使用管理工作,规范系统数据使用流程,保障业务数据安全。开展海关业务数据专项行动和3次专项排查工作,对存在问题进行整改,发挥统计监督作用。

提升报关单数据日常监控成效。全年启用报关单数据质量监控分析系统检控参数618条,完成自动检控377次、人工检控114次,对19.5万份报关单的48.5万条记录进行检控,命中19,058条报关记录,下发核查17,323条报关单记录,审结率100%;核实更正报关单记录111条,其中,更正商品归类差错36条、国别差错14条、数量差错21条、监管方式差错1条、统计美元值差错1条、其他类型差错38条。纠正记录美元值差额总计309.5亿美元。

加强报关单证理单及档案管理。加大对报关单证超期未理单的监控力度,通过综合行政管理平台下发联系单,对已结关未理单报关单开展核查,督促现场及时理单。继续做好通关无纸化、区域通关报关单证理单管理的规范工作,规范各基层单位报关单证档案管理工作。组织开展关区纸质报关单单证销毁工作,销毁报关单证278册。

参与总署数据管理制度修订工作。协助总署统计分析司开展《海关业务数据管理办法》《海关业务统计工作制度》《保税货物统计制度》等起草修订工作,参与总署2020版报关单申报项目调整建议书编写专项任务。

【业务统计】 2021年,汕头海关对上报总署的34,597条业务统计数据记录进行审核,对有疑问的43条记录予以重点核对,经隶属海关及相关业务职能审查核查后反馈更正数据40条,全年上报总署统计分析司的数据未曾发现差错。参与全国海关业务统计月度数据审核工作,针对业务统计数据审核过程中发现的问题提出意见建议。全年撰写并上报《业务统计监督》10期,部分意见建议被总署统计分析司采纳转化。参与《海关业务统计工作制度》起草修订工作,总署统计分析司印发该工作制度,并在全国海关执行。牵头开展海关业务统计新指标体系建设工作,对业务统计制度方法和作业流程、业务统计系统建设和维护、海关业务指标新体系、海关业务统计数据安全管理等方面开展研究，撰写《业务统计工作情况交流》12期。开展月度、年度关区业务统计资料编制，对关区主要业务统计指标开展分析和研判，提供信息支持和数据服务。

2021年，汕头海关总体业务呈现良好发展态势，主要业务指标实现同比增长，监管货运量绘就近10年"微笑曲线"，进出口货值（1,309.3亿元）迈上新台阶，进出口报关单（19.51万份、同比增长2.8%）触底反弹，实际入库税收（46.56亿元、同比增长31.8%）反转回升，检验检疫进出境货物（6.01万批次、同比增加15.1%）止跌回暖，向实现"政治强关建设取得成效，业务改革高质量推进，粤东国门铁军建设走在全国海关前列"的工作目标迈出坚实步伐。

【政策研究】2021年，汕头海关制定贯彻落实《"十四五"海关发展规划》任务分解表，推动《"十四五"海关发展规划》在汕头海关落地落实。开展署级课题研究，牵头完成"中国及世界主要国家加入区域贸易协定情况比较分析"署级课题调研，参与"我国工业特气进口情况分析""业务运行异动情况监测预警机制研究""全球贸易格局演化研究""粮食安全及种源问题研究""我国部分区域外贸竞争力研究"5个署级课题调研，参与广东分署课题"'一带一路'贸易发展指数课题"等的调研工作，获得总署、广东分署通报表扬。

开展"服务构建新发展格局，支持活力特区建设"等21个关级课题研究，其中，"促进贸易便利化 推动粤东融入'双区'发展""高质量推动全业务领域一体化改革""汕头海关扎实助力市场采购贸易健康发展"3个业务改革课题研究成果成功转化、落地推进。开展"支持关区十大产业高质量发展"系列专题研究，纺织服装、风电等产业研究报告获广东分署载体刊载。初步建立支持关区产业发展的政策储备。

【监测分析】2021年，汕头海关根据国内外经贸形势变化情况加强统计监测分析预警工作，全年向总署报送统计分析报告300余篇。建立粤东外贸研究快速响应机制，编制快报及专刊5期。针对粤东地方特色产业及中美经贸关系对关区外贸影响等问题开展调研，深入分析地方外贸发展存在的问题，为汕头关区经济社会发展建言献策。参与编制《全球贸易监测日报》12期，就全国重点口岸、重点商品进出口情况开展重点监测分析。

【统计服务】2021年，汕头海关门户网站发布粤东五市月度外贸进出口快报60期、粤东五市主要进出口数据报表240张。制订实施向地方政府提供数据的工作方案，不断拓展海关统计信息服务的范围和层次，为粤东五市地方党政提供统计数据服务36批次，为社会公众提供统计数据服务6批次。借助网络、报纸、广播、电视等媒体和渠道，拓展统计服务广度。统计信息宣传进一步得到社会公众的广泛关注，粤东地方外贸、重点进出口商品等新闻宣传稿被各类媒体采用81篇次，为地方党政领导和社会公众了解基本经济情况、企业掌握市场动态提供便捷的统计信息服务，取得良好反响。

【人才建设】 2021年9月，"汕头海关新征程专家人才启航计划"的政研及统计人才队伍建设正式启动。汕头海关建立由专家指导组和统计分析处科领导班子为成员的人才建设推进工作小组，扎实推进人才选荐和培养等各项工作。采取重点推荐与"张榜纳才"相结合的方式选荐青年人才，构建环节完整的人才选荐机制。骨干及青年人才组成员17名，来自12个单位，平均年龄36岁，涵盖统计、计算机等多专业背景。多措并举推进人才建设，派员参加联合国、国家统计局等高层次专业培训3次，5人获得联合国培训考核合格证书。以课题研究推动工作和人才培养，由专家指导、成员自愿报名组队形式，组织实地调研2次，完成课题研究11个。

（撰稿人：佘晓虹　张林聪　桂　丹　蔡　薇）

企业管理和稽查

【概况】 2021年，汕头海关坚持稳中求进总基调，深入落实总署稽查、企业信用管理、报关单位备案管理等重大改革，强化监管优化服务，突出"制度+科技"强化风险防控，全力构建以信用为基础的新型海关监管机制。

【企业管理】 2021年，汕头海关开展报关单位备案、注销便利化改革，积极推进报关单位"许可"改"备案"，对报关单位实行"全程网办、全国通办"。严格落实"一次申请，一次办理"要求。办理新增备案872家、注销555家，关区备案报关单位总数达10,030家（其中，高级认证企业数52家，占企业总数的0.52%；失信企业73家，占企业总数的0.73%），特定资质备案企业865家。

推进企业信用管理改革，制定推动深化海关企业信用管理制度改革工作安排，坚持优中选优，走访地方商务部门、行业协会进行调研，分行业、分产业建立关区103家重点培育企业名单，形成"认证培育池"。坚持严格把关，统筹关区认证骨干20余人组成专家团队，严格对照《高级认证企业标准》要求，分类梳理认证重点标准，依托"一类一企一方案"培育模式精准推送、实地认证；坚持示范带动，打造AEO样本企业"以企带企"，召开政策宣讲会开展现场教学，形成高资信企业的集聚和辐射效应。全年成功培育高级认证企业8家，总数达52家；52家高级认证企业进出口总值241.7亿元，同比增长15.9%。

▲2021年3月4日，汕头海关企管处联合龙湖海关组织开展高级认证企业颁证仪式暨AEO政策宣讲会

主动参与总署信用制度改革专项工作，开展内地与香港海关AEO互认效益评估工作。推动出口食品生产企业申请境外注册更加规范化，简化注册备案手续，优

化审批流程，实现全程无纸化。全年推荐出口食品生产企业对境外注册36家次，同比增长260%，涵盖欧盟、英国、美国、沙特、韩国、印度尼西亚、越南等，助力企业开拓国外市场。

【保税监管】2021年，汕头海关实施企业集团加工贸易监管改革，制订改革方案，明确关区内符合开展改革要求的试点企业。经审批，对关区内信利光电股份有限公司、信利半导体有限公司两家公司实施企业集团加工贸易监管模式试点。试点以来，开展保税料件外发加工、料件串换、货物自主存放等业务1,050票，企业节省物流、报关等费用50万元。两家企业全年加工贸易进出口值69.93亿元，同比增长19.52%。

推进落实"先销后税"一系列内销便利化措施，鼓励企业根据国内市场需求拓展出口产品转内销，让企业更好融入国内国际双循环，应对疫情影响。全年加工贸易实际进出口总值162.13亿元，同比增长84.93%。加工贸易货物内销2.73亿元，征税4,686.7万元。

加强加工贸易业务制度化管理，编制加工贸易监管业务操作指引，修订加工贸易集中审核作业联系配合工作指引，进一步加强关区加工贸易监管的制度化、规范化管理。

加强保税监管场所安全生产监管，强化对关区内涉及危险化学品保税监管场所的制度化规范化监管，严格加工贸易手（账）册审核，对设立审批是否符合要求、涉危海关监管区现有监管设施设备配置是否符合设置标准进行审核，从源头上降低加工贸易企业安全生产隐患。组织对危险品保税仓储企业安全隐患进行全面排查。关区全年未有危险品及化工品加工贸易生产企业。经对关区唯一涉及危险化学品的保税监管场所——潮州市欧华能源自用型保税仓库（液化气）进行检查，未发现安全隐患。

【稽查核查】2021年，汕头海关开展机构规范优化调整工作，进一步规范稽查作业模式，明确由各综合型和属地型海关各自承担辖区范围的企业稽查工作。按照总署要求，推进实施"2345"稽查改革工程，稽查工作查发能力得到显著提升，全年办结稽查作业261个、核查作业505个。

开展核查领域部门间联合抽查工作，与粤东五市地方市场监管部门联合开展作业9宗，查发问题4个，相关作业结果在市场监督管理局公示平台、国家企业信息公示系统和"信用广东"等平台联合公示。

【属地查检】2021年，汕头海关落实总署关于推进属地查检工作的各项工作部署和要求，进一步加强关区属地查检管理工作，全力推进属地查检业务改革在关区落地生效。全年根据布控指令对进口货物实施现场检验、检疫382批次，涉及货值11.28亿元；对出口货物实施现场检验、检疫3,727批次，涉及货值9.64亿元。其中，进口货物检出不合格37批次，出口货物检出不合格58批次。

加强关区属地查检工作制度管理，制订实施推进进出口货物属地查检工作的实施方案，在明确属地查检业务领域各相关部门的职能分工与职责边界基础上，通过三大方面22项工作，扎实推进属地查检业务改革。严格实施作业随机选取执法人员工作，有效防范执法风险。摸清辖区属地查检业务基本情况，研究制定辖区业务基础数据清单，提升管理水平。

推进属地查检执法效能提升，落实专人督办工作机制，切实防范化解属地查检过程中的各类风险隐患。强化进出口货物属地质量安全监管，推动隶属海关按照监测方案认真开展供港活猪、食用水生动物疫病和实蝇监测，按时按质按量完成监控、监测任务，确保国门生物安全。严格做好进出口食品、化妆品抽样检验及风险监测，强化供港食品安全全链条监管，保障供港食品安全质量。全年检疫供港活猪648批、23,328头，供港食用水生动物1,222批、12,497万元，供港食品1,412批、6,959.7万元，实现供港食品农产品"零事故、稳供应"。

（撰稿人：陈昊昱）

查缉走私

【概况】2021年，汕头海关贯彻落实习近平总书记关于打击走私的重要指示批示精神，认真落实总署工作部署，对准"中央关注、社会关切、人民关心"的突出走私问题，坚持守土有责、守土尽责、守土负责，始终保持高压严打态势，反走私工作取得新的成绩。组织开展关区"国门利剑2021"行动、严厉打击治理粤港澳海上跨境走私等专项行动，应用刑事执法和行政执法两种手段，以打开路、以打促防，确保关区反走私态势持续平稳可控。全关立案349宗，案值24.39亿元，上缴罚没收入3,075.24万元，侦办总署缉私局一级挂牌督办案件3宗。

成功侦办"914"专案，跨关区、跨战区、全关域打击"水客"走私，不仅取得了突出战果，还开拓了新的作战模式。成功查获全国首宗从本地旅客空港出行特征锁定的"套代购"走私案件，案值约260万元。侦办"830"特大海产品走私案，案值达113亿元，是汕头海关建关、汕头海关缉私局建局以来案值最大的走私案件，也是2021年全国海关案值、涉税额最高的走私案件，入选总署"2021年打击走私十大典型案例"。

▲2021年1月6日，汕头海关缉私局开展"830"专案开案行动

贯彻落实习近平生态文明思想，严厉打击"洋垃圾"、冻品、濒危动植物及其制品等非涉税走私活动。强化智慧缉私，自主研发DKI网上作战平台、数据融合平台等，建立符合大数据战略发展趋势的智慧缉私新模式。加强执法合作，探索疫情下"全警+全景"的云上作战方式，全链条打击跨区域走私达到新高度。

贯彻落实习近平法治思想，落实刑事执法"两统一"机制，加强法治缉私建设，连续12年刑事执法考评优秀。联合地方政府开展"清湾清港"联合整治行动，以及"三无"船舶治理工作，对重点村镇开展反走私宣传，推动地方政府完善"打防管控"反走私综合治理体系。

【打击涉税走私】2021年，汕头海关立案侦办涉税刑事案件74宗（同比上升68%），总案值20.4亿元，其中列为总署缉私局一级挂牌督办案件3宗。

2020年12月30日至2021年1月1日，汕头海关出动警力200余名，在广东、云南、广西等多地同步开展代号为"830"的打击海产品走私查缉抓捕行动，现场抓获犯罪嫌疑人22名，查扣涉嫌走私海参、鱼胶50余吨，查证涉案海产品3,000余吨，打掉走私团伙12个，摧毁横跨中越、中缅边境走私海参鱼肚等高值海产品的庞大职业化犯罪网络。全案案值113亿元。向20个直属海关缉私局推送线索，立案36宗，为全国打击海产品走私做出汕头贡献。该案被评为总署"2021年打击走私十大典型案例"。

参加总署缉私局三轮打击"水客"走私专项行动，联合乌鲁木齐、大连海关缉私局以及多地警方同步开展"剿猎2021"等专项行动，一举摧毁以虚假销售免税品方式、利用"水客"蚂蚁搬家方式走私高值商品入境的特大职业化犯罪网络。现场查扣涉嫌走私入境洋酒等高值商品1批，案值7亿元，涉税2亿元。在深圳、广州等地开展多轮打击"水客"走私燕窝、首饰等货物系列案件集中收网行动，查证涉嫌走私燕窝3.6吨，查扣涉案货物首饰补口3吨。

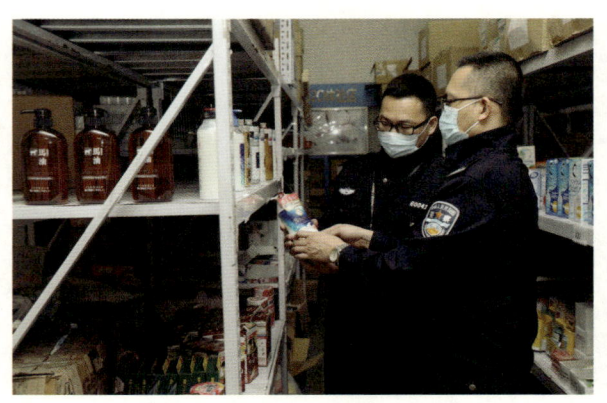

▲2021年4月19日，汕头海关开展打击治理"水客"专项行动，侦办"914"专案（缉私局　供）

【打击非涉税走私】2021年，汕头海关严厉打击"洋垃圾"走私，落实固体废物"零进口"要求，将"洋垃圾"拒于国门之外。依法推动5宗固体废物走私案件顺利判决，将在办的4宗固体废物走私案移交检查机关审查起诉。推进"1701""1801"专案固体废物线索核查工作，揭阳海关向缉私部门移交涉嫌租借废塑料进口许可证线索，刑事立案1宗。

严厉打击濒危物种及其制品走私。开展"护卫""清风"等专项行动，联合地方公安开展查缉行动，刑事立案5宗，抓获犯罪嫌疑人9名，查扣野生动物制品1批。全年立案非涉税案件12宗，案件数与2020年的38宗相比有大幅下降。推进在扣走私货物处理。

严防猛打毒品走私。印发《汕头市中级人民法院　汕头市人民检察院　汕头海关缉私局关于打击走私犯罪联席会议纪要》，规范辖区毒品走私案件的办理和法律适用。立案侦办毒品走私刑事案件2宗，抓获犯罪嫌疑人2人，缴获毒品冰毒片剂12克、大麻25克；查处多宗麻精药品通过进出境寄递渠道违法、违规进出境案件。侦办的"718"走私毒品案已作出生效判决，是全国破获的首宗以泰国减肥药名义走私毒品案件，被评为全国缉私系统经典技战法案件。

【智慧缉私】2021年，汕头海关稳步推进智慧缉私前沿技术研究与应用。开展重点课题攻关，一项课题研究成果被总署采纳并提升为署级信息化应用项目进行立项建设；申报的一项课题通过总署科研项目立项，成为汕头海关首次承担的缉私专题署级科研项目；2020年立项的关级科研项目"基于协同监管模式下的多维度数据融合技术研究"按期完成结题。

加强智慧缉私基础建设。加大融创中心、智慧侦查研判室、情报中心建设力度，继续完善升级各警务平台，实现多类型数据融合应用，支撑服务实战。

强化实战应用。创新多种技战法，解决跨区域侦办难点，实现多单位民警远程协同工作，在打击"水客"走私专项行动，联合乌鲁木齐、大连海关以及地方公安开展的"剿猎2021-1"专项行动中得到积极应用。

【执法合作】2021年，汕头海关不断强化与其他执法部门协作配合，建立健全机制，加强信息共享，深化执法合作，形成打私合力，大力提升打私效能。突出缉私战区合成作战模式，建立健全跨关区跨区域的执法合作。优化与粤东五市公安机关多警种合成作战，在情报经营、手段支撑、战术协同、联勤联动等方面开展全流程协作，注重上下延伸扩展打击关联犯罪，共同打击走私及关联的洗钱、诈骗、非法经营、偷渡等违法犯罪。强化与海警、市场监管、生态环境、税务、邮政、烟草、中国人民银行等部门的协作，完善海陆联动战法、深化市场流通环节治理，做到联防联控、联查联动。积极参与国际执法合作，参加"大地女神"和"雷电2021"行动，通过"猎狐行动"成功在境外缉拿"1901"特大燕窝走私案2名重要犯罪嫌疑人。

【刑事法制建设】2021年，汕头海关突出建章立制，全年制定缉私部门各项规章制度55项，废止6项。落实刑事执法"两统一"机制，修订印发侦查、法制部门办理刑事案件规定和缉私局律师参与刑事诉讼活动办理办法，严格规范刑事案件审理和移诉工作。贯彻落实公安部增加缉私部门管辖逃避商检案、妨害国境卫生检疫案、妨害动植物检疫案权限，强化专题培训，制订办理涉检刑事案件实体问题操作指引。

深化执法规范化建设。加强案管中心建设，将案管系统与海关政务短信平台对接，建立案管系统授权人员台账，严格规范授权内容、数据接触范围、下载导出权限，强化数据及网络安全防护。推广应用新缉私刑事执法办案系统，加强系统平台建设，强化学习培训，熟练掌握新系统。开展刑事法制实战比武大练兵和侦查条线业务技能比武，组织3轮刑事法制知识考试，撰写相关理论文章13篇。

组织开展刑事执法检查，2021年度考评案件37宗，个案考评平均分92.76分，年度刑事执法质量考评得分92.06分，等级为优秀，连续12年刑事执法考评优秀。汕头海关缉私局侦查二处连续6年3轮被评为"全国海关缉私部门执法示范单位"。

【行政处罚】2021年，汕头海关学习贯彻新修订实施的《行政处罚法》《海关办理行政处罚案件程序规定》，组织开展关区行政执法专题培训班，结合关区实际，制定关于切实做好简易程序和快速办理案件工作有关规章制度。落实教育整顿整治顽瘴痼疾工作部署，对2018年以来办理的所有行政案件进行检查，对在办行政案件开展专项清理；推行便民送达方式，提高案件执行时效，简化行政案件保证金解除担保办理发还程序，为基层减负。对拒不履行海关处罚决定的两家涉案企业，分别向当地法院申请强制执行，申请执行金额481.05万元。开展关区行政执法检查，行政案件结案292宗，其中一般案件177宗、快速办理案件（简单案件）111宗、简易程序案件4宗。

【综合治理】2021年，汕头海关推动地方政府落实主体责任，创新压实村镇反走私责任的"一票否决"制度，把走私综合治理工作纳入地方疫情防控、社会治安管控和经济发展全局中统筹推进。推广揭阳市在重点区域设立驻点工作方法，推广无走私村建设、网格化等做法，参与汕头市公安局反走私示范点建设，与所在地公安构建24小时双向警情通报和联合巡查机制。联合开展"进渔村、上渔船、进企业"反走私综合治理宣传活动，对重点村镇开展反走私宣传。

▲2021年9月7日，汕头海关缉私局联合地方公安局开展"我为群众办实事"反走私宣传活动

联合地方政府打击整治高速公路私开道口、破坏基础设施转运私货等不法行为，切断私货运输链条。配合地方政府加强市场监管，强化流通环节私货逆向倒查，严肃查处经营、仓储无合法来源证明进口冻品、成品油。参加汕头市"清湾清港"联合整治行动，与公安、海事和渔政

等部门联合开展"三无"船舶治理工作。应用治安管理处罚权,依法对查获的1宗非法运载卷烟案件中阻碍缉私执法的当事人作出行政拘留处罚,维护执法权威。

(撰稿人:邹长燕)

外事合作

【概况】2021年，汕头海关国际合作工作始终坚持以习近平外交思想为指引，坚持党对外事工作的集中统一领导，立足海关工作优势和特点，维护贸易安全与便利。全力推进"三智"实践转化，以加强智慧海关建设为突破口，将智慧旅检、智能审图、智能单兵等关区智慧监管实践融入合作项目，实现关区智慧海关建设水平新提升，"港澳小型船舶进境信息互通项目"纳入全国海关11个"三智"早期收获项目之一，"汕头海关综合行政管理平台"纳入全国海关59个"三智"先行先试项目之一。协助做好印度、中东、中亚、南美等疫情采集和研判任务，完成新冠病毒溯源和疫苗护照信息研判，整理新冠肺炎疫情周报、国际媒体动态等150余篇次。派员为越南、老挝、柬埔寨、缅甸、泰国参加"澜湄国家传染病跨境传播防控能力建设培训班"的官员讲授《防治疟疾输入再传播的海关实践》。

【外事管理】2021年，汕头海关严格外事管理和外事纪律，确保外事工作规范、有序、有效开展。严格执行《汕头海关外事工作规则》（试行），与地方外事机构保持常态化沟通协调，确保因公出国（境）、接待来访、证照使用等活动严格符合规范。落实《海关外事工作业务骨干管理办法》，完善人才库建设，采用梯次培养、动态调整、优先选用等方式，形成有效的人才培养、储备、使用机制。积极组织外事工作骨干参加"一带一路"业务骨干高级英语强化班、海关高级英语翻译网上培训班，新推荐3人入选海关系统外事工作业务骨干人才库。

【技术性贸易措施管理】2021年，汕头海关加强国外技术性贸易措施信息收集、分析研判和处置，及时对境外通报或退运货物开展溯源调查。汕头海关关区全年遭遇境外通报86批次，退运货物57批次，全部完成追溯调查，并根据核查指令开展通报核查6宗，涉及主要质量问题包括产品规格不符合合同约定要求、邻苯二甲酸酯超标、热危害、小零件窒息、生物危害等。持续推动关区出口玩具、日用陶瓷等质量安全风险二级监测点建设，完成2021年度出口玩具产品抽样检测和质量分析工作。积极开展技术性贸易措施关注、评议和研究，选定技术性贸易调研方向和课题，研究撰写《以"三智"海关理念引领RCEP协定中的技术性贸易措施实施路径探析》报送总署，组织开展调研并发表《汕头海关隶属澄海海关追踪欧盟通报情况助力澄海玩具出口》《玩具冲击试验方法与国外检测标准差异的研究》等技术性贸易论文近10篇；制定3项《输"一带一路"沿线国家产品安全项目检验指南 纺织品》检验检疫行业标准，为企业出口提供指引。汕头海关技术中心参与的总署项目"玩具技术性贸易措施关键创新技术及对策研究"在2021年度海关科技成果评定中被评为二级成果。加强业务培训、政策宣贯和解读。依托"粤东E通关"等微信公众号平台普及技术性贸易措施应对常识，提升企业对技术性贸易工作的关注度。与辖区玩具行业协会、水产行业协会、化妆品协会开展座谈，举办专题技术培训讲座，进行技术性贸易工作政策宣贯、政策解读和培训，助力企业提升产品质控水平、促进产品质量提升。

（撰稿人：刘茜川　陈　岚）

第五篇

政务及后勤保障

政务管理

【概况】2021年，汕头海关坚持系统观念，以"转作风"引领"树新风"，机关运转质量稳步提升。落实"第一议题"制度，加强督办检查。整治形式主义突出问题为基层减负工作取得明显进展，内部疫情防控、安全、保密、档案、文秘、信访、政务公开、口岸管理、应急值守、应急管理、会议管理、公务接待、信息宣传、新闻舆论、重要文稿起草等工作稳中有进。

【应急值守】2021年，汕头海关以精细化管理抓好值班应急、安全保卫、疫情防控等各项工作，切实保障关区安全稳定。加强值班应急管理，严格落实节假日三级值带班制度，组建值班应急人才库，实现全年24小时不间断值班；积极应对台风暴雨等极端天气，建立应急处置长效机制，全年实现"零失误"。加强办公场所安全防范，节假日及重大活动前组织开展关区安全检查，安全检查100%全覆盖，全年实现"零事故"。加强疫情内部防控，强化科技应用，开发疫情内部防控"日报告"台账、新冠病毒检测工作统计表填报功能，夯实各单位主体责任；绘制内部疫情检出处置流程图，全体干部职工人手一份，以干代练、以练促干，举办新冠肺炎疫情防控及安全生产综合性示范演练，提升应急处突能力，全年实现"零感染"。

【政务信息】2021年，汕头海关政务信息工作聚焦党中央、国务院重大决策部署，围绕党史学习教育、学习宣传贯彻党的十九届六中全会、疫情防控、贸易高质量发展、"现场监管与外勤执法权力寻租"专项整治、打击走私、加强队伍建设、推进业务改革等重点工作，及时抓住热点、瞄准焦点、展现亮点，有效展现汕头海关工作成效。突出工作重点，弘扬"短实新"文风，推动《汕关信息》改版，新设"汕头海关一周工作情况"栏目。创建政务信息选题分析和集中写作工作模式，提高政务信息采用率。强化"信息总汇"作用，通过信息约稿、稿件点评、计分通报、跟班学习等方式加大高质量信息报送力度，发挥信息宣传对关区工作高效运转的保障作用。全年编发《汕关信息》224期，《专题信息》42期，《汕头海关信息快报》266期，《汕头海关综合信息呈报》48期，《汕头海关信息》29期。29篇海关相关信息获总署采用。

【会议管理】2021年，汕头海关严格会议审批，创新会议形式，持续改进会风，提高会议质效，会议数量逐年递减。建立会议评估机制，加强会场纪律管理，严格会议考勤，严控发言时间，严督决议落实，全年实际会议数比计划数减少16.7%，会议总体满意度超过98%。

【公文处理】2021年，汕头海关进一步完善公文处理工作制度，制定公文处理办法，推进公文处理工作科学化、制度化、规范化。提高关区办文质效，形成并动态更新公文差错负面清单，严把公文审核政治关口，落实公文定期通报机制。强化公文处理跟班培训，开发发文办结监控小程序，切实提高关区办文质效，精简文件、改进文风。制订发文控制计划，强化跟踪预警，健全基层减负常态化核查机制，严格发文必要性审核，着力压减"与基层无关、对基层无用"的文件，职能部门向基层要数据、报表情况大幅改善，全年正式文件同比减少52.5%。

【督查督办】2021年，汕头海关将贯彻落实习近平总书记重要指示批示精神情况作为首要督办事项，建立工作台账滚动更新，列入形势分析及工作督查例会"第一议题"汇报内容，全年督办61次。坚持问题导向、结果导向，将年度重点工作、关领导批示要求、关级会议议定事项纳入日常督办事项，多形式定期跟踪问效，创办全新载体《督查动态》，确保各单位落实情况及时直通关领导，形成落实闭环，全年下发各类督查单87份。统筹整合各部门年度督查检查项目，创新开展"八合一"（疫情防控、安全生产、值班应急、机要保密、档案印章、网络安全、准军建设、党建）联合督查检查，压减检查人力34%，减少公务用车83%，减少基层配合检查次数70%，基层获得感显著提升，该做法在总署2021年度直属海关单位党委落实全面从严治党主体责任情况通报中作为好的经验做法受到肯定。

【保密管理】2021年，汕头海关贯彻落实总体国家安全观，顺利通过总署涉密信息系统风险评估现场检测，安全保密工作实现"零失误"。邀请国家安全部门专家开展专题培训，组织创作保密公益视频作品并成为全国148件入围公众投票环节的作品之一，3篇"海关档案故事"稿件入选总署专辑。举办党委理论学习中心组（扩大）学习会暨国家安全（人民防线建设方面）专题培训，1名人员被授予广东省"2021年度国家安全人民防线建设贡献奖"（唐本坚），3名同志被总署授予"全国海关机要保密劳动模范"称号（曹文洁、方小玲、魏少红）。

【档案管理】2021年，汕头海关做好综合档案室搬迁选址工作，推进1999年之前（含）永久文书档案移交进馆工作。在2020年已完成工作基础上，完成911份已到期密级文件解密工作，整理形成档案1,920余卷，合计包括档案22,660余件，完成档案数字化18.55万余页。开展"国际档案日"宣传活动，组织全关各单位近130名人员参加档案法知识竞赛答题活动。

【政务公开】2021年，汕头海关深入推进基层海关政务公开标准化规范化建设。开展隶属海关政务公开能力专项提升行动，举办关区政务公开专项培训，重点培训基层主动公开要求、依申请公开办理等内容，不断提升基层政务公开水平。加强汕头海关门户网站建设与管理，优化网站内容建设，落实信息发布审核制度，严把"政治关、法律关、政策关、保密关、文字关"，确保网站内容合法、完整、准确、及时。围绕中心工作、舆论关切、社会热点，及时做好信息发布、政策解读，提升信息含金量。强化日常运维管理，按照《政府网站发展指引》《政府网站与政务新媒体检查指标》等文件要求，通过专人检查、运维服务公司监测诊断等方式，加强日常巡检，保证网站平稳运行。采取话务分析、录音回放、业务培训等形式，进一步提升12360热线电话的话务质量。以加挂"广东省12345政务服务便民热线汕头海关分中心"为契机，开展"关馨12345"文明窗口创建活动，进一步提升12360热线咨询服务水平。汕头海关获评2021年度直属海关政务公开优秀单位。

【信访工作】2021年，汕头海关扎实稳妥做好信访工作。加强建章立制，制定依法分类处理信访诉求清单。落实信访工作各项要求，做好关长接待日、关长信箱、来信来访、业务咨询等受理工作。依法分类处理信访诉求，落实专人负责，加强请示汇报，做好沟通协调，有序推进各类信访件按时高质答复。

【新闻宣传】2021年，汕头海关坚持正确导向，把政治意识和党性原则贯穿全关新闻宣传工作全过程。建立目标量化考核机制、三级审稿机制、工作激励机制和媒体合作机制，创建"文字+图片+视频"一体化新闻采编模式，促进信宣工作接地气、有温度、出精品，策划推出具有汕关特色的新闻作品，用心用情讲好汕关故事。用好关区融媒体工作室平台，开展"信宣轻骑兵"基层采风、"送课下基层"等活动，加强新闻条线人员能力建设，挖掘宣传素材、丰富报道内容，鲜活反映汕头海关强化监管优化服务的实践成果。全年新闻宣传稿件被中央和省部级媒体刊发609条，其中获《人民日报》（含海外版）采用4篇次，相关素材获中央电视台采用

▲2021年12月16日，汕头海关开展指导"关馨12345"文明窗口创建工作

约60条次，1次疫情防控工作素材获《新闻联播》点名报道，3篇外贸稿件获《经济信息联播》《新闻直播间》《第一时间》等栏目报道。

【学会工作】汕头海关学会前身为1986年1月成立的汕头海关学会小组。1995年6月，经广东省汕头市社会团体登记管理办公室批复同意，汕头海关学会成立。2017年2月，根据总署相关规定，汕头海关学会不再作为社会团体向地方民政部门登记备案，改为海关内部专门从事政策理论研究的群众团体，由汕头海关管理。

2021年8月，汕头海关学会召开第八次会员代表大会，选举产生汕头海关学会第八届理事会、常务理事会，选举蔡少琼为会长，陈文智、吴隆德为副会长。汕头海关学会落实中国海关学会及广州分会各类征文评荐工作，全年征集论文145篇；推荐参评论文30篇，其中获分会二等奖2篇、获分会三等奖3篇。推荐优秀文章上报中国海关学会《海关研究》编辑部审编，投稿6篇，被采用2篇。完成《汕头海关"十四五"海关发展规划建议汇编》，征集到涉及20个方面的57条意见建议上报中国海关学会。

（撰稿人：刘耿耿　陈素嘉　卓庆越
　　　　郑羽烁　唐本坚　蔡钰璇）

财务管理

【概况】2021年，汕头海关按照党政机关"过紧日子"要求，集中财力优先保民生、重点保运转、精准保发展，进一步健全财务保障和管理机制，完善制度标准体系，更好服务海关制度创新和治理能力现代化，为海关正常履职提供必要的财力保障。制定厉行节约措施，推动节约型海关建设；统筹资金保障需求，全力做好疫情防控后勤保障工作；全面推动清理规范并进一步降低检验检疫环节收费，切实减轻企业负担，促进口岸营商环境优化；持续推进"财关库银"横向联网建设，助推跨境贸易便利化；积极助力脱贫攻坚，超额完成中央预算单位年度政府采购脱贫地区农副产品助推脱贫攻坚任务。推进智慧财务建设，加强精细化管理，跟进总署财务管理制度修订进度，制修订并印发制度文件9个，开发应用疫情防控物资储备库管理系统、基本建设项目全过程管理监督系统，利用固定资产管理系统及实物资产管理模块开展固定资产使用绩效评估。

【预算管理】2021年，汕头海关制订加强预算绩效管理工作方案，落实落细预算和绩效管理一体化要求，加强对全关各预算单位（包括事业单位）的数据掌握，更加有针对性地做好关区资金统筹安排和调配，项目支出绩效自评全覆盖141个二级项目，切实提升预算资金使用效益。

继续落实预算资金预下达、及时批复、跟踪督导、定期通报制度、清单式督导机制、加强政府采购监督管理、抓好预算执行关键点和重点项目，全力提高预算执行效率和质量，2021年预算执行率创历史新高。进一步推广运用预算绩效管理，继续开展重点项目绩效评价。落实海关缉私部门管理体制"6+1"经费保障，出台汕头海关缉私警察预算资金使用审批管理办法（暂行），科学统筹资金保障缉私工作，健全财务管理机制。

【税费财务管理】2021年，汕头海关认真落实银行账户设置、钱账分管、双人作业以及支票、印鉴管理等各项制度，银行存款做到日清月结、及时对账、妥善保管，确保资金的安全、完整，切实加强财务内部控制，健全和完善监督制约机制。

服务综合治税大局。运用税费财务系

统加强对各单位税费收入的监控，对超过4个工作日未入库的税单逐一排查，联系经办部门查实反馈，及时发现银行滞压税款、银行交接单据不及时、核销税单不及时等问题，将税收征缴风险化解在萌芽状态，确保税款及时、安全入库。全年税收入库46.56亿元，其中关税3.59亿元、进口环节税42.97亿元。

【基建管理】2021年，汕头海关落实"管建分离"，成立基建工作管理领导小组，下设基建管理办公室（基建办），负责日常基建管理工作的组织和协调。

基建领导小组抽调专业人员组成项目实施小组，分别负责基建项目的管理和实施。制定基建办和项目组管理工作规则，理顺工作机制。汕头海关南澳交流干部宿舍楼维修改造项目和南澳准军事化训练设施修缮改造项目完成总署竣工财务决算。汕头海关（泰星路）技术业务用房项目于4月25日正式开工，汕头海关国际旅行卫生保健中心修缮改造项目取得进展。

【经费财务管理】2021年，汕头海关集中关区财务骨干，建立财务检查工作手册。加强智慧财务核算系统、预算执行审批系统等运用，提高数据运用、系统使用、统计分析评估的能力，以网络定期检查、疑点动态监控等方式提高对基层的监督管理。积极组织推进"公务之家"网上差旅服务平台运行推广工作，通过该平台实现关警员公务出行网上申请、审批、报销全流程电子化管理，进一步便利关警员公务出行，提高差旅费报账效率。坚决"过紧日子"，制订汕头海关关于进一步贯彻落实"过紧日子"要求的实施方案，开展"'过紧日子'行动月"活动，全关一般性公共支出同比下降16%，"三公经费"同比减少2%，用水量、用电量、公车油耗同比分别降低15%、5%、10%。

【企事业财务管理】2021年，汕头海关指导3个隶属海关事业单位完成所属企业的清理注销，有序推动解决机关本级事业单位所属企业历史遗留问题，稳步推进全民所有制企业公司制改制、企业脱钩、国有企业改革三年行动等工作。

成立机关本级企事业单位会计核算中心，以预算管理为主线，严格收支管理，对事业单位的经营收入实行收支两条线管理，年度预算、决算报监委会审定。所有收入（含内部结算）均纳入预算管理。严格收入管理，各事业单位严格落实国家收费管理政策，规范经营行为，依法依规推进业务工作与合同执行，取得经营收入。各事业单位取得的收入及时足额入库，分类登记入账，实行专户管理。严格费用支出管理，严格执行预算和财经制度，年初编报年度预算执行方案，坚持先有预算后有支出，进一步压减非刚性、非必要支出。严格按照预算规定和批复的支出用途使用资金。

【资产装备管理】2021年，汕头海关成立工作专班，对被列入总署闲置房地产利用三年规划的闲置房地产进行清理。汕头海关现有全国重点文物保护单位1处，为潮海关旧址；广东省文物保护单位1处，为日本领事馆旧址；汕头市文物保护单位1处，为妈屿潮海关税务司旧址。

【涉案财物管理】2021年，汕头海关制定涉案财物拍卖管理实施细则（试行）和涉案财物管理工作联系配合实施细则（试行）两个管理制度，规范涉案财物管理和处置工作。推进查获走私冻品等应无害化处理物品的销毁工作，冻品和固体废物保持"零库存"。年内采取垃圾焚烧发电的方式，委托具有相关资质和能力的企业无害化销毁罚没冻品，组织销毁卷烟、化工品、玩具、化妆品等罚没物品11场次。与地方建立涉案物品销毁处理长效机制，依法向广东省林业厅相关部门移交象牙制品等查没濒危动物制品157件，解决濒危动植物及其制品移交工作的难题。

▲2021年11月29日，汕头海关会同汕头市生态环境局集中销毁1批仿真枪

（撰稿人：王彦和　石元焕　李晓玲　　　　　　吴吉柱　吴素君　陈　选）

科技发展

【概况】2021年，汕头海关坚持党对科技工作的全面指导，深入实施"科技兴关"战略，持续强化重引领、快支撑、严规范、强服务、提质效的工作理念，以建设智慧海关为发展目标，着力推进海关业务科技一体化，不断提升关区科技支撑和科技保障水平。突出科技特色，扎实开展党史学习教育，1篇文章获广东省汕头市"学党史践初心推动机关党建高质量发展"中国共产党成立100周年征文三等奖；建立科技部门"我为群众办实事"长效机制，推出"问题反馈直通车"便捷应用，畅通关员反馈问题渠道，助推科技人员跟班作业活动顺利开展，实现问题反馈和处置反馈"双直达"高效运作，好评率100%，6个跟班作业案例入选总署科技发展司典型案例汇编。

【网络安全】2021年，汕头海关建立多部门协同配合的网络安全管理闭环机制，将网络安全要求贯穿人员入职到离职全流程；构筑"网络边界—主机—应用"的纵深防御体系，常态化开展病毒防治和漏洞隐患整改，加强网络安全防护保障；建设网络安全管理大数据分析平台，实现对安全设备数据进行统一采集、存储、处理、分析；开展常态化应急演练，不断检验、改善和强化应急准备和应急响应能力；开展网络安全宣传活动，组织全关信息系统用户重新签订网络安全承诺书，组织"百问促学习，安全护华诞"国家科技安全知识答题活动，全关近1,100名关警员参加；顺利完成春节、全国"两会"、中国共产党成立100周年、服贸会、全运会、国庆、十九届六中全会等敏感时期网络安全保障工作，涉密信息系统顺利通过海关系统风险评估，关区重大网络安全事件继续保持"零发生"。

【信息化建设】2021年，汕头海关持续提升全关综合保障信息化管理水平，全面助力疫情防控工作，实现疫情管理资料及数据统计、检索、报送全流程信息化，切实为基层减负；以"制度+科技"为手段，开展3次较大规模的授权账号清理工作，优化完善汕头海关应用系统授权管理操作规程，实现全关在用系统授权"一本账"管理；启用屏幕水印技术，强化桌面云终端数据安全管理;利用服务器虚拟化技术,推动老旧物理服务器下线,核心机房能耗下降10%,PUE指标下降0.2;落实疫情期间技术保障工作,加强移动办公支持,保障各类视频会议和网络培训400余场;组织编制海关监管场所信息化建设指引,加强技术指导,助力梅州综合保税区通过验收,保障揭阳跨境电子商务、澄海宝奥城市场采购贸易货物顺利通关,潮州港小红山码头、汕尾小漠港等新口岸提高信息化建设工作规范有序开展;完成国产设备替换工作任务,配发服务器部署完成率100%,机关部门国产终端替换配置率100%,实现单轨替代。

【科研与实验室管理】2021年,汕头海关强化实验室安全管理,严格落实实验室安全每日巡查制度,开展新冠病毒检测实验室安全防护检查"回头看",全年实验室安全无事故;加强关区技术检测统筹管理,不断提升实验室检测能力,相关实验室参加新冠病毒检测能力质量评价5次,结果均为合格,全年新开检项目1,300多项;加强仪器设备管理和统筹,不断提升仪器设备使用效能,完成实验室管理系统新版升级切换,有效助力业务一线保障通关时效;积极争取和参与署级科技项目,获批总署立项项目2个、参与项目10项,完成6项成果登记并获批。

(撰稿人:刘锐浩　纪丽纯　李博霖　吴立波　吴垂鹏)

督察内审

【概况】 2021年，汕头海关聚焦中央重大决策部署落实情况，围绕"十四五"发展规划和年度重点目标任务，积极发挥督审在推进海关制度创新和治理能力建设中的监督保障作用，各项工作取得新成效。汕头海关督审处党支部案例入选第一批全国海关12个基层党建创新案例并被推广，该支部制作的红色宣讲视频被"学史·筑魂"论坛采用，微党课《到人民最需要的地方去!》被选送参加华南片海关文化协作区微党课展示活动。

【督察】 2021年，汕头海关开展贯彻落实习近平总书记重要指示批示精神和党中央重大决策部署情况专项督察7项，组织隶属海关开展自主督察61项，推动重大决策部署在基层落地见效。

【审计】 2021年，汕头海关组织开展关区落实重大决策部署贯彻情况专项审计、关区审计自查自纠、工会管理等审计监督，完成经济责任审计项目5个；发挥监督合力，加大线索移交力度，提交监察室研判处理。

【内控建设】 2021年，汕头海关承办署级审计280个问题内控分析和评价工作。印发管理制度，推行内控节点岗位清单制管理试点工作。开展年度关级内控评价，推动完善内控机制建设。对39个制度开展内控前置审核，应用内控节点指标体系开展追补税款工作。

【执法评估】 2021年，汕头海关推行执法评估项目清单管理，参加署级评估项目1个、关级评估项目5个。围绕海关重点业务和改革，按时保质完成署级专题评估。聚焦稳外资稳外贸业务领域，自建评估模型，结合问卷调查，运用"数据+指标+问卷调查+分析"的方法开展全方位评估，提出建设性意见2项。

（撰稿人：王雪斌　方湃儿　林粤春　姚创程　辜淑娴）

第六篇

隶属海关

潮汕机场海关

▲汕头海关所属潮汕机场海关办公楼

【概况】潮汕机场海关前身是汕头海关驻机场办事处，1987年1月17日正式对外办理业务，同年7月27日升格为处级建制。2011年12月15日，揭阳潮汕机场正式启用，民航停止使用汕头外砂机场，于1986年获国务院批复的汕头机场口岸功能相应转往潮汕机场，汕头海关驻机场办事处同步由原汕头外砂机场迁移到揭阳潮汕机场并正式开展业务。2014年7月10日，揭阳潮汕机场正式更名为揭阳潮汕国际机场。2018年12月14日，汕头海关驻机场办事处更名为潮汕机场海关，受汕头海关直接领导，是隶属汕头海关的正处级口岸型海关。管理范围为广东省揭阳潮汕国际机场，按授权负责揭阳潮汕国际机场口岸海关各类管理工作。关区有海关监管作业场所2个、海关集中作业场地1个。截至2021年12月31日，潮汕机场海关有内设科级机构10个，在职员工101人。

2021年，在汕头海关党委坚强领导下，潮汕机场海关紧盯汕头海关中心工作和重点任务，推动各项工作取得新成绩。全年监管进出境航班34架次。监管免税外汇商品销售额49.83万元。监管进出口货运量18,761.49吨，进出口货值3,514.16万美元，全年征收税款3,537.08万元。办理3批入境B类快件业务，114票报关单。

【政治建关】2021年，潮汕机场海关落实"第一议题"制度，始终把习近平总书记重要讲话、重要指示批示精神作为党委会议、每月形势分析及工作督查例会"第一议题"，做到第一时间学习贯彻、第一时间研究落实、第一时间督办问效，以最坚决的态度、最迅速的行动、最有力的举措，坚决走好"两个维护"第一方阵，关党委委员开展党建调研10次。

持续强化理论武装。把学习宣传贯彻党的十九届六中全会精神作为当前和今后一个时期的重大政治任务，深刻领会"两个确立"决定性意义，营造"党委班子带头学、支部书记带动学、党员群众广泛学"的浓厚学习氛围，把思想伟力转化为党员干部践行"两个维护"的政治能力。

将学习贯彻习近平新时代中国特色社会主义思想贯穿始终，建立"任务清单、落实清单、效果清单"，形成"领导干部带头研、支部书记互相评、红色教员交叉讲、全体党员深入学"的党史学习教育新模式。推动各支部累计开展集中学习438场、集中研讨209场、专题党课36场、主题党日活动55场、企业调研10次、群众座谈7次。开展"我为群众办实事"实践活动45件，建立涉及3大工程10个重点项目的民生项目清单，目前已全部完成。

深化"强基提质工程"。规范党内组织生活，配齐配强机关党委和基层支部委员，及时开展增补选及改选工作。狠抓支部书记能力提升，制定科级领导班子考核管理办法，进一步拨旺"火点"，提升基层党组织战斗力和凝聚力，旅检班组获评"全国青年文明号""广东省巾帼文明岗"，口岸监管科党支部获评全国海关党建培育品牌。

建立健全决策科学、执行坚决、监督有力的权力运行机制，拓展"制度+科技"成果运用，深化内控机制建设，加强对执法权力的监督和制约。每季度召开党风廉政建设和反腐败工作例会，用好监督执纪"四种形态"。开展"现场监管与外勤执法权力寻租"专项整治，内外统筹全面摸排彻查，对存在问题完成整改。

【国门安全】2021年，潮汕机场海关全年办理口岸卫生许可19项。日常卫生监督方面，对辖区内24家获证企业开展卫生监督102家次，抽检食品实验室检测118份（合格率99%）、现场快速检测163份（合格率100%）、复用餐饮具43份（合格率88%）、生活饮用水52份（合格率87%），总样本数376份，合格率96.54%。开展实地巡查和视频监控巡查74次，制定核辐射工作相关制度1项、修订制度2项，组织开展桌面推演3次，开展为期2周的理论及实操培训。国门生物安全监测发现实蝇4,906只，其中桔小实蝇（JBD）4,866只，占99.18%；瓜实蝇（GBC）28只，占0.58%；南瓜实蝇（NBT）12只，占0.24%。发现鸡矢藤、牛筋草、马唐、狗尾草、井栏边草、紫柄蕨等一般外来杂草5批次。

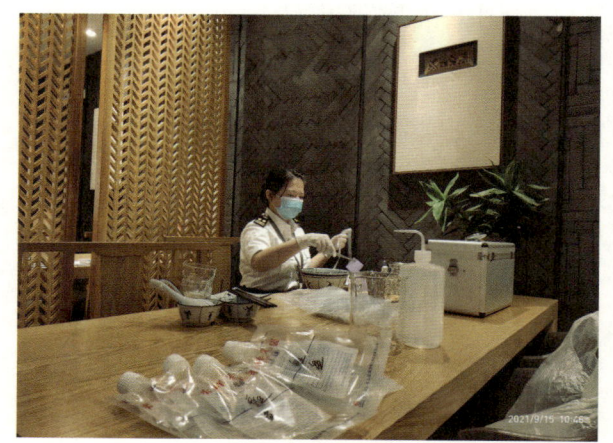

▲2021年9月15日，汕头海关所属潮汕机场海关关员开展餐饮具安全监督抽检工作

【货物监管】2021年，潮汕机场海关接受货物进出口报关单申报347票，其中

进口245票、出口102票，监管进出口货运量18,761.49吨、货值3,514.16万美元，全年征收税款3,537.08万元。依法开展进出口货物查验工作，实现防疫物资通关"零延时"、执法"零差错"、服务"零距离"。

【入境快件监管】2021年，潮汕机场海关办理3批入境B类快件业务，涉及14个快件包裹、114票报关单。征收快件税款2,965.68元。

【行李物品监管】强化安全防护责任制。完善"培训考核、监督管理、自查督查"三位一体安全防护体系，健全"岗前检查、工作巡查、全程督查"和"双人作业、互相监督"的"3+2"安全防护监督制度。全年监管进出境航空器34架次，健康申明卡电子申报率100%。贯彻落实习近平总书记重要讲话重要指示批示精神和中央重大决策部署，将"中央关注、社会关切、群众关心"的走私商品纳入监管打击重点，深入开展打击治理"水客"走私等4项专项行动，截留动植物及其产品共26宗，保持打私高压态势，筑牢国门防线。

【查获情况】2021年，潮汕机场海关办理简单案件4宗。其中，查获出境旅客未申报超量携带人民币1宗，违规携带濒危物品3宗。

【口岸疫情防控】2021年，潮汕机场海关优化客运航班卫生检疫流程，推行健康申明卡验核、登记分流、快速流调"三岗合一"，方便旅客快速通关，现场增配9台采样小方舱和2台医学排查方舱，严格区分"有症状旅客、密切接触者、普通旅客"的处置区域，运用科技手段构筑生物安全防护屏障。对旅检现场红外测温仪、负压担架、负压单元、X光机等监管设备进行日常维护；对日常防疫物资及航站楼防疫物资进行清点及分类存放，确保疫情防控物资满足国际航班随时复航的需要。第一时间传达总署发布的口岸重点防控国家（地区）警示通报，密切关注境外国家或地区新冠肺炎及其他传染病的疫情信息，时刻抓好各项防控措施落实。实地检验空港口岸新冠肺炎疫情防控能力及常态化疫情防控各项措施落实情况，加强与机场公司、航空公司、消毒单位、评价单位做好沟通协调工作，确保规定动作100%做到位。强化与上级职能部门、地方联防联控及机场公司的联系沟通力度。与卫生处、监管处就口岸疫情相关工作开展紧密联系，不断与地方联防联控就疫情防控政策交换协作意见，多番知会并致函机场公司，提出疫情防控相关要求，建立有效的联系沟通机制。认真开展疫情防控自查工作，对疫情防控开展以来的相关单证及总署规定的重点做好复查复核，及时查漏补缺，立行立改，以此为契机，举一反三，坚决堵上疫情防控中存在的漏洞。

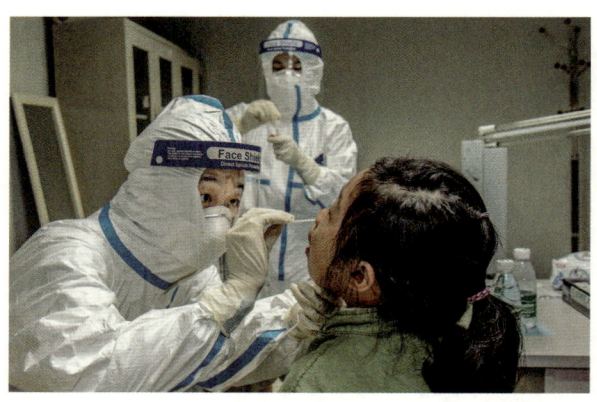

▲2021年2月10日,汕头海关所属潮汕机场海关关员对进境发热旅客进行鼻咽拭子采样

【人才培养】 2021年,潮汕机场海关坚持"停航不停训、备勤亦备战"原则,在前期开展"基本理论、基础知识、基本技能"教育活动基础上,以"教育培训强化月"为契机,围绕思想政治理论、业务理论知识、实操技能3方面能力进行巩固强化,采取培训与考核、现场实操和纸质测试相结合的形式,开展安全防护大练兵,要求全员通过考核,以考促学,多轮滚动,巩固培训成果,确保学习培训取得实效,进一步提升一线人员和查验人员的安全防护意识和业务技能。结合新版防控技术方案内容,制订机场海关旅检人员和后备梯队培训计划,开展涵盖安全防护、口岸监管、行政执法在内的文件学习、业务培训和实操演练,打造各类专业人才。全年共开展旅检现场全流程监管、卫生检疫、安全防护等相关培训150余场次、应急演练10场次,开展潮汕机场海关出入境客运航空器全流程监管桌面推演及实操演练3场次,1名同志被总署聘任为兼职教师,4名同志被汕头海关聘任为兼职教师,1名同志获汕头市十佳青年岗位能手;围绕打造"教学练战"一体化的卫生检疫实践技能人才,历时4个月,建成汕头海关卫生检疫业务实操培训点,总建设面积达400多平方米,涵盖个人防护技能、临床技能、快速检测、病媒生物监测、卫生监督、信息化系统应用等6个实训模块,开展涵盖安全防护、"三查三排"及卫生监督实操培训及考核2期,培训学员42名。

(撰稿人:王丽萍 许钟渠 许跃群
　　　　李　楠 陈彦彬 秦凤玲
　　　　蔡靖倩)

汕头港海关

▲汕头海关所属汕头港海关办公楼

【概况】汕头港海关位于汕头市龙湖区中山东路国际集装箱码头，前身为汕头海关驻港口办事处，于2001年1月1日正式成立并对外办公。2018年12月，正式更名为汕头港海关，是隶属汕头海关的正处级口岸型海关。按授权负责汕头市汕头港口岸珠池港区范围内海关各类管理工作。辖区运营口岸为汕头国际集装箱码头（SICT），该码头是汕头经济特区第一个具有现代装卸设施的集装箱专业码头，位于汕头市珠池深水港区7、8号泊位，码头陆域面积42.5万平方米，码头长度460米，前沿水深8米，可满足2艘2.5万吨级全集装箱船同时靠泊作业。集装箱堆场面积20万平方米，日堆存量可达2万标箱，码头前沿配置3台先进的集装箱桥吊，起重能力41吨，每小时可处理25个集装箱。汕头港海关主要业务为海运业务，主要进出口商品为机电产品、玩具、食品、塑料原料及其制成品等。2015年，汕头港海关被中央文明委授予"全国文明单位"称号；2021年4月，汕头港海关进口监管科获广东省五一劳动奖章。截至2021年12月31日，汕头港海关有内设科级机构13个，在职员工138人。

2021年，汕头港海关监管进出口货运量160.89万吨，同比下降25.7%；进出口货值29.19亿美元，同比下降26.9%；接受申报进出口报关单39,630份，同比下降39.3%；税收入库5.35亿元，同比下降42.11%。监管进出境运输船舶854艘次，同比下降43.63%；监管进出口集装箱13.22万标箱，同比下降40.1%。实施检验检疫757批次，查获涉及违规案件12宗。

【政治建关】2021年，汕头港海关坚持以党的建设为统领，推进高质量党建再深入。全面落实从严治党工作要求，制定汕头港海关2021年党建工作要点，将党建任务结合业务工作细化分解至科，确保分类解决、压茬推进。严格贯彻落实党委理论学习中心组学习制度，按期做好全面从严治党工作及意识形态工作调研及总结，认真做好总署党建培育品牌、海关系统全国青年文明号复核工作，分批开展党建规范化检查6次，推进智慧党建系统应用、实施"三档一榜"（管理档、党建档、廉政档、绩效榜），提升基层科室、党支部管理能力和水平。根据人员交流等情况，及时组织完成汕头港海关机关党委委员、各支部委员选举及新支部成立工作。

深入开展党史学习教育，推动队伍焕发新活力。建立起书记带学、班子领学、支部读书班统学的全员学、全覆盖理论学习体系，发挥职能作用，加强对各党支部的督导指导。开展沉浸式"理论课堂"、互动式"廉政课堂"、体验式"业务课堂"、项目式"实践课堂"以及开放式"公益课堂"。各支部书记开展党课累计108场次，组织闭卷考试3场次，切实检验学习成效。直属机关党委委员参加汕头港海关党支部党史专题组织生活会2场次，对组织生活会开展质量给予好评。在汕头海关"百优庆华诞"特色活动中，汕头港海关在各项评选中均有获评项目。"三联三优"改革建议入选全国海关第一批"'我为群众办实事'百佳项目"。

【口岸疫情防控】2021年，汕头港海关筑牢口岸疫情防控防线，党委带班、全员支援、梯队建强防疫队伍，高质量保障一线卫生检疫"14+7+7"集中封闭管理；升级智能巡检仪实现登临检疫实时监督指导，24人获安全防护监督员资质，监管进出境船舶854艘次，采样送检335人次；开展进口冷链货物及高风险非冷链货物风险监测7批、采样213个。

▲2021年1月30日，汕头海关所属汕头港海关开展登临检查工作

【进口监管】2021年，汕头港海关查检进口报关单492票，取样送检78批次，拟制检验检疫证稿653份，H986设备机检8,825个标箱。贯彻落实习近平总书记关于打击"洋垃圾"走私重要批示精神，重点对固体废物、影子商品加强验核，对6批货物取样送固体废物属性鉴别，涉及矿产品、塑料原料、工业品等，取样涉税化验（指海关对进出口货物的属性、成分、含量、结构、品质、规格等进行检测分析，并根据《中华人民共和国进出口税则》《进出口税则商品及品目注释》和《中华人民共和国进出口税则本国子目注释》等有关规定作出鉴定结论的行为）9

宗，涉及食品、塑料原料、化工品、矿产品等。加强动植物检验检疫工作，取样动植物疫情检验15批次，截获昆虫、植物种子等20种次，首次在货运渠道截获重要检疫性有害生物红火蚁，并报送查获情况典型案例。做好进口货物风险监测工作，开展进口货物新冠病毒采样7批、采样213个。加强食品安全监管，开展食品取样送检48批次。

【出口监管】2021年，汕头港海关查验出口报关单671票。强化打击出口货物侵权行为。加强重点商品、重点区域信息分析研判，提升执法查验敏感性；发现疑点第一时间通过海关知识产权保护备案子系统严格核查。强监管优服务，在确保有效监管的同时提高工作效率，加强与码头的协调，压缩码头调度作业时间，提高通关效率，降低因货物拆卸造成的损坏影响；加大出口货物"运抵直装"（运抵码头直接转运）业务模式政策宣传，减少口岸作业环节；积极推广查验免到场通关便利模式；落实查验报关单"日清"（当日布控报关单当天完成查验）制。

【口岸监管】2021年，汕头港海关巡查57次，视频监控回放约18,200小时；开展空箱体抽查6,181个标箱，其中机查5,262个、人查919个，检出6批次，进行检疫处理监督3批次；查获夹藏新皮沙发2套，截获检疫性有害生物红火蚁、检疫性杂草刺蒺藜草以及病媒生物美洲大镰。卡口退卡放行44次；核销卫生许可证1个，变更卫生许可1个；开展口岸病媒生物监测36次；开展反恐、防扩散、防辐射演练2次。创新监管模式，采用无人机加强场所巡查，通过升级卡口放行系统实现出闸重空柜车道分流监管；与国际集装箱码头公司建立视频监控应急处置机制，对重点视频监控摄像头设置自动回位功能和联系配合机制，形成管理闭合链条；严格落实空箱体进出卡口箱门全打开及非工作时间100%视频核查制度，严防空箱体夹藏。制订并实施口岸病媒生物常态监测方案和国门生物安全监测工作方案，监测到红火蚁、成蚊、实蝇、美洲大镰等。开展卫生监督12次和食品快速抽检3次，举办国门生物知识培训2次、"送服务上门"活动1次。

【运输工具监管】2021年，汕头港海关监管进出境船舶854艘次，采样送检335人次。开展口岸新冠病毒阳性案例应急处置桌面推演3次，提升各岗位人员对分工任务的熟练度和应急处置各环节衔接

▲2021年8月18日，汕头海关所属汕头港海关查获侵权吹风机

的流畅性；开展新冠肺炎职业暴露应急演练2次。妥善救助生病船员2名。加强病媒生物及植物性害虫的检疫，检出病媒昆虫5批、4种、6只，包括蜚蠊若虫、家蝇、绿蝇属、大头金蝇；检出植物性害虫2批、3种、4只，包括菜粉蝶幼虫、六条瓢虫、双突柄举腹蚁。检出传染病1例。

【审图工作】2021年，汕头港及广澳港两个现场执行机检指令2,568单，其中出口2,248单、进口320单。无指令机检中，空柜7,969个，重柜330个，退卡口重柜118个，机检辅助30单。合计审图11,068幅。积极参加总署智能审图项目，派员参加总署智能审图集中工作8次。其中1名关员入选定点支持专家，参与算法分类部署试点对口支持工作。多方探索非贸渠道远程审图软硬件突破口，积极推进非贸渠道集中审图工作。收集整理典型图像，针对不同非贸业态特点，总结提炼非贸渠道审图工作方式方法。扎实做好非贸渠道机检图像复核工作，全年事后复核潮汕机场海关旅检机检图像1,328幅，事后复核澄海海关宝奥城跨境电商集中分拣清关中心机检图像944幅，事后复核龙湖海关邮递物品监管现场机检图像8,357幅。

【文物保护、关史研究及陈列馆管理】2021年，汕头港海关按广东省文物局要求，完成汕头海关所属潮海关旧址及日本驻汕头领事馆旧址等6处国家级、省级保护文物重新划定文物保护范围及建设控制地带界线工作；认真做好文物消防安全及安保工作；围绕中国共产党成立100周年，开展形式多样的专题活动，举办"馆藏10件红色文物""档案中的潮海关老建筑"专题图片展；充分发挥省级爱国主义教育基地及博物馆存史、资政、育人的社科作用，全年接待观众参观10,000余人次，深受好评；关员撰写的关史研究文章多次被《中国国门时报》等载体及"学习强国"等平台刊载；积极协助机关及各部门做好宣传推广工作，配合红色电影《暴风》、中央电视台中文国际频道、广东电视台等主流媒体来馆进行电影拍摄及现场采访。

【专项整治工作】2021年，汕头港海关组建专门机构强化组织领导，先后制订整治阶段、立行立改阶段、整改阶段3套工作方案，推动各科形成定期报告机制。实行清单管理，明确责任人、工作时限，张贴举报渠道公示、奖励及实地检查海报45张，发放宣传单18份，召开外部座谈会5场次，向特约监督员"一对一"征求意见建议，针对企业开展问卷调查43份。实地评估检查3场次，督促工作落实。持续开展纪法学习教育，结合典型案例学习开展警醒、警觉、警戒"三警"教育，结合专项整治开展专题教育60多场次、700多人次，统一思想，提高认识。针对全面自查阶段查找的24个廉政风险隐患，突出"监管好"与"保护好"相结合，将业务流程重新梳理与风险防控同步推进，制定"三个进一步明确"（进一步严格要求、依法依规确保涉案货物价格的真实性，进一步明确查验作业中发现集装箱异常研判及退出境外处置责任科室,进一步明确涉及异常查验指令出口货物风险防控三个"第一时间"联系配合机制等措施)工作措施,试点以属地海关、口岸海关、职能部门"三方联动"推进优先机检、优化查验、优质服务"三优"工作。紧跟部署,结合实际形成整改措施18项,实行全员心得体会"推倒重来",开展交叉检查巩固问题整改成效,7方面问题均已立行立改。

【打造"港学港讲"品牌】2021年,汕头港海关通过搭建"港学港讲"支部党课分享平台,推进学党史成效转化。以每周一个支部自创形式向全关分享党史学习教育心得体会的方式搭建成果展示平台。发挥基层首创精神,各支部融入创新创意,通过开展沉浸式"理论课堂"、互动式"廉政课堂"、体验式"业务课堂"、项目式"实践课堂"及开放式"公益课堂",持续推动党史学习教育寓学于行,提升为民服务能力。深化领导领学、交流研讨等方式,提高学习效果;通过微课堂、微电影、微朗读、微分享等方式,丰富教育形式,利用碎片时间,提高党员干部学习积极性。全年组织"港学港讲"活动17场次,各个支部通过党课、演讲、歌唱、朗诵等多种形式展现支部学习成果,促进优秀学习经验分享,展示各支部风采,成为支部品牌创建的有力推动。国庆前夕,汕头港海关在关史陈列馆举办"汲取'四史'力量 砥砺铁军品格""港学港讲"暨迎国庆主题党日活动,汕头海关关领导出席活动并为"港学港讲"学研践行品牌授旗。

(撰稿人:白　云　吕　军　许仰宇
　　　　李志雄　连宗展　吴　瀚
　　　　张少裕　洪　扬　洪绮珩
　　　　姚　毓)

广澳海关

▲汕头海关所属广澳海关办公楼

【概况】广澳海关于1996年正式开关，隶属汕头海关。2003年6月起，与汕头保税区海关合署办公，对外统一称为"中华人民共和国汕头保税区海关"。为进一步提升服务地方经济发展水平，根据总署对隶属海关功能化建设方案批复的意见和全面深化改革部署要求，汕头海关决定，自2018年1月1日起，恢复广澳海关独立对外办理业务，不再与汕头保税区海关合署办公。管辖范围为汕头市汕头港口岸广澳港区、马山港区，为口岸型海关。截至2021年12月31日，广澳海关有内设科级机构10个，在职员工127人。

2021年，广澳海关党委坚持以习近平新时代中国特色社会主义思想为指导，坚决迅速落实习近平总书记对海关工作的重要指示批示精神，在汕头海关党委正确领导下，紧紧围绕"政治强关建设取得成效，业务改革高质量推进，粤东国门铁军建设走在全国海关前列"要求，拼搏奋进、笃定前行，以实干实效交出高质量发展的满意答卷。全年接受报关单申报75,730份，同比增加43.7%；监管进出口货运量390.08万吨，同比增加4.6%；监管进出境船舶1,057艘次；税收入库5.73亿元；各主要业务指标均创历史新高。

【政治建关】2021年，广澳海关坚决把习近平总书记重要讲话和指示批示精神作为行动号令，坚决落实"第一议题"制度，第一时间学习贯彻、第一时间狠抓落实。

修订完善"三重一大"决策制度实施办法和党委议事清单，推动班子工作程序和议事决策规范化、制度化。持续深化"强基提质工程"，制定党委成员抓党建责任、问题、整改三张清单并抓好督办落实。"党建+文明创建"联动开展，省级精神文明单位和"文明智慧口岸先锋队"青年文明号创建工作有序推进。党员队伍薪火绵延，全年发展预备党员2名、入党申请1名。

开展网格化队列训练，实行标准化内务规范，打造工作环境"样板间"。落实常态化内务督察，强化干部员工纪律作风养成。创建"晨学一刻""老师就在我们身旁""文明智慧口岸先锋队理论小组"等学习品牌，通过轮岗、跟班学习、参加技能比武大赛等方式加强岗位技能培训，1人入选"汕头海关新征程专家人才启航计划"。

2021年，广澳海关围绕庆祝中国共产党成立100周年和学习宣传贯彻党的十九届六中全会精神，多渠道多形式多载体开展党史学习教育。建设党史学习教育宣传阵地7处，组织重温入党誓词、"红色歌曲大家唱"、党史知识竞赛、"党史教育进课堂"系列活动。对外精准帮扶，对内暖心聚力，"我为群众办实事"38个项目（助力广澳港全港区实现内外贸同场运营、加大后勤保障力度提高员工满意度、强化进口粮谷检疫监管筑牢国门生物安全防线等）件件有着落，"三联三优"系列举措有效打通出口通关"中梗阻"。

扎实践行"人民海关为人民"，到乡村小学开展"党史教育进课堂"志愿服务活动；为企业和群众解决码头口岸查验监管及信息化设施完善、企业申请卫生许可申报等一批实际问题。

【口岸疫情防控】2021年，广澳海关将做好疫情防控工作作为重要政治任务，构建精细落实、风险分析、挂图作战、应急演练、实操培训、联防联控的"六轮驱动"机制，全面落实网格化管理、科室管理、全员管理、登临人员"14+7+7"封闭管理等有关工作要求，筑牢海港口岸疫情防控严密防线。

▲2021年6月18日，汕头海关所属广澳海关关员开展船舶登临检疫

【对外开放】2021年，广澳海关支持广澳港建设南北航线中转中心和东南亚航线中心，国际班轮航线增加至17条，全年港区集装箱吞吐量162.3万标箱次（其中外贸35.5万标箱次、内贸126.8万标箱次）。广澳港区二期成功获批对外开放，智慧监管助力广澳港区全面实现"内外贸同场"监管，"广澳—蛇口组合港"试点、与综合保税区"区港一体化"等改革项目有序推进，有效盘活码头资源，畅通国内国际双循环。开展促进贸易新业态专题调研，市场采购、跨境电商等新业态增长近四成。

▲2021年8月11日，汕头港广澳港区二期码头货物装卸现场

【口岸监管】2021年，广澳海关加大对进口塑料原料、B级薄膜、化工油脂等涉废重点敏感商品的查验力度，对6票进口货物取样送固体废物鉴定。顺利完成总署H2018新一代通关系统试点任务。"龙腾行动2021"取得积极战果，办理知识产权案件10宗。

截获检疫性有害生物法国野燕麦、红火蚁等6种类、49种次，一般性有害生物野燕麦、赤拟谷盗等154种类、572种次。

持续释放改革红利，在成功试点汕头海关首票进口货物"船边直提"作业模式基础上，总结经验，理顺流程，进一步推广进出口货物"直提直装"，增强企业获得感；落实"免陪同查验"便利政策、网络视频远程监管，推动开展"两步申报""提前申报"等改革试点。对符合质量安全标准的民生物资优先通过机检后进行"转场监管"，实现快验快放。

【走私案件查办】2021年，广澳海关压紧压实打私试点单位主体责任，建立健全"强监管防风险"工作机制，加大科室间业务联动配合，与汕头海警局濠江工作站签订打击走私活动合作协议，约谈报关企业4家，向企业派发反走私倡议书50份，构建从舱单监控到口岸监管、后续处置、综合治理的闭合打私链条。运用H986、红外线测距仪等设备，严密进出境空箱体查验。查发汕头海关首宗涉检刑事案件，办理"两简"案件、涉检验检疫案件79宗、案值5,400万元，罚没收入118万元。

【清廉海关建设】2021年，广澳海关将巡视整改与"现场监管与外勤执法权力寻租"专项整治相结合，查摆业务管理薄弱环节24个、风险岗位17个，制定68项整改措施。切实增强反"围猎"意识，多形式强化纪法学习，开展"转变作风开新局"主题讨论活动。主动接受特邀监督员、派驻纪检组监督。作为全关首个试点单位，开展内控节点岗位落实清单试点，有效发挥内控督察的监督作用。

【科技应用】2021年，广澳海关打出"机器代人"组合拳，充分发挥货物X光机、物项识别仪、核素识别仪等"查验神器"作用，将科技查验与传统人工查验形成"串联"组合，有效减少货物开拆带来的损失。积极开展H2018系统3.0版先行先试，收集整理试点过程中发现的问题，形成书面报告报送职能部门解决处理，并做好系统推广的经验交流。

【制度规范】2021年，广澳海关修订

完善贯彻落实"三重一大"决策制度实施办法、重大财务事项集体审批制度实施细则等规章制度，进一步规范、健全三级党委决策制度。规范工作流程，在2020年修订完善涵盖10个科室、49个岗位的广澳海关制度规范基础上，进一步明晰岗位职责、业务流程和执法依据，推动各项工作的规范化、制度化、标准化管理。

【"龙腾行动"典型案例】2021年，广澳海关在对3票以市场采购方式申报出口的"塑料日用制品"和"玻璃工艺品"进行现场查验时，发现该3票货物实际为香水。这些香水包装盒上印有"CHANEL""DIOR""GIORGIO ARMANI""HERMES"和"GIVENCHY"等标识，经核对，申报企业未在商标合法使用人名单中，且未能提供合法使用商标权的有关说明，该3票货物涉嫌侵权，汕头海关随即通知相关权利人进行确权。经14家商标权利人确认，上述产品侵犯其注册商标，侵权香水63,552瓶。根据专业价格评估，侵权货物价值约4,968万元。该案例入选"2021年广东省内海关保护知识产权十大案例"。

【全力保障进口粮食安全】2021年，广澳海关累计监管进口大麦等粮谷类商品12批次、5,755.70吨，货值191.89万美元。作为汕头海关关区唯一的粮食进口指定口岸，强化检疫监管工作，梳理进境粮食口岸检疫监管工作流程和操作指引，强化关键业务过程管控，打通现场执法衔接各节点，提升口岸检疫监管能力；根据来源国家和品种事先评估检疫风险，制订检验检疫方案，严格开展进境粮食口岸检验检疫；主动对接企业进口计划，对企业申请材料先期预审，及时掌握企业进境粮食调运需求，提供全天候预约监管服务，实现即到即检、快验快放，既有效维护国门生物安全、确保进境粮食安全，又提升进口粮食通关效率。

在12批次进口粮谷中100%检出检疫性有害生物，截获法国野燕麦、不实野燕麦、豚草等检疫性有害生物3种类、16种次，一般性有害生物320种次。截获检疫性有害生物信息被总署采用并依此发布警示通报。同时，安全处置1批粮食携带有毒物质麦角含量超标情事，保证粮食质量安全。

（撰稿人：马丽婷　关世猛　李向东
　　　　　李宇飞　吴皖苗　柯家进
　　　　　董　浩）

澄海海关

▲汕头海关所属澄海海关办公楼

【概况】澄海海关前身是外砂海关，1995年9月25日正式开关运作，是隶属汕头海关的正处级属地型海关。2003年7月，外砂海关与原驻联成办事处实行对外合署办公；2007年9月，外砂海关正式更名为澄海海关；2013年7月，汕头海关撤销驻联成办事处，设立现场业务处，澄海海关与驻联成办事处10年的合署办公历程正式结束。澄海海关目前管辖范围为汕头市澄海区，代管南澳县的海关业务。截至2021年12月31日，澄海海关有内设科级机构7个，在职员工81人。

2021年，澄海海关在汕头海关党委正确领导下，突出政治引领，强化使命担当，把学习宣传贯彻党的十九届六中全会精神作为重要政治任务，深入开展党史学习教育；发挥属地海关职能，统筹抓好疫情防控和促进外贸稳增长，落地市场采购贸易试点政策，助力"澄海狮头鹅"首次出口，推动辖区外贸经济实现高质量发展。全年受理进出口报关单3,309份、货值2.94亿美元，其中市场采购贸易出口申报2,458票、货值2.06亿美元；关税、增值税入库1,922.77万元；办理新企业注册登记129家、企业注销30家；办结稽查作业66宗、核查作业42宗、主动披露作业1宗。完成进出境检验检疫业务3,570批、货值11.63亿美元，签发各类原产地证775份，受理原产地签证企业备案14家。

【政治领航】2021年，澄海海关把学习宣传贯彻党的十九届六中全会精神作为年度重要政治任务，通过随身学、感悟学、奋进学掀起全员学习热潮，引导全体干部职工提高站位，深入领会六中全会明确的新目标、新要求、新部署。

深入开展党史学习教育，推动党史学习教育走深走实。学习贯彻习近平总书记

"七一"重要讲话精神，组织2次全关性主题党日活动，确定20项"我为群众办实事"重点民生项目，录制"学史·铸魂"红色讲坛视频，提炼党史学习教育自学研讨案例。

强化政治机关意识教育，落实"第一议题"制度，开展"班前一小时"学习活动，深刻领会习近平新时代中国特色社会主义思想，以学促思、以学促行，坚决做到"两个维护"。

深入推进"强基提质工程"，推动基层党组织、群众组织规范化建设，提高支部建设的精准度和有效性，"蕙心雅集"工作室（澄海海关妇女小组）获评汕头市"巾帼文明岗"。

▲2021年7月14日，汕头海关所属澄海海关"蕙心雅集"工作室组织开展学习

【作风提质】2021年，澄海海关扎实开展"现场监管与外勤执法权力寻租"专项整治工作。推动完成专项整治动员部署、全面自查、立行立改、问题整改阶段各项工作，及时落实整改实地检查发现的问题。

加强干部队伍建设，培树队伍准军作风。加快青年干部培养步伐，突出专业化训练和实践历练。聚焦队伍能力和潜力的充分开发、合力配置和有效利用，打破科室局限，推行工作专班和高办协管机制，调动各层级干部积极性。强化纪律作风建设，通过每月组织队列训练、每周内务督察、每日视频检查办事大厅作风纪律，持续加强准军队伍建设，进一步培养令行禁止作风，切实提升准军队伍建设成效。

提升基层治理能力。探索建立"三个清单"量化管理机制，落实岗位任务清单、科室管理清单、检查监督清单，将职责履行、专项工作、廉政建设、督促落实、效果评估等细化入清单，提升基层单元管理效能。升级安保系统，筑牢内部防控屏障，打造整洁有序环境，营造积极向上、认真严谨的工作氛围。

【疫情防控】2021年，澄海海关坚决落实疫情防控工作，完善联防联控机制，严密内部防控措施，组织开展疫情防护演练5场次，抓实抓细内部疫情防控工作，确保"打胜仗、零感染"。加强一线人员卫生检疫实操演练，组织开展个人安全防护演练，提高一线人员口岸卫生检疫及个人防护工作技能。持续做好宣传动员工作，扎实推进新冠病毒疫苗接种工作。

【监管增效】2021年，澄海海关落实总体国家安全观，强化属地监管职能，做好外来入侵物种口岸监测，发现全国首例金鱼花潜隐类病毒、番茄褐色皱纹果病毒两种重要检疫性有害生物，并严格按照规定对相关植株进行销毁处理。严把进出口产品质量关，全年检出不合格产品4批次。加强食品企业监管，全面清查辖区15家食品备案养殖场情况。

以提质量、促进度为抓手，提升稽查工作效能，全年办结稽查作业66宗，有效维护地方外贸发展正常秩序。

【激发外贸发展动能】2021年，澄海海关找准服务地方经济社会发展的切入点和契合点，释放政策红利，推动汕头市场采购贸易业务落地运行。2020年9月，商务部、海关总署等七部委联合发文，决定在17家市场开展第五批市场采购贸易方式试点工作，广东汕头市宝奥国际玩具城试点正式获批。根据总署关于扩大市场采购贸易方式试点的公告，由澄海海关作为市场集聚区所在地主管海关开展"市场采购"海关监管。澄海海关按照汕头海关党委工作部署，全力推动汕头市宝奥国际玩具城市场采购贸易方式试点建设。2021年3月30日，广东汕头市宝奥国际玩具城国家市场采购贸易方式试点正式启动，随着汕头宝奥国际玩具城市场采购贸易试点首单出口货物顺利通关，粤东首个市场采购贸易试点正式开启出口便利化新模式。自业务开展以来，全年受理市场采购出口报关单2,458票，总货值达2.06亿美元，折合人民币约13.34亿元。全国一体化出口口岸增加到17个，出口货物涉及商品编码近290个，销往全球90多个国家和地区。

完成南澳对台小额贸易点海关监管场所验收。支持、指导南澳县政府相关部门及企业，推动南澳对台小额贸易码头建设工作。2021年7月30日，澄海海关完成南澳对台小额贸易点海关监管场所验收，南澳对台小额贸易业务开展初具基本条件。

持续推动营商环境优化。从简从速落实备案管理，全年新增备案企业129家，积极开展高级认证企业培育，新增1家企业开展高级认证评估。支持立讯精密公司工业项目落地辖区，为项目"零障碍、零延迟"顺利落地做足政策和通关措施准备。改善通关环境吸引税源企业回流，已吸引7家企业回流报关。

【推进特色产业升级】2021年，澄海海关深层次推进特色产业升级，建立"问题对账"解决机制，支持企业稳定输出优质水产品，扩大水产品出口，监管出口516批次、2,681.81吨，货值585.32万美元，冰鲜牡蛎实现首次供港，水产品出口稳步上升。

助力关区种子企业开拓国际市场。开展"一企一策"，给予检疫性有害生物监测、病虫害防控等技术和政策指导，帮扶种子企业打破技术性贸易壁垒，实现汕头关区种子首次出口贝宁。

助推澄海辖区特色狮头鹅首次出口。大力支持辖区建立农产品跨境贸易生态产业链，成立专班提前介入研究推动狮头鹅出口准备工作，开展政策宣讲、指导业务培训,帮助2家鹅类制品出口食品企业、1家养殖场登记备案。全链条打通出口环节,2021年12月9日,澄海辖区一批卤水狮头鹅顺利通关出口香港,实现"澄海狮头鹅"首次出口。

▲2021年8月10日,汕头海关所属澄海海关强监管优服务,助力种子走出国门

推动玩具产业提质升级。开展出口玩具质量安全政策宣讲,加强出口玩具安全质量风险监测,对输美、输欧盟等国家和地区163批次玩具样品进行检测,强化出口玩具产品质量安全。针对总署下发的国外通报或退运货物信息,开展溯源调查工作并及时向地方政府和行业协会通报调查结果,引导企业加大技术研发,助力玩具产业健康发展。2篇技术性贸易措施案例获总署采编录用。

(撰稿人:许少冰　张　丽　张思敏
　　　　　林志云　林泳璘　龚　政
　　　　　谢　璞)

龙湖海关

▲汕头海关所属龙湖海关办公楼

【概况】龙湖海关前身为汕头海关现场业务处，于2013年7月挂牌成立。2018年12月更名为龙湖海关，受汕头海关直接领导，是按授权负责汕头市金平区、龙湖区、高新技术产业开发区范围内海关各类管理工作的正处级隶属海关。主要负责党的基层组织建设和干部队伍建设；办理具体海关业务，反馈执法作业结果；完成汕头海关交办的其他工作。功能类型为偏属地综合型，关区内有2个海关监管作业场所，其中1个为汕头海关唯一的邮递物品监管场所，进出口备案企业约占汕头关区总数的四分之一。监管进出口商品以塑料原料、机电产品、纺织服装、水海产品为主。

2021年，龙湖海关受理进出口报关单23,787票；进出口货值12.78亿美元、货运量18.02万吨；税收入库1.55亿元；监管运输工具（汽车）233辆；审批征免税货物货值1,203.79万美元；辖区企业总数2,564家，其中高级认证企业11家；签发原产地证书9,556份，签证金额6.63亿美元；检验检疫出口货物1.36万批次；监管进出境邮递物品15.58万件。

【政治建关】2021年，龙湖海关始终把政治建关摆在首位，创新理论学习形式，抓学习、强阵地、提效能，始终坚持"三个第一"，始终把落实习近平总书记重要指示批示精神作为抓思想政治工作"第一要务"、强化政治机关意识走好"第一方阵"、制订党委理论学习中心组学习计划"第一要点"，彰显政治机关属性。

持续加强准军事化纪律队伍建设，建立签到打卡、健康排查、整理内务、集中学习、任务督查"班前五件事"制度，打造内务示范科室，建立内务规范流动红旗机制，强化日常养成；整肃关容风纪，加大日常内部专项督查力度，塑造良好精神面貌和队伍形象。

龙湖海关机关党委"关企连心桥"通过总署党建培育品牌复核,《坚持以人民为中心构筑"关企连心桥"》视频入选总署政工办首批20个基层党组织书记微党课在全国海关展播。龙湖海关获评"汕头市直机关模范机关创建先进集体";1个集体获评汕头市三八红旗集体(龙湖海关企业管理科),1名同志获评广东省优秀党务工作者(蔡英才);1名同志获评汕头市青年岗位能手(杜素玉)。

2021年,龙湖海关打造"线上+线下"多维学习方式,创新"党史课堂""我来讲党史"等形式,创新做法获得"学习强国""金钥匙"、总署政工办网站刊登推介6次。深入开展"我为群众办实事"实践活动,对照汕头海关党委重点民生项目清单,结合属地实际,通过调研走访、座谈了解等方式,进一步摸清企情民意和基层群众所需所盼,制定9个项目15条具体细化措施,不断提升企业和群众的获得感。

【清廉海关建设】2021年,龙湖海关严格落实党风廉政建设工作例会制度,及时掌握员工思想动态和党风廉政情况。深入开展"现场监管与外勤执法权力寻租"专项整治工作,坚持边查边改、立行立改,以实地检查带动各项工作全面推进。强化员工"八小时以外"监督管理,充分运用监督执纪"四种形态",抓早抓小抓具体。

【疫情防控】2021年,龙湖海关全面落实各项疫情防控措施。做好一线关员安全防护措施,细致做好取样、送检等外勤执法环节中人员防护工作。严格执行防护监督制度,组建本级防护监督员,按要求开展相关培训,切实落实"岗前检查、工作巡查、全程督查""双人作业、互相监督"的安全防护监督制度。组织开展龙湖海关工作人员感染新冠肺炎内部应急处置演练,提升应急处突能力。

【口岸监管及案件查办】2021年,龙湖海关强化总体国家安全观,筑牢口岸检疫防线,统筹开展好打击走私"国门利剑2021"、打击"水客"走私等专项行动,有针对性地开展打击,加强对毒品、枪支弹药、反动邪教、色情淫秽、外来物种、侵权等违禁品的查缉力度。

全年监管出口转关运输车辆233辆次,龙湖海关车检场所有摄像头全年在线率达100%,确保口岸安全。监管进出境邮件15.58万件、进境印刷品及音像制品8,989件;加强邮递渠道国门安全准入及涉税风险防控,查获的走私物品包括亚洲象皮肉、暹罗鳄肉碎干、冬虫夏草等涉嫌濒危野生动植物及其制品、麻醉品和精神药物、政治性有害出版物等。

检验监管和企业管理不断夯实。严格执行进出口食品化妆品、工业产品监督抽样和风险监测要求,全年检出多批次出口食品及化妆品、出口危险品不合格,以及出口危险货物包装性能检验和使用鉴定不合格。全面贯彻稽查改革精神，以查发问题、堵塞漏洞、防范风险为目标，提升稽查查发能力。

【服务地方】2021年，龙湖海关深化"我为群众办实事"实践活动，聚焦企业诉求开展深入调研，实地宣讲AEO认证、知识产权保护等政策，详细了解企业生产计划、通关疑难，明确帮扶方向，梳理建立龙湖海关推动优化口岸营商环境工作台账，着力解决人民群众急难愁盼问题25个，推动"问题清零"落到实处。

精准施策提升应对技术性贸易措施效能，帮扶辖区生虾产品顺利出口澳大利亚，此项工作被总署采用列为技术性贸易工作经典案例。主动融入地方发展大局，强化政策宣传，力助高等院校、科研机构用好用足减免税政策。通过政策宣传和实地指导帮扶企业用足RCEP税收减让政策，充分运用原产地政策助企减税降负，全年减免关税和增值税863万元。通过稽查、贸易调查等加强关企互动，开展主动披露政策宣讲，让企业享受政策红利。推动海关业务数据安全工作常态化、长效化，对地方政府提供海关统计数据服务6次，有力支持地方经贸工作。积极推动辖区企业用好加工贸易优惠政策，支持辖区优质企业适用"以企业为单元"监管模式，指导世界500强企业通用电气公司下属的通用电气海上风电设备制造有限公司快速完成加工贸易业务筹备工作，为汕头关区加工贸易业务带来新增长点。创新"互联网+前期验厂"模式，对首次开展加工贸易业务的企业通过视频方式远程办理前期验厂手续，简化企业办事程序。首次与汕头市市场监管局开展联合抽查执法工作，提升整体监管效率，实现进一次门、查多项事，切实减轻企业负担。在邮管现场实践"让信息多跑路，让群众少跑腿"便捷申报，降低进境邮件布控查验率、提高进境邮件现场直接放行率，有效加快邮件通关效率。

▲2021年12月28日，汕头海关所属龙湖海关深入辖区企业开展帮扶并接受广东省电视台宣传报道

【科技应用】2021年，龙湖海关应用科技创新推动企业管理地图建设。以信用管理为核心，以企业日常管理、产品风险管理为基础，可视化展示辖区不同备案企业的地理分布状况、注销注册情况、企业生产运营等情况；在确保数据安全前提下，通过数据共享促进业务科室间的业务协同，进行风险预警及处置；通过相关数据收集、维护及风险研判等方法，尝试打造数字化、可视化、智能化企业管理新模

式，助推实现强化监管优化服务的工作目标。

▲2021年5月17日，汕头海关所属龙湖海关加强科技创新，研究企业管理地图

【**制度规范**】2021年，龙湖海关修订完善贯彻落实"三重一大"决策制度实施办法、重大财务事项集体审批制度实施细则等规章制度，进一步规范、健全三级党委决策制度。结合"8·8""12·4"、宪法宣传周等重要节点，开展菜单式普法、互动式普法、精准式送法，提升学法普法针对性。

【**"914"专案等税款专项计核**】2021年，龙湖海关继续做好涉嫌走私、违规案件偷逃税款计核工作。8月2日至10月18日，组织完成"914"专案税款专项计核任务，涉及涉案货物104个批次、商品74,441项；11月，提炼报送《汕头海关创新税款计核工作方法服务全员打私工作取得阶段性成效》获总署内刊采用。

【**邮管渠道典型案例**】2021年2月16日，龙湖海关邮管现场结合近年查获毒品大麻种子经验，对一申报商品名称为"DVD"的进境邮件进行关联分析和排查，研判其存在夹藏风险。该邮件过机图像存在异常，经开拆查验，发现该邮件内物品为一个绿黄色塑料DVD盒子，其内未装光盘，而是8个小塑料瓶装的种子，经技术鉴定为大麻种子。

2021年2月26日、3月4日，龙湖海关邮递物品监管科在汕头邮递物品监管作业场地对寄自某国家的44个EMS邮件进行风险分析，经查验发现每个邮件均内含Marlboro IQOS电子烟烟弹2盒，每盒200支。通过现场与缉私部门通力合作，掌握有关证据，缉私部门当场控制走私嫌疑人。龙湖海关根据该案例撰写的《陈某某邮递物品涉嫌走私电子烟烟弹行政处罚案例》入选总署政策法规司行政执法案例库。

2021年8月26日、9月1日，龙湖海关两次在邮递渠道查获来自同一国家的邮件，内含药片一批，透明塑料小袋包装，药片外观五颜六色，怀疑含有咖啡因及麻黄碱等违禁成分。后经缉私部门确定，药片中含咖啡因、麻黄碱成分。

（撰稿人：江　超　杜素玉　李　鸿
　　　　　何　晔　张欣宏　陈少芸
　　　　　陈楚斌　林德伟　郑伟民
　　　　　赵　斌　黄欣欢）

濠江海关

▲汕头海关所属濠江海关办公楼

【概况】濠江海关前身为中华人民共和国汕头保税区海关（处级），1996年10月9日正式开关运作。2003年6月2日起，汕头保税区海关与广澳海关合署办公，对外统一称为"中华人民共和国汕头保税区海关"，办公地点位于汕头保税区内海关大楼，关区范围为汕头保税区和汕头市濠江区。2018年1月1日起，广澳海关恢复独立对外办理业务，不再与汕头保税区海关合署办公。2019年1月，汕头保税区海关更名为濠江海关，受汕头海关直接领导，是按授权负责汕头市濠江区和汕头综合保税区范围内海关各类管理工作的正处级隶属海关。主要负责党的基层组织建设和干部队伍建设；办理具体海关业务，反馈执法作业结果；完成汕头海关交办的其他工作。功能类型为偏属地综合型。截至2021年12月31日，濠江海关有内设科级机构7个，在职员工69人。

2021年，濠江海关坚持以习近平新时代中国特色社会主义思想为指导，深入贯彻落实党的十九大和十九届历次全会精神，以党的政治建设为统领，统筹推进口岸疫情防控和促进外贸稳增长工作。辖区注册企业全年进出口215.3亿元，同比增长57.8%。

【政治建关】2021年，濠江海关坚决落实"第一议题"制度，用实际行动坚决贯彻落实习近平总书记重要指示批示精神，关区疫情防控、反走私形势等总体保持稳定。建立党委带头、支部跟进、全员覆盖的三级联动学习机制，第一时间学习贯彻习近平总书记系列重要讲话精神和党的十九届六中全会精神。坚持"学+讲、学+考、学+做"相结合，常态化组织经验交流、知识竞赛、心得分享活动，巩固理论学习效果。

建立多感官党史学习模式，以在线学、带头讲、广播听、现场触等方式普及党史知识、继承革命传统、传承红色基因，党委自学模式被评为汕头海关"十佳自学案例"。把"我为群众办实事"实践活动作为检验党史学习教育的落脚点，全方位服务综合保税区重大项目投产、辖区传统产业做大做强和跨境电商新兴业态落地，累计办实事40件，其中"三精三实三创，为企业省事省心省时省钱"案例获评总署"'我为群众办实事'百佳项目"。

深化"强基提质工程"，启动"学政治、讲业务、练技能"全员培训活动，用好机关兼职教师队伍、市委党校专家和本关业务骨干三大优质资源，组织开展专题培训、演练16场次，为打造粤东国门铁军夯实能力基础。以作风整治助力营商环境优化，出台11项措施支持辖区重点行业发展，进出口货值同比增长51.7%。坚决纠治准军建设"牛皮癣"问题，持续推进内务规范化、队列标准化训练。综合运用考核、评比、推荐等手段，全面调动队伍积极性，综合业务科王超被授予"2021年汕头市五一劳动奖章"。

【清廉海关建设】2021年，濠江海关结合巡视中长期任务整改要求，定期开展支部党组织生活自查，实名通报查发问题并督促整改，提升党建工作规范化、标准化水平。扎实推进"现场监管与外勤执法权力寻租"专项整治，结合经济责任审计同步开展非执法领域风险防控，扎实开展纪法教育和警示案例学习，全年未发现不廉情事。主动运用监督执纪"四种形态"尤其是"第一种形态"，及时查漏补缺。

【关税征管】2021年，濠江海关积极涵养税源，坚持量质并举，全年累计受理进出口报关单4,249份、货值31.9亿元，同比分别增长68.4%、51.7%；征收税款1.03亿元；积极支持跨境电商网购保税进口（"1210"）等新业态发展，监管放行清单票数超过3.6万份、货值逾1,800万元。

【优化营商环境】2021年，濠江海关根据辖区企业特点，积极出台措施优化营商环境，为减免税企业配备协调员提供税收担保备案等政策咨询指导，提前介入，精准落实减免税政策，助力企业减轻成本负担；提前关注行业、产业的共性需求，积极参与风电制造设备进口税率等全国范围重点行业调研，风力发电机组用高速轴联轴器等减免税建议被《2022年关税调整方案》采纳，优化税目结构，完善产业链供给保障，精准助推先进制造业创新、聚集发展。全年审核确认海上风电企业进口零部件减免税货值1.57亿元，减免税款3,859.76万元，精准实施减免税政策，为海上风电产业项目发展添活力。

【走私案件查办】2021年，濠江海关切实履行打击走私正面监管职责，加大科室间业务联动配合，多角度全方位形成打击合力，聚焦综合保税区业务特点及新业态特点，综合运用大数据分析、科学提起指令需求、人工单证审核、实地稽核查及市场调研等各种手段，查发办理简易和快速办理案件。

【货物监管】2021年，濠江海关检验检疫出口货物1,305批次、21,654.46吨，货值8,825.5万美元；创新采信第三方检测报告方式，以及协调口岸转移查验，助力企业快速通关投产，以及成套设备无损通关；按照进出口食品化妆品安全抽样检验计划规定的检验项目和抽样比例开展抽样检验工作，全年检验检疫抽中进出口食品化妆品26批次，检出标签不合格2批次；完成出口水产品风险监测任务数22个，检测项目58个；在跨境电商环节按计划完成进口化妆品安全风险监测1批次；人工查检（根据"进口目的地事中"查验指令）进口设备2批次，货值169.5万美元，均检出不合格。

明确汕头综合保税区卡口、视频监控中心管理流程，提高通行效率，制定跨境电商网购保税进口查验操作指引，规范作业管理。创新科技应用，大力推行智慧监管措施，实施"无人机监管+精准实地巡查"模式加强场所管理，建成并投入使用综合保税区视频监控中心，架设高清摄像头，监管效能进一步提升。严密监管货物进出区，认真执行货运渠道的查检指令。

【海关特殊监管区域管理】2021年4月8日，汕头综合保税区（一期）经总署认定验收合格，验收面积2.39平方千米，范围为东至后江湾海岸线、南至广澳街道、西至广达大道、北至规划道路。主要业务类型为保税加工及仓储物流、跨境电商业务。汕头综合保税区聚焦保税主业开展精准招商，已引进塑料物流、医药物流、果蔬物流等一批优质项目在区内落地。

▲2021年7月7日，汕头海关所属濠江海关关员到汕头综合保税区公共保税仓的跨境电商商品仓库进行业务指导

濠江海关多措并举支持汕头综合保税区打造汕头"工业立市、产业强市"新标杆。制定完善优化口岸营商环境机制并推出4个方面20条46项"一揽子"措施，"一企一策"解决企业发展难题，推动汕头综合保税区加快"五大中心"（加工制造中心、研发设计中心、物流分拨中心、检测维修中心、销售服务中心）建设。在全省率先获批并完成综合保税区增值税一般纳税人资格试点，积极支持跨境电商等新业态发展，在全国首批推广落地跨境电商零售进口退货中心仓模式，粤东首个"跨境电商+保税展示"项目落地汕头，"前店后仓"打造跨境消费新场景。全年，

汕头综合保税区合计进出口171亿元,同比增长119.3%,占同期汕头市外贸总值的22.7%,同比提升11.3个百分点。其中,出口同比增长130%,主要受跨境电商出口("9710""9610")大幅增长带动;进口同比增长10.1%,主要受区内物流货物("5034")贸易方式拉升。

▲2021年8月10日,汕头海关所属濠江海关关员利用无人机在汕头综合保税区主卡口进行监管

【稽查核查】2021年,濠江海关落实稽查改革要求,以绩效为导向,加强风险分析,提高队伍素质,扎实做好全年稽查工作。全年办结稽查作业8宗,行政处罚3宗。加强核查、日常监管、保税监管的深度融合,提高监管的有效性。全年办结核查作业13个;办结日常监管17宗,其中出口食品加工企业15家、竹木草制品出口企业2家。

【分析研究】2021年,濠江海关发挥分析研究以智辅政的作用,深耕"数据+研究"为上级决策提供辅助参考,撰写报送统计监测分析信息53篇,获总署采用8篇。重视调研及外贸运行分析,为地方外贸发展建言献策,开展酒类进口、跨境电商等统计调研7项,组织开展风电产业等专题研究,《海关支持智能装备制造产业提质升级可行性研究——以汕头风电产业为例》《跨境电商领域"三智"国际合作研究》等5篇报告获《汕头海关政策研究》采编,2篇报告获《广东海关调研与统计》采编。

【财务管理】2021年,濠江海关坚决贯彻落实"过紧日子"要求,大力完善预算保障新机制,全面推进预算执行及绩效管理,早谋划早落实,压实责任人,明确时点节点,抓好执行;强化统筹安排,盘活存量资金,精准安排资金,推进网银支付、快捷报账,提高财务服务质量和效率,保障及时到位。

(撰稿人:王 超 肖 伟 余伟鹏
　　　　张谷琛 陈岱芬 陈献敏
　　　　林佳珣 周立强 徐 耿)

潮阳海关

▲汕头海关所属潮阳海关办公楼

【概况】潮阳海关于1993年正式开关，隶属汕头海关，业务管辖范围为汕头市潮阳区和潮南区，面积1,271.1平方千米，陆地海岸线长约34千米。辖区内已形成音像制品、文具、精细化工和纺织服装四大支柱产业，以中小型企业居多，且多为民营企业。辖区现有华能海门电厂1、2号机组专用煤码头，以及华能海门港务公司散货码头2个海关监管作业场所。潮阳海关功能类型为偏口岸综合型海关，为正处级单位。截至2021年12月31日，潮阳海关共有内设科级机构7个，在职员工85人。

2021年，在汕头海关党委坚强领导下，潮阳海关坚持以习近平新时代中国特色社会主义思想为指导，全面贯彻党的十九大和十九届历次全会精神，紧紧围绕汕头海关"政治强关建设取得成效，业务改革高质量推进，粤东国门铁军建设走在全国海关前列"三大工作目标，筑牢政治机关意识，努力夯基础、补短板、拨亮点，稳步推进海关建设，服务经济发展。全年进出口总值9.1亿美元，同比增长135.9%（其中，进口总值8.2亿美元，同比增长125%；出口总值0.9亿美元，同比增长333%）；接受报关单申报998份，同比增长99.2%；监管进出口货运量937.15万吨，同比增长38.7%；监管进出境船舶254艘次，采样送检112人；税收入库5.81亿元，同比增长139.1%；多项主要业务指标创历史新高。

【政治建关】2021年，潮阳海关坚持"第一议题"制度，深入学习贯彻落实习近平总书记重要指示批示精神。党委理论学习中心组坚持做到先学一步、学深一层，关党委委员带头讲党课、做宣讲，组织开展青年读书班研讨交流3场，教育引导全体关员增强"四个意识"、坚定"四个自信"、做到"两个维护"。贯彻落实《中共海关总署委员会关于加强对"一把手"和领导班子监督的实施意见》，把对"一把手"和领导班子监督摆在管党治党突出位置，通过"一把手"抓、抓"一把手"，推进全面从严治党向纵深发展。修订完善"三重一大"决策制度实施办法和党委议事清单，推动班子工作程序和议事决策规范化、制度化。坚决把习近平总书记关于疫情防控、安全生产、打击"洋垃圾"走私等工作的重要指示批示落到实处，3名党支部书记带领38人次参加"14+7+7"封闭管理，筑牢口岸疫情防线；严格落实安全生产责任制，实施区块化管理，检查口岸经营单位安全生产管理制度的建立和落实情况，切实强化重点领域安全防范；保持打击"洋垃圾"走私高压态势，与潮阳边检、海事等口岸单位构建执法协作、信息共享等联防联控工作机制，确保监管区内无"洋垃圾"非法入境案件发生。

坚持以管理温度提升凝聚力，常态化抓好队伍管理，推进"政治坚定、业务精通、令行禁止、担当奉献"的海关准军事化纪律部队建设；持续深化党建"强基提质工程"，推动基层党建全面进步全面过硬。从优化口岸营商环境、口岸疫情防控、助力乡村振兴角度出发，择优选取3个支部进行党建品牌创建培树。加强身边先进典型事迹挖掘，树立榜样，促进队伍不断成长，1名同志获"汕头好人"荣誉称号（潘会进），1名同志获评汕头市优秀共青团干部（张浩）。

【党史学习教育】2021年，潮阳海关将党史学习教育作为中国共产党成立100周年系列庆祝活动的重要内容贯穿全年，突出学党史、悟思想、办实事、开新局，围绕学史明理、学史增信、学史崇德、学史力行，开展"追寻红色足迹牢记初心使命"主题党日活动，建立学习角，设置"共享式"学习心得记录本，实现"漂流式"传阅和"无声互动"；举办读书班学习分享会，开展支部书记讲党课竞赛，开展口岸一线人员党史知识学习竞赛线上PK，联合海门发电厂团委联学共建，在一线回应企业诉求、解决实际问题。坚持成绩亮相，在工作动态中增设"党史学习教育工作""我为群众办实事"2个专栏，定期公开各支部工作业绩和"办实事"成效，以"亮晒比评"助推各支部自觉对标先进，实现齐头并进；"一企一品一策"激活乡村振兴新动能，获评汕头海关"我为群众办实事"十佳案例。

【惠企助农】2021年，潮阳海关全面推广惠企措施，引导业务回暖、企业回流。推广RCEP政策运用，开展"提质护航"行动，支持纺织服装、化妆品等传统产品抢占国外市场。采取扶持措施，帮扶老区特色农产品雷岭荔枝在产量"小年"出口265吨，新增出口国家1个（加拿大），受益农户达168户，彻底扭转"'小年'零出口"困境。对纳入粤港澳大湾区"菜篮子"基地的800余户种植番薯农户进行精准扶持，主动帮助解决报关报检资质等问题，顺利完成首票整车出口香港；助力辖区内洪茂蔬菜基地、锦榕蔬菜基地升级为出口种植基地，新增胡萝卜种植基地2家、2,100亩，推动辖区农产品不断走向境外市场。

【清廉海关建设】2021年，潮阳海关持续推动全面从严治党主体责任落实，加强监督检查。扎实开展"现场监管与外勤执法权力寻租"专项整治，常态化开展警示教育和纪法教育，查找风险点，制定落实整改措施，优化管理，稳步推进清廉海关建设。常态化严要求做好纠治酒驾醉驾工作，确保全关酒驾醉驾情事"零发生"。发挥好特约监督员作用，推进政务服务"好差评"系统使用，保持主动评价率和五星好评率100%。

【脱贫攻坚】2021年，潮阳海关认真贯彻习近平总书记关于脱贫攻坚工作重要指示批示精神，坚持党建引领，常设"扶贫助困"主题党日活动，60余名党员干部与贫困户建立"一对一"挂钩关系，解决家庭困难儿童就学问题，努力阻断贫困代际传递；联系爱心医院提供免费上门服务，为3名贫困户提供入户评残，使其享受到政策范围内的兜底保障；开展送春联等活动，发动关警员为挂钩帮扶贫困户捐款3万余元，为当地社区捐赠生产生活物资价值2.5万元、口罩1万个，挂钩帮扶的贫困户实现100%脱贫。

【优化营商环境】2021年，潮阳海关坚持优化服务，引导企业用好政策红利，积极推行"零跑腿、轻松办"，实现"即报、即审、即检、即放"。结合"我为群众办实事"实践活动，主动向企业开展欧美技术性贸易和新规政策宣讲，推送《进出口食品安全管理办法》等监管政策、通关指南，指导企业妥善应对欧盟禁止化妆品使用吡硫翁锌去屑剂等技术性贸易措施，帮助企业避免因国外技术性贸易措施调整而遭遇出口壁垒。实施"一对一"精准服务，收集发布国外进出口食品化妆品预警信息，引导出口企业规避贸易壁垒。

【口岸疫情防控】2021年，潮阳海关坚持严格落实疫情防控重要政治任务，坚决将"外防输入"作为当前口岸疫情防控工作的重中之重，针对潮阳港业务实际，强化关企、关地联防联控，从实施精准预警布控、优化口岸检疫设施、提升口岸核心能力建设3个方面筑牢口岸检疫防线，严防境外疫情输入。制订潮阳港口岸公共卫生风险评估方案、潮阳港口岸疫情防控方案，加强对潮阳港疫情的风险评估、风险预判、提早防控；严格执行《口岸新型冠状病毒肺炎卫生检疫操作指南》和传染病生物安全防护要求，主动与地方疫情防控专班、华能港务公司等单位签订联防联控协议，强化疫情防控闭环管理工作，检疫进出境船舶226艘次，核酸采样112人，移交地方专班95人，规范处置1名发热疑似病例,坚决扼住口岸疫情传播通道。

▲2021年2月9日,汕头海关所属潮阳海关关员开展船舶登临检疫

【口岸监管】2021年,潮阳海关以质量和效率为抓手,深化改革提升通关时效,建立"亲""清"型关企关系,推动通关增速提效,全力推进"提前申报""两步申报""汇总征税"等惠企措施,落实24小时预约通关服务。深入钻研新一代查验管理系统,不断提高查验作业规范性和有效性,落实"免陪同查验"等改革措施,全年开展进口报关单查验161单;开展出口申报前监管2,249单,货值13.8亿元,其中查验154单、送检21单,检出4批危险化学品包装、2批化妆品和1批食品不合格。开展危险品包装性能检验14单、使用鉴定23单。检验放行进口煤炭126单、1,033.2万吨,货值8.3亿美元,查验放行时长控制在3天以内,全力保障电煤供应,缓解电力供应紧张局面。

【动植物检验检疫】2021年,潮阳海关强化口岸国门生物安全和媒介生物监测宣传力度,组织参加"海关人讲海关"专题法治宣传教育活动,走进潮阳区海门镇洪洞村开展"普法宣传进乡村"活动,录制潮语普法微视频《潮阳海关说你知——国门生物安全》,完成《国门生物安全和媒介生物监测工作方案》的制订和相关工作开展;及时落实经营单位对监管场所内多处红火蚁蚁穴和检疫性杂草(刺蒺藜草)开展消杀工作;对入境船舶进行食品仓检测,从中检出角盾蜡、斜纹夜蛾等有害生物12种10批次、病媒生物5类6批次,均立即实施检疫处理,有效防止疫情叠加。开展口岸媒介生物监测,捕获成蚊18只、美洲大蠊14只、阳性诱蚊器21个。

【食品检验检疫】2021年,潮阳海关严格按照习近平总书记"四个最严"重要要求,贯彻落实上级有关部署,认真执行年度进出口食品化妆品安全监督抽检及风险监测计划,加强对农残、添加剂、微生物等指标的检测,帮扶企业做好食品安全生产监管。全年检验监管出口食品化妆品

▲2021年9月15日,汕头海关所属潮阳海关关员深入关区供港蔬菜基地开展技术指导工作

2,194批次、金额13.7亿元，同比分别增长41.5%、54.5%，其中化妆品1,255批次、金额6.4亿元，同比分别增长40.7%、43.1%。按照"养殖虾"进出口食品风险监测计划，严格落实40个送检项目监测工作。

【企业管理和稽查】 2021年，潮阳海关稳步实施海关稽查业务改革，办结稽查作业13宗；全面实施核查作业标准化，办结核查作业42宗。根据疫情防控需要，对办理时限性强的核查作业，按"互联网+海关"指引，通过"钉钉"视频会议系统开展线上核查，"不见面"完成核查工作内容。

【查缉走私】 2021年，潮阳海关强化反走私综合治理主体责任，加大对辖区企业守法状况的动态分析，压实打击固体废物走私、"水客"走私、非设关地走私偷渡等打私工作责任，理顺"两简"案件办理流程，外贸环境进一步优化。

【内控管理】 2021年，潮阳海关加强业务数据分析研判，提高业务数据分析的有效性和实效性。稳步推进内控节点岗位责任落实，积极扩大HLS2017系统和内控节点的应用成效。密切内控工作与执法管理的衔接契合度，加强内控节点检查，及时提出建议，立行立改并完善相关制度。

（撰稿人：方卫奇　张　浩　陈瑞鹏

罗锐华　郑浩雄　梁锦晖

潘会进）

梅州海关

▲汕头海关所属梅州海关办公楼

【概况】梅州海关于1991年正式开关，隶属汕头海关，业务管辖范围为梅州市，面积1.58万平方千米，为偏口岸综合型海关。2021年9月，汕头海关对部分机构设置进行调整优化，其中梅州海关查检二科加挂综合保税区工作科牌子，企业管理科、稽查科整合设立为企业管理和稽查科，核增梅州海关5名编制。截至2021年12月31日，梅州海关有内设科级机构8个、事业单位1个，在职员工91人。2020年被中央文明委授予"全国文明单位"称号。

梅州海关现有注册备案企业1,024家，其中高级认证企业6家，此外有特定资质备案企业204家。业务门类较为齐全，既有口岸通关，也有属地监管，监管进口商品主要有机电产品、煤炭、天然橡胶，出口商品主要有机电产品、陶瓷、农食产品、竹木藤草等传统劳动密集型产品。

2021年，梅州海关党委坚持以习近平新时代中国特色社会主义思想为指导，坚决迅速落实习近平总书记对海关工作的指示批示精神，在汕头海关党委坚强领导下，奋力推进政治机关建设，聚焦高质量发展主题，严管厚爱提升队伍凝聚力。梅州综合保税区（一期）顺利通过海关总署等八部委联合验收。梅州海关全年监管进出口货运量153.8万吨，同比增长337.8%；检验检疫货物5,762批，同比增长25.7%；税款入库2.25亿元，同比增长60%。全关各项工作稳中有进。

【党建工作】2021年，梅州海关深入学习贯彻习近平总书记重要讲话和重要指示批示精神，坚持"第一议题"制度，指导推动疫情防控、安全生产、打击走私等工作高效落实。把统筹口岸疫情防控和促进外贸稳增长作为重大政治任务，发挥老区、苏区政策叠加优势，推动梅州综合保税区高质量发展，扶持优势产业，激活外贸经济动能，在梅州苏区振兴发展中贡献海关力量。修订完善"三重一大"决策制度实施办法和党委议事清单，推动班子工作程序和议事决策规范化、制度化。深化党委理论学习中心组学习，把讲政治的要求从外部要求转化为内在主动。围绕党的十九大和十九届历次全会精神，党委书记带头讲党课，打造"围龙学习社"等学习平台，推动全关在学习中寻找解决实际工作问题的有效方法。深化"强基提质工程"，压实各支部主体责任，提高"三会一课"质量，组织落实好"全领域创建、典型选树、示范提升"基层党支部党建品牌创建提升行动要求，查检二科（综合保税区工作科）党支部党课《以六中全会精神为指引，积极投身革命老区建设》参加总署微党课展播。组织开展"四史"红色路线沉浸讲读、党史知识竞赛、支部书记讲党课等系列活动，以党建带团建，梅州海关青年突击队获评全国"青年文明号"。

扎实推进党史学习教育走深走实，充分发挥党委理论学习中心组作用，深入开展理论研讨交流，党委书记带头讲党课。党委班子紧密围绕党史学习教育，把握党史学习教育三个阶段的工作重点，立足本关实际，精心组织实施，把思想伟力转化为捍卫"两个确立"、做到"两个维护"的精神力量。聚焦企业群众急难愁盼问题，明确调研方向，认真制订调研计划，深入业务一线、企业、地方党政部门召开座谈会等。落实"我为群众办实事"实践活动重点项目14项，推出国门安全、便民利企、暖心聚力3项暖心工程，为群众办实事48项，推动海关"十四五"规划落地，助力梅州综合保税区、跨境电商综合试验区高质量发展。针对地方柚果、禽肉等农产品出口瓶颈开展针对性政策辅导，大力支持乡村振兴建设。党委、各支部民生项目清单完成率100%。

【准军事化纪律部队建设】2021年，梅州海关对照"粤东国门铁军建设走在全国海关前列"要求，强化准军事化纪律部队建设，结合政务服务"好差评"系统推进窗口作风建设，收到办理企业评价57单，五星好评率保持100%。持续整治内务规范、办公环境、考勤纪律、窗口纪律等作风问题，不定期开展日常内务督察，落实专人做好每日视频作风检查，制发内务督察通报27期。加强准军队列训练，积极参加"准军大练兵　秋季大比武"活动，李林杰进入进出口危险品及其包装检验监管"万人争先"线上练全国百强。

【清廉海关建设】2021年，梅州海关党委扎实推进清廉海关建设。全面落实党内监督制度，突出政治监督，强化"一把手"和领导班子对党忠诚，坚决落实"一把手"全面从严治党第一责任人职责。"一把手"自觉主动接受监督，严管"关键少数"，推动班子其他成员和下级"一把手"履行"一岗双责"。强化党风廉政建设，落实全面从严治党主体责任，定期召开党风廉政例会深入研究分析突出问题并抓好整改落实。将巡视整改与"现场监管与外勤执法权力寻租"专项整治相结合，全面排查问题隐患，形成"廉政风险清单"；开展问题整改，建立梅州海关监管装备使用管理办法等4个长效机制。开展"八小时以外"行为规范教育月活动，筑牢"单位+家庭"廉政防线，用好监督执纪"四种形态"尤其是"第一种形态"，开展提醒谈话。落实外出执法廉政纪律告知制度，外出执法未收到不良反映。强化纪律管理，保持酒驾醉驾问题"零发生"。发挥"制度+科技"优势，动态监控业务运行过程，运用HLS2017系统推进平台应用成果转化，发现问题及时处置。

【疫情防控】2021年，梅州海关慎终如始抓好各项疫情防控工作，坚持以干代训，按照汕头海关安排，机场监管科整建制支援潮汕机场海关工作，落实日常培训和应急演练，确保人员始终保持战备状态。

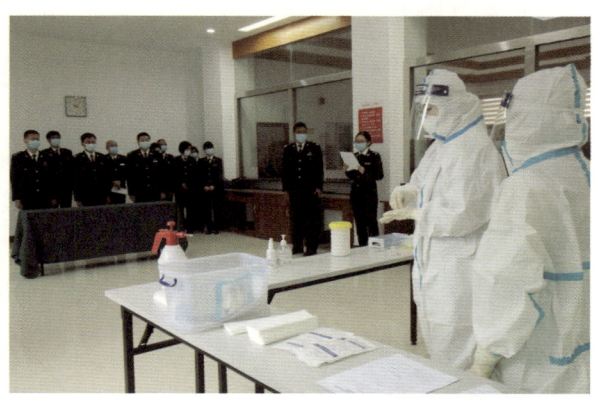

▲2021年12月24日，汕头海关所属梅州海关组织新冠病毒样本溢洒应急处置演练

强化内部疫情防控，强化办公区封闭管理，严格实行亮码测温等要求，举行疫情演练3场次，做好人员管理，推进新冠病毒疫苗接种工作，提醒干部职工加强个人防护，确保全员"零感染"。

【梅州综合保税区建设】2021年，梅州海关将推动梅州综合保税区建设作为支持梅州苏区振兴发展的重要抓手，全力支持梅州综合保税区建设，着力打造苏区外贸发展新"增长极"。积极争取汕头海关选派优秀干部参与梅州综合保税区建设，对照验收封关标准，加强与梅州综合保税区建设指挥部密切配合，协调解决建设问题43个。聚焦功能定位，协助地方政府做好招商引资工作，整理综合保税区优惠政策并开展现场宣讲11场次，积极推送和精准宣传综合保税区优惠政策。设立专门窗口，指定专人提供"一对一"服务，帮助10家企业快速办理海关注册登记。建立企业联络员制度，强化业务办理指导，耐心细心为入区企业做好各项服务，助力企业快速投产见效。2021年12月2日，梅州综合保税区通过海关总署等八部委联合验收；12月28日，海关总署致函广东省人民政府，认定梅州综合保税区（一期）基础和监管设施验收合格。

【优化营商环境】2021年，梅州海关持续优化营商环境，推广"两步申报""提前申报"等便利措施，精简进出口环节监管证件和随附单证。分析制约关区通关时效的瓶颈问题，引导企业及时申报，掌握货物申报动态，及时处理企业通关中出现的问题，巩固压缩通关时间成果，吸引企业报关回流。提供"线上+线下"服务，通过面对面宣讲、推送 12360 海关热线等措施，帮助企业充分享受原产地、减免税等各项政策红利。全年签发原产地证书 2,189 份，签证金额 3.7 亿元，为企业减免税款 1,828 万元。发挥高信用企业带动作用，新培育博敏电子有限公司获 AEO 高级认证。加强大宗商品进口通关协调，有力保障煤炭进口支持梅州电企生产，降低企业成本约 1.5 亿元，支持梅州自营进口煤炭 144.7 万吨、货值 9.6 亿元，直接拉动地方进出口 7.7 个百分点。

【助推跨境电商发展】2021 年，梅州海关服务跨境电商综合试验区良性健康发展，主动与梅州市商务局等部门对接协调，对意向企业开展"一对一"通关业务指导，复制推广跨境电商 B2B 出口监管试点，完成关区首个跨境电商出口海外仓企业备案，顺利办理关区"9710""9810"首单业务。年内，梅州跨境电商 B2B 出口货值 8.8 亿元，同比增长 11.8 倍，成为拉动梅州外贸经济的新增长点。

【保障梅州首次进口种猪】2021 年，梅州海关成立工作组，全力做好 1,668 头丹麦种猪进境隔离检疫工作，为企业提供选址规划、设计建设及建立生物安全管理体系等全程技术指导，帮促指定隔离场顺利通过总署考核验收；周密制订工作方案，强化联防联控，保障种猪装卸、转运防疫监管到位；做好环境监测、场地消毒、人员健康体检、沿途押运等工作，选派具备动物检疫现场专家查验岗资质的关员驻场，实行 24 小时检疫监管，采集血清、鼻拭子等疫病检测样品 6,460 份，对检出二类传染病的 22 头种猪实施扑杀并作无害化处理。2021 年 2 月 6 日，该批种猪经检疫合格后顺利放行投入生产，预计满产后每年提供 1.8 万头祖代种猪，辐射影响近 500 万头肉猪出栏，丰富粤港澳大湾区"放心肉"供应。

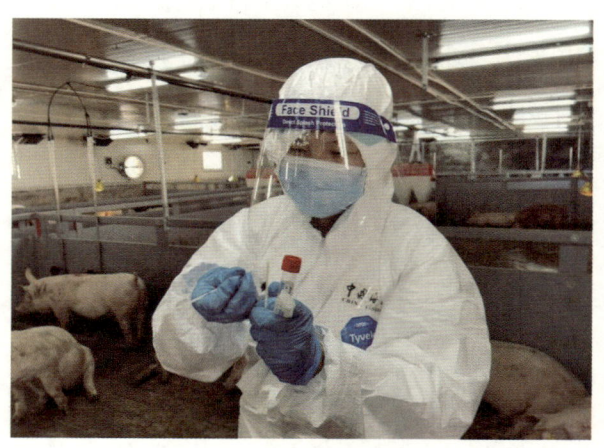

▲2021 年 2 月 26 日，汕头海关所属梅州海关关员对首批丹麦进境种猪进行检疫监管

【企业管理和稽查】2021 年，梅州海关充分发挥后续稽核查监管职能，加强对实际有进出口业务的企业进行风险分析，结合稽查业务改革，积极开展稽核查工作，引导企业规范管理。办理稽查作业 33 宗，作业完成率 100%；办理核查作业 108 宗，按时办结率 100%。

【支持乡村振兴】2021 年，梅州海关联合梅州市农业农村局等部门，靠前服务，召开政策宣讲会 10 场次，帮助梅州市桃花缘文化实业发展有限公司等33家农副产品企业完成备案注册。对企业种养过程提供指导，及时对企业进行国外技术性贸易措施通报预警，为柚果、禽肉产品等企业出口提供免费检测服务，每年可为梅州市企业减免检测费100多万元，助力更多特色农产品开拓海外市场。实施精准帮扶，帮助广东顺兴种养股份有限公司、梅州万川千红农业发展有限公司2家企业获得输美资质，助推梅州柚首次出口美国，监管出口柚果1.5万吨、货值1.3亿元，同比分别增长120%、110%。推动竹木藤草制品企业实行"公司+农户"模式，为农户提供近5,000个工作岗位，支持茶叶、山茶油、黄酒等特色农副产品首次出口，助力农户增收创收。

【政务保障】2021年，梅州海关提高政务运行效能，值班应急平稳有序，保密工作严格落实，在地市级以上媒体刊登正面宣传稿件120余篇次，海关影响力进一步提升。坚持"过紧日子"，推进节约型海关建设，水费、通讯费、维修维护费同比分别下降5.5%、6.6%、22.3%。对关属房地产进行全面清理，确保国有资产安全。持续推进民生工程，有力改善干部职工工作生活环境。

【查缉走私】2021年，梅州海关、梅州海关缉私分局深入开展"国门利剑2021"、打击"洋垃圾"走私"蓝天2021"行动，全力开展全员打私工作，在刑事案件上取得重大突破，共同查获1宗邮递渠道走私案件，案值967.72万元，涉税189.51万元；分局全年刑事立案3宗、案值1,259.29万元、涉税额206.24万元，行政立案5宗、案值303万元、涉税额48万元；侦查终结移送检察院案件2宗，法院判决分局移送案件1宗。

（撰稿人：王文军　朱楚杰　李　强
　　　　　林宏基　胡　瑞　郭向东
　　　　　梁勇辉）

汕尾海关

▲汕头海关所属汕尾海关办公楼

【概况】汕尾海关是汕头海关最早设立的隶属海关。1950年3月，汕尾支关成立；1953年6月，汕尾支关改称汕尾分关。1984年5月，汕尾分关升格为处级机构，更名为汕尾海关。功能类型为偏口岸综合型，业务管辖范围为汕尾市（不含海丰县）、深汕特别合作区，承担辖区征税、监管、缉私、出入境检验检疫、统计等工作职责。辖区内有1个一类水运口岸、5个海关监管作业场所。目前，汕尾海关辖区有注册备案企业338家（包括深汕特别合作区企业53家），其中高级认证企业5家、注册登记和备案企业333家。

汕尾海关被评为"全国文明单位"、2019—2020年国家节约型公共机构示范单位。截至2021年12月31日，汕尾海关下设1个口岸型副处级机构（驻陆丰办事处），有内设科级机构10个（包括驻陆丰办事处2个）、事业单位1个，在职员工107人。

2021年，在汕头海关党委坚强领导下，汕尾海关坚持以习近平新时代中国特色社会主义思想为指导，全面深化"五关"建设，传承发扬老区精神，积极融入对外开放大局，推动关区业务拓展，助力粤东融入"双区"和两个合作区建设，强化监管优化服务，较好地完成了各项工作任务。

【政治建设】2021年，汕尾海关旗帜鲜明讲政治，坚持"第一议题"制度，第一时间学习传达、贯彻落实习近平总书记重要指示批示精神，发挥三级党委把方向、管大局、保落实的领导作用，全面部署推进重点任务，持续提高政治判断力、政治领悟力、政治执行力。全力统筹口岸疫情防控和促进外贸稳增长，扎实推进疫情防控、安全生产、打击走私和促进外贸保稳提质等工作，守住守好口岸检疫防线，营商环境亮牌考核保持良好水平，汕尾市进出口连续两年保持正增长，深汕特别合作区外贸首次实现正增长。

修订党委工作规则和日常工作规则，完善"三重一大"决策制度。推动党建强基提质增效，3个支部被评为汕头海关先进基层党支部（人事政工监察科党支部、综合业务科党支部、运输工具和口岸监管科党支部）、1个支部被评为汕头市直工委先进基层党支部（查检一科党支部）。将文明创建融入党建工作，通过用好红色资源、创文帮扶、志愿活动、为党员过"政治生日"、邀请老党员讲党课等多种方式，组织主题党日活动168场次、志愿服务364人次，创文工作获汕尾市委嘉奖1次，收到企业感谢信4封、锦旗2幅、牌匾3个。以"理论教学+实践历练"模式自主培训1,170人次，全体应训人员提前完成总署下达的各项学时学分任务，取得各类执法资质关员32人次，参加"准军大练兵 秋季大比武"队列会操联队获第三名。

2021年，汕尾海关组织庆祝中国共产党成立100周年系列活动，开展党的十九届六中全会精神学习研讨，一体推进党史学习教育学思践悟，党委带头学习研讨21场次，推动11个党支部学习研讨801场次、办实事91件，抓实国门安全、便民利企、暖心聚力3个工程13项重点民生项目，解决企业急难盼愁问题12个（解决供港冰鲜猪肉出口前检验检疫签证问题，助力供港澳冰鲜猪肉5月1日起恢复出口；审批中广核陆丰公司自用型保税仓库扩容，为企业缓解仓储压力，该企业进口保税设备达14.2亿元等），"我为群众办实事"实践活动取得明显成效。媒体报道汕尾海关办实事29篇次，其中中央电视台《新闻联播》1篇次、省部级媒体9篇次。

【清廉海关建设】2021年，汕尾海关压紧全面从严治党责任，贯彻落实汕头海关党委加强"一把手"和领导班子监督3方面21项任务，推动业务和廉政建设同步开展。一体推进政治教育、纪法教育、警示教育，深化运用监督执纪"四种形态"，酒驾醉驾问题保持"零发生"。开展"现场监管与外勤执法权力寻租"专项整治，分解任务17项，建立台账逐项落实。

【口岸疫情防控】2021年，汕尾海关深入贯彻落实习近平总书记关于疫情防控的重要指示批示精神，严格执行疫情防控各项措施，做到"人、物、环境"同防，多病共防，坚决守牢"外防输入"关口。严而又严做好内部安全防护，疫情防控"零疏漏、零事故"。从讲政治的高度落实卫生检疫"14+7+7"封闭管理主体责任，统筹全关人力资源建立4个梯队，选派1名党委委员、1名处级干部、8名科级干部参加封闭管理，推动政治统领、规范管理、人文关怀做到位，为筑牢口岸检疫防线提供坚强政治保证；6月18日实施封闭管理以来，截至12月31日，组织4个梯队、16轮次、44人次参与封闭管理。抓好疫情防控经费物资储备保障，疫情防控全链条保障支撑有效夯实。动态调整、修订完善疫情防控预案及制度18个，举行应急演练及桌面推演8场次，岗前安全防护培训35场次。全年监管出入境船舶202艘次，采样389人次。

【口岸监管】2021年，汕尾海关加强口岸安全监管，国门生物安全、进出口食品安全、危险化学品安全、海关监管作业场所实现全链条管控，安全生产"零事故"，口岸安全形势保持平稳。加强供港澳活猪安全监管，加强对辖区活猪养殖场质量监控和巡查，督促企业落实非洲猪瘟等疫情防控主体责任；严格全链条检疫监管，监督装猪车辆加强清洗消毒；落实节假日和24小时预约通关，即报即检，快速通关，助力企业活猪安全稳定供港澳。

全年审核进出口报关单12,976份，监管进出口货物764.6万吨、金额23.9亿美元，同比分别增长31.1%、18.2%。监管出入境船舶202艘次。税收入库7.8亿元。检验检疫货物4,590批次、金额15.1亿元。监管供港澳活猪714批次、24,624头。签发原产地证书475份，金额2,989万美元。综合实验室监测煤炭和珠宝样品1,171批次，卫生处理90批次。

【查缉走私】2021年，汕尾海关扎实推进"国门利剑2021"专项行动，开展反偷渡反走私、治理珠江口水域走私违法以及打击货运集装箱渠道夹藏伪瞒报走私等专项行动，严厉打击"洋垃圾"、象牙等濒危物种及其制品、成品油等重点涉税商品、涉枪涉毒和冻品、"水客"等走私活动。

【口岸开放与发展】2021年，汕尾海关发挥属地职能作用，成立工作专班，建立对接协调机制，靶向推送政策，协助驻地党政部门规划推进；加强口岸公共卫生核心能力建设，指导口岸公共卫生硬件配套设施建设；督促指导码头运营企业按照验收标准完善海关监管设施、海关监管作业场所（场地）建设；深入调研，实地现场办公检查码头建设。2021年5月，审批通过华润电力（海丰）有限公司和陆丰宝丽华新能源电力有限公司2家企业专用码头海关监管作业场所注册；8月3日，汕尾港口岸扩大开放顺利通过国家验收，标志着汕尾全面接轨深圳、融入"双区"，振兴老区、奋进靓丽明珠迈出坚实一步。

积极支持深汕特别合作区发展，建立沟通协调机制，对接深汕特别合作区管委会；靠前服务，设立查检二科（特合区工作科）负责深汕特别合作区港口监管业务；支持小漠国际物流港建设，对小漠国际物流港口岸设施设计方案及海关信息化建设项目技术方案涉及海关监管区整体布局、功能设置等提出建设性意见和建议，认真做好小漠国际物流港码头接受国家验收前期准备工作。

▲2021年12月28日，汕头海关关领导出席深汕特别合作区小漠国际物流港现场开港活动

【企业管理和稽查】2021年，汕尾海关办理新增备案企业40家，同比增长73.9%，注销企业11家。支持信利集团旗下2家子公司实施保税监管改革试点，试点企业在集团内以便捷方式办理保税料件外发加工、料件串换、货物自主存放等流转业务1,050票，节省物流、报关等费用50万元，企业加工贸易进出口值增至69.93亿元。落实内销便利化改革等便利措施，加工贸易实际进出口总值11.57亿美元，同比增长33.1%，加工贸易内销征税2,394万元。办结稽查作业21个，办结核查作业27个。

【内控管理】2021年，汕尾海关建立责任清单和自建清单，应用内控节点指标体系检查发现问题全部落实整改。对2019年至今采购环节全覆盖检查，举一反三完善制度，堵塞漏洞，防控非执法领域风险。

【优化口岸营商环境】2021年，汕尾海关面对新冠肺炎疫情的严峻形势，统筹口岸疫情防控和促进外贸稳增长，主动作为助推地方外贸保稳提质，全年汕尾市进出口203.2亿元，同比增长19.8%；深汕特别合作区企业进出口12.8亿元，同比增长63%。推动中广核陆丰核电有限公司、广东红海湾发电公司、华润电力（海丰）有限公司和陆丰宝丽华新能源电力有限公司4家企业在汕尾本地注册备案，进口数据纳入汕尾外贸指标，全年进口36.4亿元，拉升汕尾市进口值45个百分点。深化"放管服"改革，持续优化口岸营商环境，"提前申报"应用率98%、"两步申报"应用率84%；推进汇总申报、担保放行、关税保证保险等，2021年汕尾辖区整体通关时间进口0.03小时、出口0.02小时，均列关区前列。支持汕尾电企煤炭进口，多方协调解决汕尾3家电企用煤需求，用煤压力得到有效缓解，有力支持汕尾市社会经济发展，3家电企全年发电356.5亿度，同比增长25%，进口煤炭728.9万吨，同比增长52.3%，企业降低成本约4.15亿元。帮扶汕尾特色产业发展，落实

▲2021年3月28日，汕头海关所属汕尾海关关员对出口输日活鰤鱼苗进行现场监管

通关便捷措施，保证鲜活商品安全稳定通关，全年监管鲜活商品出口1.4万吨、6.8亿元，同比分别增长181.4%、179.2%。

【政务及后勤保障】2021年，汕尾海关完成机关级督查任务34件，及时率100%；做好文稿服务，严格把好文稿政治关、质量关，及时报送各类政务信息，认真做好新闻宣传工作，新闻稿件被采用53篇次（省部级以上17篇次）；加强机要保密及档案管理，1名专职机要员被评为全国海关系统机要保密工作劳动模范，全年保密工作"零泄密"。

树立"过紧日子"理念，争取地方和中央财政追加预算资金，经费主要用于疫情防控、后勤保障等开支；完成汕尾海关首宗奢侈品涉案财物处置工作，通过拍卖成功通过网络平台出售；理顺走私冻品归口处置问题，经多方协调地方政府及公安、打私办、市场监管局等执法部门，进一步明确海关查获的走私冻品归口由市场监管局统一保管、统一处置。

（撰稿人：郑凯旋）

潮州海关

▲ 汕头海关所属潮州海关办公楼

【概况】潮州海关于1989年经国务院批准设立，于1991年4月1日正式对外办理海关业务，是隶属汕头海关的正处级属地型海关。辖区包括潮州市湘桥区、枫溪区、潮安区和凤泉湖高新区。2012年，被中央文明委授予"全国文明单位"称号，2020年顺利通过复审。截至2021年12月31日，潮州海关有内设科级机构7个、事业单位1个，在职员工96人。

截至2021年12月31日，潮州海关有注册备案企业1,619家，其中高级认证企业8家。企业类型主要为生产型企业，共有1,300多家，其中陶瓷及电子类700余家、服装类200余家、塑料制品200余家、食品类116家。辖区有出口食品原料种养殖场7家、出境竹木制品生产企业12家。出口产品主要有日用陶瓷、工艺陶瓷、卫生陶瓷、婚纱晚礼服、塑料制品、电子产品及食品糖果等。

【党建工作】2021年，潮州海关将学习贯彻习近平总书记重要讲话和重要指示批示精神作为"第一议题"。扎实推进党史学习教育，运用"青年读书会"领学、红色教员导学、红色资源现场学组织开展"四史"及专项学习315场次、集中研讨96场次、主题党日活动61场次，不断提升党员思想理论水平。以"'我为群众办实事'十佳案例"评选为契机，推动解决群众和企业急难愁盼问题68件。其中，参与的"打造'三联三优'模式为陶瓷出口注入强劲动能"获评全国海关"'我为群众办实事'百佳项目";助力重点工业企业设备紧急进口并节约相关成本700余万元,企业为潮州海关赠送"为群众办实事 替企业解难题"锦旗1面;以环保理念助辖区进口燕麦加工企业以粉碎方式替代原有的下脚料焚烧处理方式,解决焚烧污染难题,且粉碎处理所得粉末出售后为企业增加效益7.2万元。采取党委班子带头学、党支部书记紧跟学、普通党员广泛学、离退休党员线上学的模式,掀起学习党的十九届六中全会精神高潮,开展"党的光辉在心中"知识竞赛,并通过推选学习心得、录制视频宣讲、组织专题研讨等进一步激发关员学习积极性。严格对外信息报送和微信群等阵地管理,着力防范舆情风险。强化基层党的组织建设,以"四强"党支部创建活动为抓手,深化"强质提基工程"。

【纪检监察】2021年,潮州海关党委制订全面从严治党工作重点任务分工细化方案,从"持续推进政治机关建设、深入推进党风廉政建设和反腐败工作、持之以恒正风肃纪、加强准军事化纪律部队建设、强化权力运行监督制约、促进监督力量贯通融合、深入推动责任落实"7个方面,细化23项56条措施推进全面从严治党。运用"四种形态"强化监督,营造风清气正的良好政治生态。每季度召开党风廉政建设工作例会,定期分析防范廉政风险,全年未收到投诉举报。扎实开展"现场监管与外勤执法权力寻租"专项整治,聚焦重点领域,根据属地型海关的定位及辖区业务特点,重点针对企业监管过程中的外勤执法工作进行风险研判,着力解决个别环节监管体制不畅、制度规定不全、方法手段欠缺等问题。

【队伍管理】2021年,潮州海关坚持严管厚爱加强队伍管理,深入细致做好思想政治工作,切实发挥好党支部教育管理党员的主体作用,实现从管好"关键少数"向普遍多数拓展。针对亚健康状态成为困扰多数关员的普遍问题,关领导班子多方走访,与潮州市中医院达成共建协议,由该院指派资深医师到潮州海关开展"暖人心、健康行"义诊活动,结合前期体检结果,就内分泌失调、肌肉劳损、高血压、高血糖等多个问题进行现场综合诊断,诊治关员、退休干部40余人次,受到一致好评。

【法治建设】2021年,潮州海关积极开展普法宣传活动。认真组织"4·15""8·8""12·4"等重要节点普法宣传工作,立足日常宣传教育,注重在平日与管理相对人的接触中进行宣传,潜移默化提升企业法律意识。参加潮州市2021年"4·26"知识产权宣传月活动启动仪式暨宣传咨询活动,派员参加潮州市举办的知识产权宣传咨询活动,耐心解答群众提问,树立良好的海关形象,有效扩大影响范围。深入了解企业需求,结合"8·8"

法制宣传日活动和关区实际，主动送法上门开展点菜式普法，听取对海关工作的意见和建议，进一步改进工作方法，有效提高企业自觉守法意识。积极开展民法典宣传工作，发挥公职律师作用，利用汕头海关"空中课堂"开展授课。开展内部法律法规学习，提高业务骨干业务技能，规范执法，提升关员依法行政能力。

联合潮州市市场监督管理局、中国潮州（餐具炊具）知识产权快速维权中心签订知识产权协同保护合作框架协议，对地方进出口环节知识产权保护、知识产权维权执法、重点产业知识产权创造运用、知识产权保护宣传教育等方面加大扶持力度，优化市场营商环境，保护和支持企业自主创新，服务潮州市经济高质量发展。做好全方位指导，支持辖区知识产权权利人办理海关知识产权保护备案。

【检验检疫】2021年，潮州海关建立糖果生产添加剂问题库、凉果重金属问题库等专项问题台账，对辖区109家出口食品企业细化分类，按风险级别、出口量确定监管重点和频次，严格执行抽检措施，守住食品安全风险底线，全年检验放行出口食品货值25.9亿元，没有收到国外质量警示、通报、退货等情况。认真履行属地查检职责，成功办结潮州海关辖区首票危险化学品（食用香精）出口检验检疫业务和首票危险货物包装使用鉴定检验业务。开展"国门绿盾2021"行动，打击非法夹带外来物种和种子苗木进境。

强化出口茶叶监管，推行"公司+基地+标准化"监管模式，加强对种植基地土壤、水源、农残和重金属等项目监控；从生产源头抓起，严控加工过程中添加剂、微生物、包装规范、环境卫生等风险点，实现出口茶叶从产品原辅料到产品安全全链条质量安全监管，有效保障出口茶叶质量安全。同时，依托汕头海关技术中心，新增农药残留检测项目200多项，检测农药残留项目达500多项，精准落实监督抽检计划24个农残项目，为茶叶原辅料验收、生产过程控制、食品安全管理体系等方面提供一揽子检测技术解决方式，保障出口茶叶安全和品质符合国家规定、进口国要求及贸易合同要求。潮州海关精准施策不断提高茶叶出口质量管控，全年潮州特色产业茶叶出口货值1.6亿元，同比增长27.3%。

▲2021年4月9日，汕头海关所属潮州海关关员在出口食品生产企业调研

【企业管理和稽查】2021年，潮州海关建立问题台账，对12大类130多家特殊资质企业进行梳理，制订计划、确定监管

重点和监管频次，及时完成核查作业。开展汕头关区首宗跨部门"1+1>2"联合抽查执法，与市场监管部门实现"进一次门、查多项事"，有效增强事中事后监管效能。继续落实加工贸易集中审核改革，加强与审核海关和上级职能部门联系配合，有效防范业务风险。

【查缉走私】2021年，潮州海关、潮州海关缉私分局坚持狠抓打私主业不放松，在疫情影响下立案21宗，案值共约4,676万元，罚没收入共约280万元；办理各类协查案件20宗，协助抓获嫌疑人2名，反馈有效资料18份。

【优化口岸营商环境】2021年，潮州海关深化"证照分离"改革，优化注册登记备案手续，新增进出口货物收发货人161家。通过口岸海关、属地海关、职能部门"三方联动"，实现信息共享互通、业务环节衔接顺畅，推进优先机检、优化查验、优质服务"三优"服务模式，构建以信用管理为基础的全链条新型海关监管机制，提升关区高信用企业获得感。在综合分析潮州600多家陶瓷企业的资信、进出口和生产经营情况的基础上，潮州海关向汕头港海关推荐并最终确定首批15家正面清单企业作为试点企业。同时，建立重点陶瓷企业培育库，宣传政策、通报试点情况，收集企业意见并及时反馈，并用好"粤东E通关"微信公众号等线上互动渠道，实时解答企业疑问。发挥实验室技术优势，优化检测服务，为辖区陶瓷企业节约成本近80万元。全年潮州市陶瓷出口额同比增长32.6%。

▲2021年6月1日，企业向汕头海关所属潮州海关赠送"为群众办实事 替企业解难题"锦旗

（撰稿人：马志平　邢映忠　吕　鹏　李维嘉　谢少斌）

揭阳海关

▲汕头海关所属揭阳海关办公楼

【概况】揭阳海关于1989年10月正式开关，原名榕城海关，2007年11月更名为揭阳海关，是隶属汕头海关的正处级综合型海关。管辖范围包括揭阳市的榕城区、揭东区、揭西县、惠来县和揭阳空港经济区、揭阳产业转移工业园区、揭阳大南海石化工业区，辖区面积约3,640平方千米。截至2021年12月31日，下设1个口岸型副处级机构（驻惠来办事处），有内设科级机构9个（包括驻惠来办事处3个）、事业单位1个，在职员工82人。

2021年，在汕头海关党委坚强领导下，揭阳海关以习近平新时代中国特色社会主义思想为指导，全面贯彻落实汕头海关工作部署，以实干求实效，推动各项工作取得明显成效。全年受理进出口报关单7,229票，同比增长12.2%；税收入库8.2亿元，同比增长5.4倍，创历史新高。全年监管进出口货运量674.6万吨、货值183.4亿元，同比分别增长348.6%、279.3%。其中，监管进境调运粮食128批、14.6万吨，重量同比增长78%；监管进口煤炭349.2万吨、货值26.1亿元，同比分别增长761.2%、1,877.3%；监管进口天然气328.2万吨、货值140.6亿元，同比分别增长170.7%、421.2%。全年监管出入境船舶180艘次，同比增长400%。

【党建工作】2021年，揭阳海关坚持把学习贯彻习近平总书记重要指示批示精神作为"第一议题"，强化政治担当，压实各级责任，推动党中央关于疫情防控、打击走私、安全生产等重大决策部署落到实处、一贯到底。党委班子带头深入学习习近平新时代中国特色社会主义思想，举办专题读书班3场，引领带动全关党员干部增进政治认同、思想认同、理论认同、情感认同；扎实推进党史学习教育，开展特色课堂"党史开讲啦"10场次；突出学史力行，帮助企业解决大项目设备进口、减免税办理等难题20多个。擦亮"全国文明单位""全国青年文明号"等品牌，持续推进基层党组织"强基提质工程"。魏少红获评全国海关机要保密工作劳动模范，曾文辉获评"2021年揭阳市五一劳动奖章"。

【支持石化项目】2021年，揭阳海关坚持挂图作战，支持汕头海关"三大增长极"之一的广东石化炼化一体化项目建设，成立工作专班，提供量身定制的监管服务，全程指导企业开展监管作业场所建设、进口设备报关、口岸开放申报等工作，及时为项目建设提出海关方案，助力揭阳大南海石化工业区打造世界级石化产业基地。及时解决进口设备监管等难题，监管进口设备132批、货值7.4亿元。

▲2021年1月6日，汕头海关所属揭阳海关关员对进口液化天然气进行监管

【疫情防控】2021年，揭阳海关坚持把疫情防控作为重中之重，优化完善疫情防控指挥部体系，靠前调度指挥，层层压实责任，精准落实各项疫情防控措施，实现全员"零感染"。坚持从严、从紧规范落实口岸常态化疫情防控措施，主动加强与地方联防联控机制紧密协作，在争取上级人力支持的同时，克服人员缺口等困难，深入挖掘人力，组织15轮次、43人次参与封闭管理工作，不折不扣落实"14+7+7"集中封闭管理要求；一线人员克服困难、坚守阵地，生动诠释忠诚、担当的国门卫士精神。

【口岸监管】2021年，揭阳海关坚决守住安全底线，强化对出口食品、入境调运粮食和进口煤炭、液化天然气等重要能源产品的监管，组织人员到兄弟海关学习危险化学品检验监管技能，保持安全"零事故"。揭阳海关连续3年被评为揭阳市食品安全优秀单位。

【检验检疫】2021年，揭阳海关结合实际制订2021年度出口动物源性食品风险监测计划工作方案、供港蔬菜专项检查计划工作方案，顺利完成年度风险监测任务。联合普宁海关与揭阳市市场监管局签订国内市场不合格进口食品溯源合作机制，高效有序应对处置进口食品检出新冠病毒核酸阳性等食品安全突发事件。认真做好属地检验检疫监管工作，做好进口目的地、出口产地/组货地货物的拟证、施检、出口食品质量安全等相关检疫监管工作，检出不合格旧机电1批。开展"全民国家安全教育日"宣传活动，认真做好2021年度国门生物安全监测工作，加强对进口调运粮食监管，维护国门生物安全。全年监管来自美国、澳大利亚、加拿大、乌克兰等国家和地区的进境调运玉米、高粱、小麦、大麦、豌豆等粮食14.5万吨，同比增长78%。

【企业管理和稽查】2021年，揭阳海关新增备案企业79家，新增备案出口食品生产企业12家，新增备案种植场、养殖场5家，现有注册备案企业1,543家；办理手（账）册设立24本，备案进口金额2,922万美元，同比增长61%；强化海关备案企业信用管理，新培育高级认证企业2家。全年在揭阳海关申报进出口的非揭阳企业100家，同比增加17.6%。

▲2021年7月29日，汕头海关所属揭阳海关举行海关AEO高级认证企业颁证仪式

【查缉走私】2021年，揭阳海关深入推进"国门利剑2021"、跨境电商进口走私"断链刨根"等专项行动，完善同缉私部门联系配合机制，强化全员打私，揭阳海关缉私分局共查办案件34宗、案值2.8亿元。开展"剿猎2021-1"打击"水客"走私专项行动，全员全力侦办揭阳组案件，该案被总署缉私局列为一级挂牌管理案件，案值2.3亿元，偷逃税额7,692万元，高质效办结移诉，给走私分子以强烈震慑。通过跨关区、跨部门合成作战，"7·27"涉嫌走私卷烟案扩大战果，全链条打击卷烟走私犯罪行为。推动地方政府创新压实村镇反走私责任制度，在惠来县神泉镇沃角村、靖海镇资深村设立反走私综合治理示范点，反走私综合治理不断向纵深拓展。全员打私进一步深化，关警配合，共同推进涉嫌出口骗退税线索的调查工作。揭阳海关获评"广东省打击虚开骗税违法犯罪专项行动先进集体"。

【口岸开放与发展】2021年，揭阳海关推动广东粤电靖海发电有限公司专用煤码头通过对外开放验收并开展进口煤炭业务；支持进口液化天然气"保供应、扩进口"，实行24小时快速验放，监管量创历史新高。

【优化口岸营商环境】2021年，揭阳海关持续推动口岸营商环境优化，落实"证照分离"等改革措施，释放政策红利，为企业办理返税3.7亿元、审批减免税317万元，签发原产地证书4,599份，可助企业实现关税优惠6,600多万元。出台《揭阳海关促进外贸稳增长若干措施》，推出10条稳外贸举措；支持特色产品稳订单，帮扶出口竹笋开拓英国、摩洛哥等市场，推动惠来胡萝卜、鲍鱼、巧克力、麦片等实现首次出口，强化品牌培育，支持企业打造"省级农产品出口示范基地"，监管出口食品6.5亿元；支持新业态发展，推动揭阳跨境电商产业园首次上线运营进口业务。

【队伍建设】 2021年，揭阳海关常态化开展队列训练，强化关容风纪养成，建立准军"负面清单"制度，开展"准军大练兵 秋季大比武"活动，提升队伍准军意识和精气神。强化勤学苦练，创建"修学储能"每周学堂，引导青年干部主动参与一线疫情防控、文明创建等工作。

【综合保障】 2021年，揭阳海关组织慰问离退休老干部、困难党员干部等活动，落实保护关心爱护疫情防控一线人员16项措施，做好后勤保障工作。回应民生诉求，实施员工饮用水水质改善、建立员工医务室、公共卫生间改造等暖心工程，凝聚干事创业合力。

【清廉海关建设】 2021年，揭阳海关坚持深入推进全面从严治党，坚决履行管党治党责任，着力加强对"一把手"和领导班子的监督。扎实推进党风廉政建设和反腐败斗争，深入开展"现场监管与外勤执法权力寻租"专项整治、警示教育月等活动，干部队伍保持"零举报、零投诉、零信访"。善用监督执纪"第一种形态"，抓早抓小。

（撰稿人：吴　丰　林伟强　林　炀
　　　　　郑少麟　黄晓波）

饶平海关

▲汕头海关所属饶平海关办公楼

【概况】饶平海关于 1993 年 1 月开关，是隶属汕头海关的正处级偏口岸综合型海关，管辖范围为潮州市饶平县。辖区监管点多面广，有一类口岸 1 个、监管场所 7 个。截至 2021 年 12 月 31 日，饶平海关有内设科级机构 7 个、事业单位 1 个，在职员工 68 人。

2021 年，饶平海关坚持以习近平新时代中国特色社会主义思想为指导，在汕头海关党委的正确领导下，按照汕头海关工作会议和全面从严治党工作会议部署要求，坚持稳中求进的工作总基调，在抢抓机遇中乘势而上，在攻坚克难中砥砺前行，在从严治党中凝心聚力，各项工作取得积极进展。

2021 年，饶平海关审核进出口报关单 2,015 份；监管进出口货运量 704.2 万吨，同比减少 9.6%；监管进出口货物总值 12.7 亿美元、同比增长 54.5%，其中进口 10.3 亿美元、同比增长 58.7%，出口 2.4 亿美元、同比增长 38.7%。征税 6.8 亿元，同比增长 46.6%。签发各类原产地证书 2,405 份，签证金额 2.25 亿美元，同比分别增长 27.3%、25.5%，帮助饶平企业实现进口国关税减免 443 万美元。饶平海关现有注册备案企业 199 家，同比增长 11.8%。

【政治建设】2021 年，饶平海关将学习习近平新时代中国特色社会主义思想、党的十九届历次全会精神和习近平总书记最新系列重要讲话列为党委会、形势分析及工作督查例会"第一议题"，作为党委理论学习中心组和全关教育培训的"第一主题"，作为党员干部理论学习的"第一任务"，以严格落实"第一议题"制度为抓手，切实打牢全关高举旗帜、听党指挥、忠诚使命的思想根基。狠抓党团支部建设，以擦亮"广东省文明单位"、创建"省级青年文明号"、创建"四强"党支部为抓手，持续深化"强基提质工程"，促进党建、业务深度融合，孙东林获评汕头市"青年岗位能手"，文年年获评汕头市"优秀共青团员"。

严格按照海关准军事化纪律部队要求加强队伍建设，开展内务规范强化月活动，组织队列训练，规范训练动作；常态化开展内务督察，强化关容风纪养成，业务窗口值班人员未发生因违反内务规范和态度作风问题被总署、汕头海关通报情事。组织开展"转变作风开新局"主题大讨论，各支部班子带头转作风树新风，坚持精简发文、开短会。对标"汕头海关新征程专家人才起航计划"，加大年轻干部的实践历练和老同志的"传帮带"，打破科室界限成立统计分析小组，为党委决策提供参谋服务。

结合关区实际，研究制订学习教育实施方案，压紧压实学习教育工作责任，推动学习教育有序开展。按照三个阶段工作部署要求，重点学习习近平总书记在党史学习教育动员大会、在庆祝中国共产党成立100周年大会和党的十九届六中全会上的重要讲话精神。运用"学、听、看、讲、问、答"六步学习法，探索碎片化学习模式；依托关区红色教育资源，组织党员干部重走茂芝会议红色路线、参观饶平县革命烈士纪念碑和麦贤得事迹陈列馆，引导关员赓续红色血脉，传承革命薪火；组织"我与党员面对面"党团员交流分享会，以党建带团建，不断推动党史学习教育持续升温。以"群众需要我办什么"为导向，推动形成"党委真心办实事，书记用心解难事，支部合力做好事，群众参与干成事"工作机制，用心用情解决群众、企业急难愁盼问题，办成地方制度性经费保障、员工子女入读优质公立幼儿园、海关宿舍危墙纳入地方老旧小区改造、新建员工停车场、扶持企业入选2021年农业国际贸易高质量发展基地等13项好事实事。

【清廉海关建设】2021年，饶平海关狠抓党委班子建设，制定实施饶平海关贯彻落实"三重一大"决策制度实施办法，落实"四责"协同机制（党委主体责任、党委书记第一责任、班子成员"一岗双责"、纪委监督责任），加强对"一把手"和领导班子监督，发挥把方向、管大局、保落实的作用。扎实开展"现场监管与外勤执法权力寻租"专项整治活动，坚持"大范围、深交流、广言路"收集意见建议、排查风险隐患，紧盯抓实整改和"回头看"，对整改事项做到短期立行立改、长期"销号不销账"。落实党风廉政建设工作例会制度，认真分析研判风险。运用好监督执纪"四种形态"，开展谈心谈话，未发生违反中央八项规定精神和酒驾醉驾情事。

【法治建设】2021年，饶平海关制定和完善贯彻落实"三重一大"决策制度实施办法、公有住房管理实施细则等制度规范23个，涵盖党委工作、财务管理、疫情防控等方面，确保工作于法有据。落实"谁执法谁普法"普法责任制，通过"线上+线下"方式及时向企业普及生物安全、反恐、口岸传染病疫情防控、海关知识产权保护等知识，提高出入境人员执法、懂法、守法、用法意识；利用重要时间节点集中开展法治宣传教育活动，结合食品安全宣传、禁毒宣传等工作积极推进普法活动进企业、进校园、进农村。

【口岸监管】2021年，饶平海关坚持把"马上就办、真抓实干、锲而不舍、一以贯之"作为讲政治的实践标准。认真落实习近平总书记关于"洋垃圾"入境、象牙等濒危物种及其制品走私、打击"水客"走私等问题的重要指示批示精神，扎实开展"国门利剑2021""国门绿盾2021"和打击治理珠江口水域走私等专项行动，深化全员打私理念，强化正面监管。推动监管前移，在4单进口煤炭中检出泥土夹杂物，在出口活鱼监测中检出14个样本呋喃唑酮代谢物超标。扎实推进安全生产专项整治三年行动，对关区监管作业场所开展全覆盖集中排查4次，整治安全隐患3个，全年监管进口液化气83.38万吨，实现安全"零事故"。

【口岸开放与发展】2021年，饶平海关牢记习近平总书记2020年10月视察广东潮州、汕头时表达的关心厚爱和殷切期盼，找准发挥海关职能作用的着力点，全程跟踪指导潮州港扩建货运码头完善监管场所配套设施建设，2021年7月6日通过口岸对外开放验收，10月28日完成海关监管作业场所注册登记；饶平拓林对台小额贸易点获批第五批试行更开放管理措施点资格。在关区承接粤港澳大湾区外贸产业溢出上强化服务支持，发挥粤东、闽西桥头堡作用，畅通进出口通道、提振外贸平台能级，采取"边卸货边采样""即靠即验"等通关便利化措施，全年监管进口煤炭595万吨，助力地方发电保供应。

▲2021年10月28日，汕头海关所属饶平海关关员到潮州港扩建货运码头进行海关监管作业场所现场验核

【企业管理和稽查】2021年，饶平海关办理新增备案企业13家，注销企业3家，关区备案报关单位总数达199家，特定资质备案企业7家。培育扶持关区龙头AEO企业3家，吸引广东省海润供应链有限公司等企业回流关区属地报关8家。推动深化海关专业管理平台应用，开展专项督察。深入推进"多查合一"改革，加强"互联网+稽核查"系统应用，构建以信用管理为基础的监管机制，引导企业主动如

实报告发现的问题，促进企业规范经营、守法自律。

【口岸疫情防控】2021年，饶平海关科学精准落实口岸疫情防控措施，严格落实"三查三排一转运"，全年检疫进出境船舶525艘次，采样核酸检测231人。持续加强疫情监测和研判预警，加强与地方联防联控，做到早发现、早预警，对有症状人员采样加测登革热、流感、基孔肯雅热、疟疾等其他传染病，检出2艘船舶饮用水细菌超标和病媒生物超标，坚决防止疫情叠加。从严就高做好安全防护，加强疫苗接种，严格执行一线高风险岗位人员"14+7+7"封闭管理，落实一线人员关心关爱长效机制，确保人员"零感染"。持续夯实口岸应急处置能力，制修订口岸疫情防控工作方案和应急预案4个，每周开展1次防护装备穿脱培训，开展桌面推演5次、防控职业暴露应急处置演练4次，时刻保持战备状态。

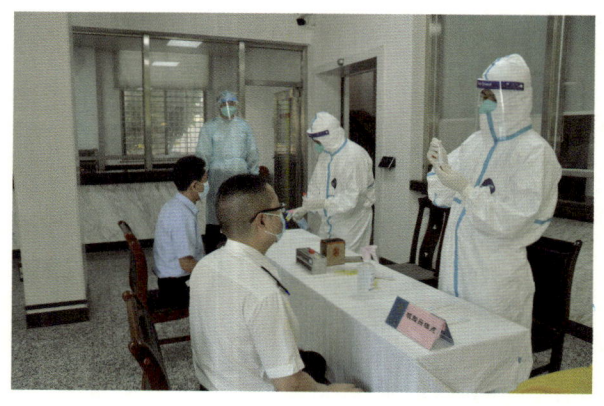

▲2021年8月24日，汕头海关所属饶平海关开展工作人员感染新冠肺炎内部应急处置演练

【优化口岸营商环境】2021年，饶平海关认真贯彻落实汕头海关优化口岸营商环境若干措施。在打通道方面，落实"提前申报""两步申报"和"汇总征税"等改革措施，关区进、出口整体通关时间分别为11.8小时、0.30小时，同比压缩36%、74%。在降成本方面，实施"证照分离""智能审单"等多项便利化措施，分类别实行精准审证，提升原产地签证准确率，减少申报随附单证，提升企业申报效率，让企业充分享受关税减免。在优服务方面，实施差异化、靶向性暖企惠企措施，助推饶平县宇祥水产养殖有限公司入选2021年农业国际贸易高质量发展基地认定名单，帮扶饶平县永信食品有限公司的冷冻水产品开拓土耳其市场、广东亨盛维嘉食品工业有限公司的风味固体饮料首次出口塞拉利昂。

【输韩活鱼监管】2021年，饶平海关为支持饶平活鱼出口，在做好日常风险监测的同时，积极推动监管前移，及时掌握企业出口计划，将检疫工作做在前头；开辟鲜活产品绿色通道，采取24小时预约监管、即报即验等方式快速通关，做到"零延时""零等待"。全年监管出口活鱼4,957.5吨、货值3,121.5万美元，同比分别增长108.12%、126.79%。

（撰稿人：麦妙华　余武斌　陈朝辉
　　　　　陈鹏彬　林旭佳　林晓鹏
　　　　　郑仕雄　袁　青）

海城海关

▲汕头海关所属海城海关办公楼

【概况】海城海关是隶属汕头海关的正处级属地型海关，前身为汕头海关驻海城办事处，于1984年10月经国务院批准设立，是广东省最早的4个进出境车辆分流点之一。1986年3月20日正式开关，主要担负汕头关区陆路进出口转关货物的监管工作。2018年12月14日，机构改革后更名为海城海关，管辖范围为汕尾市海丰县和深汕特别合作区，2020年11月18日起管辖范围调整为海丰县（不包括深汕特别合作区）。2020年获评"广东省文明单位"。辖区现有进出口企业148家，主要进口货物为黄金、纱线等，出口货物以毛织服装、黄金首饰、农产品（活猪）、食品、食用水生动物为主。截至2021年12月31日，海城海关有内设科级机构6个，在职员工44人。

2021年，海城海关在汕头海关党委坚强领导下，坚持以习近平新时代中国特色社会主义思想为指导，全面贯彻落实党的十九大和十九届历次全会精神，提高政治站位、强化政治担当，深化"五关"建设，强化监管优化服务，扎实推动各项工作有效开展。全年监管货物进出口总值3.89亿美元，同比增长75.2%；审核进出口报关单2,656份，同比减少9.6%；检验检疫货物5,990批次、金额3,134.6万美元，同比分别增长93.5%、减少13.6%。

【政治建关】2021年，海城海关坚决贯彻落实习近平总书记重要讲话重要指示批示精神，第一时间传达学习并落实到具体工作中。扎实开展党史学习教育，深入开展"我为群众办实事"实践活动；持续打好疫情防控阻击战，始终坚持"外防输入、内防反弹"，实现全员"零感染"；坚持推进业务改革，提升监管服务水平，推动外贸高质量发展。紧记安全生产"三个必须"（管行业必须管安全、管业务必须管安全、管生产经营必须管安全）的要求，全面排查重点领域安全风险隐患，严防安全事故发生；树牢厉行节约、反对浪费意识，坚持"过紧日子"，扎实推进节约型机关建设；落实意识形态工作责任制，坚持正面教育宣传、舆论引导，在思想上行动上与党中央保持高度一致。

注重锤炼准军作风，健全抓在日常、管在经常的长效机制，开展内务规范强化月活动，常态化开展内务督察，强化关容风纪养成；多形式开展业务知识学习培训，努力提升关员业务技能；用心用情用力做好离退休干部服务管理工作，走访慰问24人次；开展国门生物安全宣传进社区、无偿献血等志愿活动10场次，参加活动志愿者218人次。

充分发挥党委"龙头作用"，多维度多形式扎实开展党史学习教育，不断提高政治判断力、政治领悟力、政治执行力；充分利用海丰地区红宫红场、彭湃故居等红色教育资源，开展"先进典型事迹分享""经典打卡""红色走读"等活动，教育引导党员学党史、悟思想、办实事、开新局。打造"四学"机制（领航学、创新学、实践学、督导学）、"线上+线下"联动等推进党史学习教育的相关做法获总署、广东分署和汕尾市委宣传载体刊发。

坚持以党建促业务，以擦亮"广东省文明单位"、"四强"党支部和党建品牌为抓手，积极开展"我为群众办实事"实践活动，着力打通服务企业和群众"最后一公里"，累计为民办实事24件（实施"一企一策"积极培育出口知识产权优势企业等），民生项目完成率100%，收到锦旗、感谢信5面（封）。

▲2021年9月28日，汕头海关所属海城海关关员到海丰县红宫红场开展党史学习教育

【清廉海关建设】2021年，海城海关压实全面从严治党主体责任，"一把手"认真履行全面从严治党第一责任人责任，强化压力传导，督促党员领导干部认真履行"一岗双责"，推动全面从严治党工作要点49项措施有效落实，严肃党内政治生活和组织生活，严格执行民主集中制，重大事项集体决策；常态化开展纪法教育、廉政警示教育，持续对各支部责任落实情况跟踪问效，将支部抓党建促业务的成效纳入平时考核内容；运用好监督执纪"四种形态"，开展谈心谈话，未发生违反中央八项规定精神和酒驾醉驾情事。

扎实推进"现场监管与外勤执法权力

寻租"专项整治，加强与派驻纪检组协调联动，主体责任与监督责任同向发力，建立健全海城海关重大财务事项集体审批和经费支出管理实施细则等制度机制3项；把专项整治整改工作与严密制度、严格要求、严肃教育紧密结合起来，深化以案促改、以改促治，推进专项整治成果长效化。

【疫情防控】2021年，海城海关坚决贯彻落实习近平总书记关于疫情防控重要指示批示精神和党中央、国务院决策部署，严格执行总署和汕头海关各项疫情防控部署要求，优化疫情防控指挥体系工作模式，完善应急处置预案、开展应急演练、动态调整疫情防控措施；切实落实安全防护管理主体责任，将安全防护工作与业务工作"同研究、同部署、同督促"；加强内部防控，强化卡口管理、办公场所清洁消毒、每日健康申报、错峰就餐等措施，从严审批员工出差出行；制定海城海关应急物资仓库管理制度，进一步加强疫情防控应急物资管理。

【口岸监管】2021年，海城海关认真开展国门生物安全监测，结合实际做好供港活猪、食用水生动物疫病及实蝇监测，织牢织密国门生物安全风险监测预警网络。积极开展国门生物安全宣传"进社区、进超市、进企业"系列活动，通过发放宣传资料、接受咨询、举办专题讲座等多种形式，向企业、群众推广普及进出境动植物检疫、传染病防治、食品安全、口岸生物反恐等国门生物安全知识。

切实落实安全生产主体责任，强化组织领导，制定安全生产专项整治三年行动细化措施，多渠道多形式学习新《安全生产法》，开展"安全生产月"活动和口岸监管反恐演练，利用关键节日、节点加强对重点领域安全检查，及时消除安全风险隐患，扎实做好安全生产工作。

【检验检疫】2021年，海城海关认真开展供港活猪、食用水生动物安全风险监控。严格实施出口食品监督抽检，完成出口动物源性食品风险监测及供港蔬菜检查计划，未发现不合格。加强对进口钢筋、聚乙烯醇等商品现场查验和抽样送检，落实法定检验商品以外进出口商品抽查检验工作，积极开展打击进出口假冒伪劣商品专项活动、防疫物资产品质量安全和市场秩序专项整治行动。

【企业管理和稽查】2021年，海城海关推动"报关企业注册登记取消行政审批"改革，严格落实"一次申请，一次办理"要求，办理报关单位备案26家，实现100%全程网上办理。落实食品出口生产企业备案核准许可改革措施，加强食品加工等资质企业的日常监管，开展相关资质企业年审实地检查，防范执法风险。加强对辖区加工贸易、食品企业的风险监控，认真开展保税核查等各类核查。落实稽查业务改革要求，通过"互联网+海关"企业稽核查功能完成稽核查作业任务。大力开展高级认证企业培育工作，承担汕头海关参与总署 AEO 互认观摩企业名录库相关制度建设项目任务，确定培育对象 4 家。

【内控建设】2021 年，海城海关优化设置调整内控工作机构，压实内控主体责任，落实内控节点，推动岗位清单制管理，不断提升内部业务风险分析处置能力。利用海关内部管理系统，动态监控、实时掌控进出口报关单通关情况，落实报关单"日清月结"制度，做到"当日监控、当日排查、当日处置"。规范业务运行，推动各项政策措施落实落地落细。推进综合治税工作，征收税款 1,646.4 万元，同比增长 54.65%，完成全年税收任务。

【优化口岸营商环境】2021 年，海城海关主动服务，持续优化口岸营商环境，力促地方外贸发展。发挥属地管理效能，推动加工贸易业务企稳回升，辖区加工贸易进出口额 27.5 亿元，同比增长 106%；推进海关业务改革，启动前伸服务机制，实时解答申报流程疑难问题，"提前申报""两步申报"应用率分别为 99.7%、97.5%，进出口整体通关时效关区排名靠前；积极开展政策宣讲，食用水生动物、跨境电商成为出口增长新动力，跨境电商 B2B 直接出口业务（"9710"）出口总值 6.5 亿元，出口食用水生动物 1,222 批、1,322 吨；推广原产地签证无纸化、证书打印自助化等措施，签发原产地证书 642 份，签证金额 583.7 万美元，同比分别增长 44.3%、52.8%；提前介入，为 2 个生态养猪产业项目（总投资 4.5 亿元、年产量 22 万头）落地海丰提供政策、技术服务。

【查缉走私】2021 年，海城海关始终保持打击走私高压态势，强化全员打私，扎实开展"国门利剑 2021"专项行动，推进反走私综合治理。组织对辖区内重点油站、油库等的检查。主动与地方公安、市场监管、海警等部门沟通协作，加强打击"洋垃圾"及油品走私、假冒伪劣商品、食品安全等领域联合执法活动。

【综合管理】2021 年，海城海关严格落实中央八项规定及其实施细则精神，改进文风会风，严格公务用车管理，杜绝"公车私用""私车公养"；加强新闻宣传，牢固树立正面舆论导向，精准挖掘信息新闻"热点"，宣传海关良好形象；强化机要保密、档案管理和值班应急管理，制修订完善各类突发事件应急处置预案，加强保密安全教育宣传，实现"零疏漏""零泄密"；优化经费保障机制，促进预算执行提质增效，规范采购、涉案财物、资产装备管理；优化美化办公环境，改善交流干部宿舍条件，丰富食堂菜式，进一步提高员工的归属感和幸福感；加强与地方党政部门沟通，通报海关最新法规、政策和服务外贸经济发展的新举措，取得工作支持；发挥绩效考核"指挥棒"作用，将考核结果与评先评优、年度考核等相结合，推动工作质量提升。

【供港食品、农产品监管】2021 年，海城海关坚决贯彻落实习近平总书记关于做好重大动物疫病防控的重要指示精神和食品安全"四个最严"要求，聚焦辖区产业特色，强监管优服务，保障供港食品、农产品安全稳定顺畅供应。强化源头管理，加强疫情疫病监测和安全风险监控，严格出场前检疫监装，指导辖区供港活猪养殖场做好返场人员隔离和非洲猪瘟等动物疫病的防控；主动深入企业调研，建议暂停执行供港活猪出口前非洲猪瘟检测监管措施获批准，优化供港活猪监管流程，降低疫情叠加风险，提高通关效率；提供"5+2""白+黑""全天候、零等待"服务，实现随报随检、随检随放，快速出证放行，助力辖区供港澳活猪、速冻点心、粽子、月饼和鲜活水产品等安全便利通关。全年检疫监管供港活猪648批、23,328头，供港食品1,412批、2,997.3吨，实现"零事故、稳供应"。

▲2021年10月3日，汕头海关所属海城海关助力辖区活猪顺畅供港

（撰稿人：叶俊伟　刘小冰　刘　亮　陈腾营　郑志升　钟海兵　翁江明　彭定晓　谢凯凤　颜少巧）

普宁海关

▲汕头海关所属普宁海关办公楼

【概况】普宁海关前身为汕头海关驻普宁办事处，于1990年2月15日经总署批准设立，1992年1月1日正式开关，是隶属汕头海关的正处级属地型海关，管辖范围为广东省普宁市。先后获"全国青年文明号""广东省文明单位""揭阳市文明单位"等称号。截至2021年12月31日，普宁海关有内设科级机构6个，在职员工33人。

2021年，普宁海关坚持以习近平新时代中国特色社会主义思想为指导，在汕头海关党委坚强领导下，对标"政治强关建设取得成效，业务改革高质量推进，粤东国门铁军建设走在全国海关前列"的发展目标，统筹推进口岸疫情防控和促进外贸稳增长工作，各项工作取得一定成效。

【政治建关】2021年，普宁海关坚持政治机关定位，扎实推进政治机关建设。坚持"第一议题"制度，对习近平总书记重要指示批示精神闻令即动、遵令而行，通过党委会、形势分析及工作督查例会等狠抓督促推进贯彻落实。积极发挥党委领学促学"头雁"作用，党委书记带头讲党课，不断增强政治判断力、政治领悟力、政治执行力，干部队伍政治意识有效增强，理想信念更加坚定，运用理论指导实践、推动工作的水平得到提升。狠抓"关键少数"，强化班子建设，完善三级党委议事制度，修订普宁海关贯彻落实"三重一大"决策制度实施办法等，坚持民主集中制，做到依法决策、科学决策。强化垂直管理意识，重大事项向汕头海关党委请示报告。党委会每半年专题研究部署意识形态工作，牢牢把握思想政治工作主动权。党委书记专题讲保密党课，保密工作和海关业务数据安全工作扎实有效推进。擦亮"广东省文明单位""全国青年文明号"品牌，积极推进"强基提质工程"和"四强"党支部建设。

把开展好党史学习教育作为重要政治任务贯穿全年，各党支部打造系列特色主题党日活动，用足用好地方红色资源，开展沉浸式体验教学。党委带头学习宣讲，陈泽滨主讲的《追寻革命遗址传承红色精神——大南山革命遗址》"红色讲坛"视频被"学习强国"平台采用。"我为群众办实事"成效不断涌现，助推中药材和特色农产品扩大出口，协助企业取得知识产权备案和减免税备案，增设员工电动车充电车棚，建设准军体能训练室和"大南山悦读室"。

▲2021年11月5日，汕头海关所属普宁海关组织党员代表到普宁市大南山街道什石洋村红色教育基地开展主题党日活动

【风险管理】2021年，普宁海关积极利用"云擎"系统建立相关分析模块，全面掌握辖区外贸动态。落实普宁海关外贸动态监测机制要求，开展外贸数据监测和数据审核。积极开展风险信息的收集和报送，提升后续处置成效。

【税收征管】2021年，普宁海关立足辖区实际开展调研，稳定固有税源企业，深入了解辖区重点税源企业生产经营情况，关领导挂帅"一企一策一专班"，随时响应企业通关纳税诉求；采用多形式做好异地纳税企业的宣传工作，引导企业回流报关；主动服务辖区纺织服装产业转型升级，联络汕头海关职能部门和口岸海关做好进口设备通关手续。全年税收入库1,190.1万元，同比增长55.5%。

【疫情防控】2021年，普宁海关精准落实疫情防控，动态调整各项防控措施。常态化抓紧疫情防控，在办公区域进出口设置自动测温仪和面部识别门禁，规范人员进出管理，做好来访人员和出差出行人员返岗风险排查，加强办公场所重点区域和公共区域消毒卫生通风。落实安全防护监督员及疫情防控应急预备队成员培训，完善"培训考核、监督管理、自查督查"三位一体安全防护体系，三级专兼职安全防护监督员按要求落实"岗前检查、工作巡查、全程督查"和"双人作业、互相监督"的安全防护监督要求。加强对全体干部职工疫情防控知识培训，提醒干部职工注意个人卫生，落实防疫"三件套"（戴口罩、保持1米安全距离、做好个人卫生），做好新冠病毒疫苗加强免疫接种"应接尽接"工作。与地方政府相关部门建立联防联控机制，通过疫情防控专班、农贸专班等形式加强合作对接和信息共享，形成防控闭环管理。定期开展疫情防控检查，组织应急演练3场次，扎实开展卫生清洁活动，实现"零感染、打胜仗"。

【检验检疫】2021年，普宁海关落实"六稳""六保"部署，对重点企业提供个性化服务，支持辖区中药材、青梅制品等特色产品出口。推进年度进出口食品抽样检验和风险监测工作，"一企一策一专班"精准帮扶，帮助企业解决外贸进出口过程中的实际困难，完成辖区出口特色产品检验监管。全年监管出口中药材122批、1,643.7万美元，批次同比增长165%；监管青梅产品335批、货值1,743.2万美元，批次同比增长近30%。监测出口食品4批、进口食品1批，检测项目共38个，没有检出不合格情况。推动落实"两段准入"等改革试点。共完成进境目的地查检8批。

▲2021年7月21日，汕头海关所属普宁海关关员对辖区出口食品进行技术指导

【口岸监管】2021年，普宁海关严厉打击"水客"、象牙等濒危物种及其制品、"洋垃圾"等走私；坚决抓好安全生产工作，保持安全生产"零事故"。以质量和效率为抓手，深化改革提升通关时效，推动通关增速提效，落实"两步申报""两段准入"等惠企措施，落实24小时预约通关服务。深入钻研新一代查验管理系统，不断提高查验作业规范性和有效性。全年开展出口申报前监管776单、货值4,108万美元。

【优化口岸营商环境】2021年，普宁海关密切关注、支持普宁市外贸发展。依托"单一窗口""互联网+海关"平台，推进"提前申报""两步申报"等报关通关便利化措施，提升口岸通关效率；开展办理海关业务"最多跑一次""零跑腿轻松办"改革，落实海关注册备案"证照分离""多证合一"改革，让数据多跑路、企业少跑腿，增强外贸企业获得感。2021年普宁口岸整体通关时间较2017年压缩90%以上，口岸通关全面进入"秒放"时代。普宁市全年进出口总值43.63亿元，同比增长17.9%，其中出口约39亿元，同比增长15.6%；进口约4亿元，同比增长46.1%，实现外贸逆势上扬。

【企业管理和稽核查】2021年，普宁海关鼓励、支持加工贸易企业应对疫情变化，简化优化加工贸易货物内销流程，为企业提供手（账）册延期和"免担保"服务，帮助企业统筹用好国内国际两个市场，融入国内市场大循环；同时，落实加工贸易货物内销暂免征收缓税利息政策，缓解外贸企业资金周转压力。全年普宁加工贸易出口转内销货值4,239万元，征税

604万元，同比分别增长105%、93.6%。优化"精准画像"管理模式，开展风险预警分析和后续处置，多部门协同配合，闭环监管。依规注销7家资质失效企业。稽查改革顺利推进。

截至2021年12月31日，普宁海关有备案报关单位269家，其中高级认证企业2家、注册登记和备案企业262家、失信企业5家。全年办理海关进出口货物收发货人备案16家，注销22家，信息变更22次。

【原产地业务】2021年，普宁海关通过"关企微课堂"等线上线下形式，组织辖区外贸企业开展RCEP原产地签证政策宣讲培训30余场次，为企业详细解读协定文本、原产地签证规则及关税减让表，引导企业用足用好RCEP原产地政策，推动扩大外贸进出口。同时持续推广原产地证书智能审核、自助打印、联网核查，实现原产地证书签证"无接触""零等待""秒签发"。全年签发各类原产地证书1,003份，签证金额5,426万美元，预计可为企业在进口国享受关税减免约217万美元。

【统计调研】2021年，普宁海关开展中药材、服装、食品等行业调查和专项调研，向汕头海关有关职能部门报送各类调查研究报告，向地方推送外贸形势分析、中药材等分析研究情况，积极参与粤东外贸快速响应机制，收集辖区有关外贸情况，积极建言献策，助推营商环境优化。全年组织报送各类政研文章9篇，牵头关级政研课题1个，2人入选汕头海关"新征程专家人才启航计划"统计青年人才组，有效加强人才培养。有关研究成果正在转化为科学监管、精准发力、破解难题的实际成效。

【综合保障】2021年，普宁海关完善电动自行车充电管理，对单身宿舍、家属楼生活区一楼电动自行车停放区所配备的充电装置全部断电停用，并在远离生活区的停车棚设置电动自行车专区，加装充电装置并配备消防设施，消除安全隐患。打造"关院文化"，与揭阳海关联合开展"竞赛强体魄 红歌颂党恩"文体活动。开展节约型机关创建工作，圆满完成党史学习教育知识竞赛、关税及动植条线集中工作等后勤保障任务。严格执行财经纪律，树牢"过紧日子"思想；销毁3批次涉案卷烟，超额完成2021年贫困地区农副产品计划采购量。

【督审内控】2021年，普宁海关积极提升海关内部控制与监督子系统风险防控应用成效。报送并被采用专题监控分析报告4篇。累计被采用应用工作动态和应用成果展示达到12条。全面推广内控节点岗位清单制管理，提升节点成效。有针对性开展自查督察，提升督察成效，全年开展自主督察6次。

【队伍管理】2021年，普宁海关队伍干事创业精神饱满，办事办文效率不断提高，制定普宁海关粤东国门铁军建设12条措施，开展常态化队列训练，强化内涵学军和习惯养成。制订新提拔干部培养锻炼计划，成立"青年读书班""改革攻坚组"，为年轻干部成长搭建平台。王辉同志入选总署统计分析司统计工作组成员名单。

【廉政建设】2021年，普宁海关落实党风廉政建设工作责任制，扎实开展"现场监管与外勤执法权力寻租"专项整治工作，接受总署现场检查组检查未发现问题，对标对表汕头海关统一部署制订整改工作方案并狠抓落实，做到源头治理、标本兼治。落实总署、汕头海关关于加强"一把手"和领导班子监督的部署要求，主要负责人增强接受监督的自觉性、主动性，同时加强对各科"一把手"的监督管理。党委书记带头抓廉政，党委委员坚持"一岗双责"，抓好分管工作和党风廉政工作落实。落实党风廉政建设工作例会制度，认真分析研判风险。运用好监督执纪"四种形态"，开展提醒谈话。积极配合派驻纪检组工作，召开特约监督员座谈会听取意见建议，加强监督和风险防控，全年实现"零投诉、零举报、零案发"。

（撰稿人：王　辉　王敏聪　刘东炀
　　　　　杨广智　何梦雄　陈永燊
　　　　　陈炯彬）

第七篇

事业单位

汕头海关后勤管理中心

【概况】汕头海关后勤管理中心（以下简称"后勤管理中心"）是汕头海关下属的具有独立法人资格的事业单位。主要职责是负责汕头海关机关、龙湖办公区等区域生活服务保障任务，承担上述区域的环境卫生、绿化、零星修缮等物业管理工作；负责对外包服务和合同进行监督管理工作；承担机关各类会议、培训等公务活动服务保障工作、机关公务用车日常使用管理相关工作、政府采购执行工作、机关委托的固定资产实物管理、各类仓库的日常管理工作；监督、指导下属经济实体（包括汕头市海捷科技服务有限公司、汕头市恒正卫生技术服务有限公司、汕头市恒信管理咨询有限公司）的经营活动。

2021年，后勤管理中心以"四个加强"做好关党委放心、关警员满意的后勤服务保障：加强暖心聚力，办好实事51件，传达关党委关心关爱；加强物业巡查，提高管理水平；加强车辆保障，实现高效服务"零投诉"、公务出行"零延误"、出车检查"零故障"、文明驾驶"零违章"、道路事故"零发生"；加强采购监督，规范采购流程。

【政治建设】2021年，后勤管理中心细化疫情防控、安全生产和厉行节约等措施35条，以履职尽责的实际行动践行"两个维护"。

加强党廉建设。定期召开例会，深化运用监督执纪"四种形态"，建立党风廉政问题台账，营造良好政治生态。

完善规章制度。组织修订完善后勤管理中心贯彻落实"三重一大"重大决策制度实施方法，提高决策民主化、科学化、规范化水平，进一步健全和完善内控机制建设工作，防范决策风险。

夯实党建基础。根据中央关于加强事业单位党的建设有关精神，制订加强党建工作专项方案和抓党建促业务推进表，组织修订完善后勤管理中心党建工作指引，提升党组织生活规范化水平，完善党建活动室建设，更新"制度上墙"内容，彰显党员先锋模范作用。全年发展预备党员1名、积极分子3名，收到入党申请13份。后勤管理中心党总支2名党员被评为汕头海关优秀共产党员，后勤管理中心党总支

第二党支部被评为汕头海关先进基层党组织。

提升队伍风貌。优配准军培训力量，以事业单位联队训练、军转干部交流专班等为契机，抓好日常训练和规范化管理；落实常态化内务检查，强化干部员工纪律作风养成，树立后勤队伍良好形象。

【"我为群众办实事"实践活动】2021年，后勤管理中心坚持"三学一看"持续深化党史学习教育，以"动起来"集中学、"走出去"实地学、"干起来"实践学、"停下来"回头看，开展集中学习186场、专题党课30次、主题党日活动29次。持续推动"我为群众办实事"实践活动，落实关党委部署，加强部门联动，办好实事51件，后勤管理中心参与落实的"汕头海关党委力推系列暖心工程"入选汕头海关"'我为群众办实事'十佳案例"。

▲2021年12月30日，汕头海关建设风雨连廊，营造便利舒适办公环境

为方便干部职工工作，后勤管理中心结合实际调研设计，多次完善方案，专人跟进施工，全程紧跟进度，保证机关办公区主副楼风雨连廊如期竣工，既方便了干部员工来往主副楼，又为机关办公区增添了亮丽景观。

后勤管理中心着眼于干部职工饮食健康需求，匠心自制多种特色菜肴，打造汕头海关"健康美味"的手工制作品牌底色。

▲2021年10月8日，汕头海关后勤管理中心自制豆腐，丰富食堂菜品。

后勤管理中心听取干部职工意见建议，充分了解电动车停放及充电存在的安全隐患，掌握实际需求，对电动车棚进行延伸改造，科学合理缩短工期，保障干部职工150辆电动车停放需求；因地制宜建设智能充电装置，安装随停随充、自助缴费、自动断电的智能充电桩24个，打通安全绿色出行的"最后一公里"，解决干部职工电动车停放、充电的"忧心事"。

后勤管理中心聚焦关警员需求，3个月内成立3个宿舍大院业主委员会。做好中秋、国庆"双节"1,210名工会会员慰问工作，为20名"留汕过节"关员提供服务保障，传递组织温暖。为交流干部、临时借调人员安排备用住房、配备必要宿舍设施物品,全力改善居住环境。开展"车辆出故障,维修我来帮"活动,为干部职工提供协助联系车辆修理服务25次。

后勤管理中心立足业务工作实际,着力打造"三心三优 满意后勤"党建品牌,促进党建业务融合,以点带面提升管理质量和服务质量。党总支书记主讲的《学党史 忆初心 优服务》党课被评为"十佳优秀党课",参与组织的"走向辉煌——100天学党史"活动入选汕头海关"十佳自学研讨案例";"开展'暖心服务'工程""推动成立业委会,降低非执法领域风险"等获得2021年度汕头海关专项工作集体奖励。

【内部疫情防控】2021年,后勤管理中心严格开展风险排查,落实"亮码测温"要求,建立外包人员健康台账,开展办公区重点部位消杀。严密组织封闭管理,完成封闭管理保障,确保集中管理工作人员"零感染"。夯实防疫基础,成立内部疫情安全防护监督队,开展内部疫情防护监督,配合内部疫情防控"半盲"应急演练,提升应急防控能力。

【安全生产】2021年,后勤管理中心筑牢安全发展理念,压实安全生产责任。强化应急处突能力,全力应对台风"狮子山"等带来的强风暴雨天气,落实24小时值班制度,加强管理巡查,多方协调、紧盯现场、加强监督,统筹力量在12天内恢复立体车库运转。开展应急演练和消防培训3次,完善应急预案2个。强化安全生产意识,开展专项检查,消除隐患。强化应急物资管理,增配物资。

▲2021年10月8日,汕头海关关领导检查指导防汛排涝工作

【服务保障】2021年,后勤管理中心围绕海关中心工作谋划发展、做好服务保障工作。做好全关区事业单位退休人员社保、医保缴费工作;推动机关本级事业单位及其经济实体核算中心顺利运行,坚持"三个不变"(预算管理体制不变、审批机制不变、经济责任承担主体不变)和"三个统一"(统一审核标准,统一核算系统,统一会计复核)。平稳完成新旧物业公司交接,有序承接礐石医生顶15号房产物业管理;加强物业巡查,迅速组织应急抢修和日常维修,提高管理水平。加强仓库管理,实现防疫物资信息化动态管理。优化餐饮服务,成立"食促会",美化餐厅环境;建设更衣室,改进食堂卫生情况。优化技能培训,外请专家对一线服务人员开展礼仪培训,提高文明服务质量。

【内部管理】2021年,后勤管理中心

坚持强化法治思维，充分认识依法依规开展各项工作是法治海关建设的根本要求，及时根据工作实际规范内部管理。

规范采购流程。完善后勤管理中心采购执行工作操作规程等规章流程5个，堵塞管理漏洞；完善民事合同签订审批程序，防范管理风险；采用"双随机"方式提高流程透明性。

规范公车管理。实行"一车一档一簿"，落实中长期巡视整改相关工作，抓好"一车一卡"管理，应用卫星定位系统，全力推进公务用车信息化管理平台运用，及时维护车辆辅助管理模块，对录入数据进行统计分析，按规定进行公示。

【企业监督】2021年，后勤管理中心依法依规加快推进政事分开、事企分开等改革工作，坚决落实关党委部署，稳妥解决恒信公司历史遗留问题；推进汕头市海捷科技服务有限公司改制和汕头市恒正卫生技术服务有限公司业务脱钩任务按时完成。

（撰稿人：余斯涵　陈园园）

汕头海关技术中心

【概况】汕头海关技术中心（以下简称"技术中心"）是汕头海关直属事业单位。主要职责是承担关区出入境检验检疫、关税归类、缉私物品检测鉴定的技术保障及相关业务的实验室检测工作；负责出入境检验检疫、关税归类、缉私物品检测鉴定相关科研工作及技术方法标准制修订工作；接受社会委托开展检测鉴定业务，提供技术咨询及服务；协调、指导关区各隶属关口岸初筛工作。截至2021年12月31日，技术中心有内设机构12个，在职员工44人。

2021年，技术中心实行技术检测业务"六个规范"新模式，提升服务法检能力，全年完成法检委托58,800项次，同比增长26.1%，创历史新高。

【政治建设】2021年，技术中心始终坚持以政治建设为统领，认真贯彻党的十九大和十九届历次全会精神，落实全面从严治党主体责任，推进"四强"党支部建设，为各项工作开展提供坚强保障。坚守政治机关定位，深入学习贯彻习近平新时代中国特色社会主义思想，坚决落实"第一议题"制度，不折不扣贯彻习近平总书记重要指示批示精神和党中央重大决策部署，立足本职，切实把讲政治的要求转化为内在主动、有力举措，落实到技术中心工作各领域、全过程。党总支书记讲党课4场次，各支部集中开展党史教育学习162场次。加强思想建设，深化理论武装。开展集中学习、专题研讨，组织利用"学习强国"App个人自学，提高党员干部政治理论素养，不断提升政治判断力、政治领悟力、政治执行力。扎实开展党史学习教育，持续推进理论学习走深走心走实，开展主题党日活动12次、专题党课40场，为群众办实事35件。强化组织建设，规范党内政治生活。领导班子带头加强自身建设，强化自觉接受监督意识，及时运用监督执纪"四种形态"，开展批评与自我批评，坚持民主集中制，形成团结有力的领导核心；加强党风廉政建设，扎实开展"四强"党支部建设，强化党总支的政治功能，确保思想稳定、工作到位、队伍有序，持续发挥支部战斗堡垒作用；严肃党内政治生活，严格落实"三会一课"制度，认真开展民主评议党员，切实提高组织生活会质量，党建基础逐步夯实，党总支的号召力、凝聚力和战斗力有了新的提升。

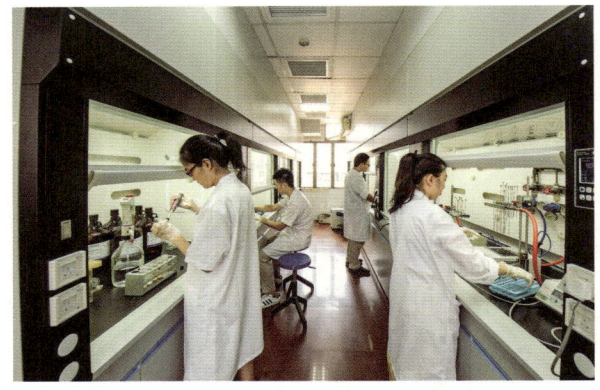

▲2021年10月8日，汕头海关技术中心食品实验检测室人员进行食品中农药、抗生素残留检测

【疫情防控】2021年，技术中心严格落实疫情防控各项措施，严控人员外出关区审批，落实外来人员风险排查，制定技术中心进口冷链食品农产品检测新冠病毒防护工作指引，加强对进口冷链食品检测样品的管理，开展疫情防控演练3次。

【队伍建设】2021年，技术中心发挥高学历高素质的特点优势，结合工作实际组建"党员科技创新攻关小组"，带动"青年科研技贸排头兵"青年理论学习工程建设，对标"检得全、检得出、检得准、检得快"目标，提高实验室检测能力。全年新增认可检测项目1,015项，并顺利通过各项实验室资质认定和实验室认可评审。

【技术性贸易研究】技术中心"青年科研技贸排头兵"团队连续5年参与总署国际检疫检疫标准与技术法规研究中心组织的《主要贸易伙伴技术性贸易措施研究报告》编写审定工作，主持或参与多项省部级、厅局级技术性贸易措施相关课题。2021年，为企业开拓国际市场提供标准解读38条、质改建议43次，提升企业应对贸易壁垒的主动性。积极参与SPS/TBT通报评议。

【科技研究】2021年，技术中心发表科研论文7篇，获实用新型专利授权9项，获海关技术规范制修订项目3项、署级科研项目1项，按期完成总署科研项目1项、标准制修订项目2项，参与完成的科技项目"玩具技术性贸易措施关键创新技术及对策研究"和"西藏重要农食产品国际贸易关键技术及标准体系建设与应用"在2021年度总署科技成果评定中分别被评为二级和三级成果。参与国家标准制定2项。

【科技创新】2021年，面对严峻的贸易壁垒形势和严格的国门生物安全监管要求，技术中心强化创新赋能，发挥广大党员积极主动性，攻坚克难取得成效。一是为解决口岸一线查验水平不高、有害生物截获率低等问题，开发AI智能识别系统，围绕"教学练研战"五位一体植物检疫实训点建设，探索推进"口岸+实验室"AI智能识别系统开发，体现智慧海关理念，为全关区植物检疫条线业务骨干、新录用及转岗人员和初筛鉴定室检测员提供业务理论、技能培训，帮扶隶属海关提升初筛鉴定室能力，为计划2024年投入使用的技术中心新大楼快速启用实训基地积累经验；AI智能识别系统有效提高口岸一线查验水平，提升有害生物截获率，缩短通关时长。二是为解决物种鉴定标准不全的问题，积极探索利用DNA条形码技术开展动植物及其加工产品的物种鉴定，基于序列分析比对原理，以期精确鉴定到具体种属，对表征不显著、主体不完整、缺乏对应检测标准类的鉴定形成有效的鉴定方法，为海关执法、缉私工作提供强有力的技术支撑。

【服务执法】2021年，技术中心制定与汕头海关缉私局工作联系办法，全年完成缉私物品鉴定185批，完成关税归类化验32批，受理完成固体废物鉴定51批。

完成跨境电商零售进口食品化妆品风险检测10批、145项次。助力关区煤炭、玩具风险监测点建设，检测煤炭样品160批、玩具样品163批，出具质量分析报告。

进口煤炭法定检测周期均值远低于全国海关均值。全年完成进口煤炭法定检测320批，同比增长54.37%，平均检测周期压缩到3.2个工作日，比全国海关实验室平均检测周期少2个工作日。完成法检委托58,800项次，同比增长26.1%，创历史新高。

【国门安全建设】2021年，技术中心检出有害生物224种、863种次，同比分别增加107.4%、209.3%，检出有害生物创历史新高，检出检疫性有害生物10种、60种次，非检疫性214种、803种次，其中金鱼花潜隐类病毒为全国口岸首次检出的检疫性有害生物。在进境粮食检疫鉴定工作中，检疫鉴定出外来有害生物565种次。

完成进境种猪隔离检疫10种疫病、16,150项次，检出二类动物疫病3种、22项次，有效防止不合格种猪进入我国。完成供港澳动物非洲猪瘟、高致病性禽流感等疫病、兽药残留风险监测和出口前检测16,138项次，同比增长21.4%，保障港澳地区"放心肉"供应。

【服务企业】2021年，技术中心深入落实"我为群众办实事"工作机制。一是优化检测流程，力解"燃煤之急"。实验室主动对接汕头海关各个有进口煤炭业务的隶属海关，提前对接掌握煤炭查验及送检进度，启动进口煤炭检测绿色快速通道，最大限度保障煤炭快速通关，保证"到样即检"。同时，紧盯环保元素指标等重点检测项目，严把质量安全关，防止劣质煤炭进口。在天然气、石油气方面，技术中心紧盯船舶靠港信息，根据船舶动态制订工作方案，实施预约加班制度，协助快速通关和高效监管。二是优化技术力量，确保项目投产。在关区重点大型项目方面，实验室紧密跟踪广东石化炼化一体化项目，通过现场调研，与监管部门和项目企业密切沟通，做好检验监管工作的对接。组织开展原油产品检测的研究与规划，通过收集相关检测标准、选型和配套检测设备、改造检测场地和设施等举措，做好应对进口原油法检的筹备工作，保证关区大型重点项目如期投产。三是优化营商环境，保障企业通关时效。对于进出口敏感大宗商品检测，实验室通过优化工作流程、加强专业培训学习、节假日采取预约加班等举措，优化服务效能；加大"化矿金"（化工品、矿产品、金属产品）专业领域内技术攻关力度，解决关区检验检测业务技术保障问题；稳步推进涉及关税等进出口环节税收化验、固体废物鉴定等领域能力建设，进一步确保企业通关时效，提升关区贸易便利化水平。四是优化服务质量。开通海关认证企业（AEO）优先办理专用窗口，受理11家企业送检431批次样品，优惠金额达18万元，检测周期缩短30%以上。出口玩具与礼品公共技术服务平台服务企业573家，签订优惠服务协议26份，提供优惠检测2,496批次，优惠金额111.4万元。

（撰稿人：王　璨　方　毅　许如苏
　　　　　许　慨　李冠斯　利光辉
　　　　　张会军　张林田　张　敏
　　　　　梁华丽）

汕头国际旅行卫生保健中心（汕头海关口岸门诊部）

【概况】汕头国际旅行卫生保健中心（汕头海关口岸门诊部）（以下简称"保健中心"）是汕头关区唯一的保健中心，业务范围覆盖粤东五市（汕头市、潮州市、揭阳市、汕尾市、梅州市）。主要职责是承担汕头关区口岸卫生检疫技术支撑工作（为出入境人员及口岸人员传染病监测与健康体检、口岸检疫查验、口岸卫生监督、病媒生物防控、突发公共卫生事件应急处置等口岸卫生检疫执法相关工作提供公共卫生检验检测、病媒生物鉴定、医学检验等技术支持），为口岸卫生检疫科技开发、服务提供技术指导；承担出入境人员的传染病监测体检、预防接种和国际旅行卫生保健咨询等。截至2021年12月31日，保健中心有内设机构4个，在职员工30人。

2021年，保健中心坚持以习近平新时代中国特色社会主义思想为指导，在汕头海关党委坚强领导下，对标"政治强关建设取得成效，业务改革高质量推进，粤东国门铁军建设走在全国海关前列"的发展目标，紧密结合守护国门卫生安全、技术支撑口岸疫情防控的职责特点，闻令而动、遵令而行，以绝对的忠诚和专业的技术筑牢口岸检疫防线，确保"打胜仗、零漏检、零感染"。

【政治建设】2021年，保健中心全面落实"第一议题"制度，将习近平总书记重要讲话和重要指示批示精神列入各类会议学习内容，讨论贯彻落实措施，形成台账部署推动。设置落实"第一议题"考核指标，推动党建业务联动考核，推动落实"第一议题"工作闭环。树立从政治层面强化业务工作意识，探索从思想、组织、机制和队伍4个方面推动政治业务融合措施，发挥党建工作在抓新冠肺炎疫情常态化防控中的思想引领和政治保障作用，引导党员及时学习、查摆、整改，提高落实防疫政策的责任意识；创新练兵工作实践、机制、方法，带动全员落实精准防控。按照汕头海关党委"推进事业单位党建工作高质量发展"的要求，统一思想，提高认识，健全组织，完善管理制度7个，派人参加汕头海关事业单位党建工作专班，培养党建人才，着力提升党建工作水平。引导党员干部主动作为、靠前服务，克服人力资源紧张的困难，成立检测业务工作专班，多举措提高检测质效。广大党员干部牺牲小我，让党旗飘扬在抗疫一线，涌现出一大批先进典型。保健中心综合实验室被评为"全国海关系统抗击新冠肺炎疫情先进集体"，1位同志被评为"全国海关系统抗击新冠肺炎疫情先进个人"，保健中心党支部被评汕头海关直属机关党委先进基层党组织、汕头海关"四强"党支部，2位同志被评为汕头海关优秀共产党员。

强化责任担当，精心组织推动，把开展好党史学习教育作为重要政治任务贯穿全年。党支部创新开展多形式、分层次、全覆盖的学习教育，组织支部书记讲党课、理论学习半个钟、专题研讨等活动，同时依托汕头红色交通站、汕头市档案馆等红色教育资源开展沉浸式学习，教育引导党员学党史、悟思想、办实事、开新局。

深入开展"我为群众办实事"实践活动，用心用情用力服务基层、服务身边群众，办实事22项。成立休息日和节假日核酸采样检测专班，提供不间断检测服务672人次。为出入境人员提供"无接触""少跑一次"发证服务396人次。为缉私局专案组提供点对点核酸采样和检测服务，多次连续通宵待命上门为警员、嫌疑人采样，提供上门采样服务435人次，22场次。联合人事处、离退办举办"拥抱健康 你我同行"健康知识讲座，为近七成关警员提供年度健康体检服务。发挥技术和人才优势全力支持机关医务室的启用和日常管理，自2021年7月1日正式开放至2021年年底，机关医务室接待近300人，接受健康咨询450人。联合人事处为关警员提供"三伏贴"服务近400人次。通过"我为群众办实事"实践活动，让基层和身边群众切实感受到保健中心党史学习教育的成果。

▲2021年12月1日，汕头海关保健中心开展艾滋病健康咨询活动

【队伍建设】2021年，保健中心成立团支部，强化党建带团建作用，带领各位团员积极投身疫情防控工作。团支部开展党史学习教育专题学习会4次、主题团日活动3次，从党的光辉历程中汲取经验智慧和精神力量，增强历史责任感和使命感。

不断强化制度创新，规范内部管理，借助整体规划建设契机，对标先进，夯实基础，高标准定位发展方向，不断推进卫生检疫技术支撑能力建设。围绕从严从紧落实防疫措施工作要求，从思想认识着手，深刻分析快速检测、准确检测、安全检测的政治职责，提升全体党员对毫不松懈抓好疫情防控工作的认识，组织党员集中学习研讨各类最新版技术方案和指南，努力钻研提升检测技术，培养疫情防控骨干力量。组成技术攻关小组大力推动保健中心综合实验室建设，顺利通过国家卫生健康委临床检验中心新型冠状病毒奥密克戎变异株核酸检测室间质量评价，5个盲样的检测结果全部符合，以满分的优异成绩通过室间质评。

【卫生检疫】2021年，保健中心认真学习贯彻落实上级各项疫情防控要求和措施，制订出入境人员法定体检和预防接种应急预案，落实内部人员疫情防控措施，严格执行各项防控措施，多次组织开展应急演练，提升应急能力。及时通过电话、微信等方式指导一线检疫人员在eLab信息系统进行准确填报。与卫生处等职能处室合作，开办疫情防控实操培训班6期，对口岸防控、采样等关键程序和操作进行技术指导，指导一线口岸分类施策、精准防控。积极发挥保健中心技术力量，派员为澜湄国家传染病跨境传播防控能力建设线上培训班授课，参训学员包括中国、越南、老挝、柬埔寨、缅甸、泰国相关领域关员。主动及早研判国际疫情形势，提出采购防疫物资、加强内部疫情防控工作的合理化建议，为关区防疫工作大局提供技术支撑。

圆满完成各类法定业务，全年完成出入境人员监测体检1,175人次，同比增长12.5%；完成预防接种340人次，国际旅行健康咨询约1,500人次；出具各类法定证书1,410份；检出传染病病例32例，检出率3.1%。严格执行国家收费政策，对符合条件的法定监测对象免征相关费用。免费体检582人次，免费预防接种78人次，总减免金额19.3万元，同比增加26.6%。积极拓展法定外业务，着力提升技术能力，树立良好业务口碑，保质保量完成各行政、企事业单位委托体检业务。

【常态化疫情防控】2021年，保健中心持续完善常态化疫情防控机制。克服种种困难，主动作为，推出核酸检测"随到随检"服务、上门服务，推动检测实验室建设提升检测能力，创新形式加强对一线口岸的技术指导，织密织牢"水陆空"立

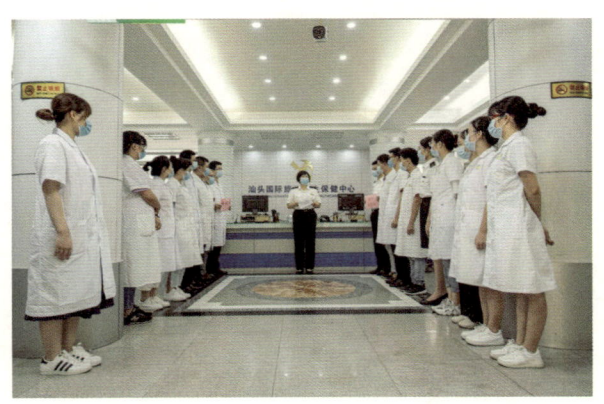

▲2021年7月28日，汕头海关保健中心举行内部疫情防控培训

体防控网。多措并举优化核酸采样工作机制，坚决守牢"外防输入"关口，统筹协调做好汕头关区口岸疫情防控工作和汕头海关内部疫情防控工作，实现全关区新冠病毒检测工作有序、及时、准确开展，全年累计检测新冠病毒样品48,016份，开展新冠病毒采样23,223人次，以"零漏检"交出疫情防控高分答卷。

（撰稿人：李喜生　林铱冰）

中国电子口岸数据中心汕头分中心

【概况】中国电子口岸数据中心汕头分中心（以下简称"数据分中心"）业务范围覆盖粤东五市（汕头市、潮州市、揭阳市、汕尾市、梅州市）。主要职责是负责汕头关区进出口企业电子口岸政务卡、企业卡入网的身份鉴别、录入和制作工作；承担电子口岸系统运行和维护管理、电子口岸应用项目及联网企业的技术支持、电子口岸专网分中心节点的网络系统和信息安全保障工作；参与中国国际贸易单一窗口标准版推广运维工作等。2005年5月，海关总署与粤东五市人民政府签署粤东电子口岸合作备忘录，开通粤东电子口岸平台，由数据分中心负责粤东电子口岸建设工作领导小组办公室的具体工作。截至2021年12月31日，数据分中心有内设机构2个，在职员工6名、合同聘用制人员3名。

2021年，数据分中心坚持以习近平新时代中国特色社会主义思想为指导，坚决迅速落实习近平总书记对海关工作的重要指示批示精神，在汕头海关党委坚强领导下，紧紧围绕科技兴关战略，以"科技创新+优质高效服务"作为业务工作的出发点和落脚点，以服务企业为己任，持续优化口岸营商环境。

【党建工作】2021年，数据分中心坚持把政治建设摆在首位，发挥党建"指挥棒"作用。通过开设"党史我来讲"课堂、培养红色教员、参观红色教育基地等方式，拓展党史学习教育成果，引导党员干部深刻领会"两个确立"的决定性意义，切实增强"两个维护"的自觉性和坚定性。开辟学习宣传专栏，组织党课及专题学习22场次。持续推进制度建设，修订完善"三重一大"决策制度实施办法等规章制度，全年制定完善党建与业务制度23个，将党建和业务一体融合、一体部署、一体推进。在"事业单位党建工作专班"指导下，数据分中心紧紧围绕关党委决策部署，坚持以政治建设为中心，结合数据分中心工作特点，将党建工作与电子口岸业务有机结合起来，打造"数据交通站"党建品牌。1位同志被评为2021年度汕头海关优秀共产党员，1位同志被评为汕头海关"学史·铸魂"优秀红色教员。狠抓支委班子建设，班子成员严格落实"一岗双责"，严守中央八项规定及其实施细则精神。扎实开展"现场监管与外勤执法权力寻租"专项整治活动，修订完善制度14项，及时堵塞漏洞；全面清理涉企收费，强化对下属企业的监督指导，规范企业运作。

【"我为群众办实事"实践活动】2021年，数据分中心按照三个阶段工作部署要求，重点学习习近平总书记在党史学习教育动员大会、在庆祝中国共产党成立100周年大会和党的十九届六中全会上的重要讲话精神。多渠道多形式多载体开展党史学习教育，开设"党史领学"读书班，开展"党群零距离"主题党日活动，与群众面对面交流。深入开展"我为群众办实事"实践活动，到汕头综合保税区现场"一站式"办理海关企业编码等变更手续，与中国建设银行合作开设"关银一KEY通"项目；采取线上线下均可办理、免费制卡免费邮寄、热线电话咨询全天候、技术培训不间歇等举措，为企业提供贴心服务；通过粤东电子口岸门户网站和"粤东E通关"微信公众号平台，推送总署公告、新闻和信息400多条，及时为企业提供政策解读和办事流程指引，让企业了解最新海关政策和办事流程，提前准备资料，提升办事效率。相关做法获《南方日报》《汕头日报》等媒体多次报道。

【电子口岸政务窗口】2021年，数据分中心着力打造电子口岸"优秀政务服务窗口"，实现"点对点"服务，做到疫情期间防疫、服务两不误。党员干部发挥先锋模范作用，在严格遵守疫情防控要求的前提下及时为企业办理电子口岸业务。全年为762家企业办理电子口岸新入网手续，客户满意率为100%。

▲2021年12月1日，汕头海关数据分中心政务服务窗口正在办理业务

【口岸信息化建设】2021年，数据分中心做好春节、"两会"和中国共产党成立100周年等敏感时期的网络安全工作，年度网络攻防安全演习保持不被攻破。派出技术骨干参与汕头、梅州综合保税区和跨境电商综合试验区建设评估工作，为汕头、梅州综合保税区顺利通过国家验收提供有力技术支撑；发挥跨境电商二级节点功能作用，保障数据传输畅通无阻，助力关区跨境电商快速发展。

【粤东电子口岸建设】2021年，数据分中心着力推动粤东电子口岸建设运行机制正常化，实现粤东五市口岸信息化建设的互联互动。

（撰稿人：邱春水　陈善栋　陈　键）

第八篇

大事记

2021年汕头海关大事记

1月

▲4日 印发《汕头海关新冠肺炎疫情内部防控技术指引》。

▲6日 汕头海关召开2021年第一次关务会,审议并通过《汕头海关政府信息公开工作规程》等11个制度。

▲12日 汕头海关召开领导班子和署管干部2020年度考核述职会议。

▲13日 印发《汕头海关疫情防控工作人员安全防护管理工作方案》。

▲18日 汕头海关召开第34次形势分析及工作督查例会。

印发《汕头海关打击治理"水客"走私专项行动实施方案》。

▲19日 经总署党委会议研究,决定给予欧阳晨开除党籍处分,收缴其违纪所得。

▲27日 印发《汕头海关重大风险防控责任工作机制》。

▲28日 汕头海关组织收听收看2021年全国海关工作会议、全国海关全面从严治党工作会议。

▲29日 汕头海关党委召开2020年度民主生活会。

2月

▲3日 汕头海关以视频会议形式召开2021年汕头海关工作会议、全面从严治党工作会议。

▲5日 汕头海关召开2021年第二次关务会,审议并通过《汕头海关宝奥城市场采购贸易海关监管办法实施细则(试行)》《汕头海关实验室仪器设备管理规程(试行)》。

▲12日 汕头海关值班人员接受署长倪岳峰视频新春慰问,倪署长强调要认真落实中办、国办关于节日期间值班工作的部署要求,扎实做好值班应急工作,并向全国海关值班人员致以新春祝福。

▲19日 汕头海关召开第35次形势分析及工作督查例会。

▲23日 经总署口岸截获植物疫情上报及预警系统确认,龙湖海关1月31日在自香港进境邮包中截获的赤小豆(Phaseolus calcaratus)杂草,为全国口岸

首次截获。

▲25日　经总署口岸截获植物疫情上报及预警系统确认，广澳海关2月16日在自加拿大进境货物大麦中截获的沼啮科（Elipsocidae）昆虫，为全国口岸首次截获。

3月

▲1日　汕头海关召开关长办公会，专题研究支持梅州综合保税区、梅州跨境电商综合试验区建设工作。

印发《汕头海关宝奥城市场采购贸易监管实施细则（试行）》《汕头海关实验室仪器设备管理规程（试行）》和废止《汕头海关减免税管理操作规程》。

▲8日　汕头海关召开"致敬'她'力量　巾帼展风采"纪念"三八"国际劳动妇女节总结分享会。

▲9日　汕头海关以视频会议形式召开2021年汕头海关打击走私工作会议。

▲10日　汕头海关"化妆品中30种致敏芳香物质快速检测方法的研究与应用""基于化学指纹图谱的凤凰单丛（枞）茶真伪鉴别、品系和分级判别研究""动物源性食品中9大类71种兽药残留量快速测定方法""汕头特色水产品病原弧菌多重富集荧光定量PCR检测方法及本底调查研究""电商在售进口日用消费品化学安全性评估及分析方法研究""珍贵红木色谱指纹图谱的建立以及掺假识别的应用研究"6项科学技术成果获批总署成果登记并领取相关证书。

▲15日　汕头海关组织收听收看全国海关党史学习教育动员会。

▲17日　汕头海关召开第36次形势分析及工作督查例会。

▲19日　汕头海关以视频会议形式召开"现场监管与外勤执法权力寻租"专项整治工作动员部署会。

▲26日　修订印发《汕头海关"谁执法谁普法"普法责任制实施办法》。

▲29日　经总署口岸截获植物疫情上报及预警系统确认，潮阳海关3月24日在自印度尼西亚进境船舶中截获的喙缘蝽（Leptoglossus membranaceus），为全国口岸首次截获。

▲30日　广东汕头市宝奥国际玩具城市场采购贸易试点正式实施。

4月

▲1日　汕头海关机关本级事业单位核算中心正式运行。

▲8日　总署批复同意汕头综合保税区（一期）验收结果，认定验收合格。

印发《中共汕头海关委员会关于评选认定关区"四强"支部的通知》，评选认定法综处党支部等54个基层党组织为关区"四强"党支部。

▲12—13日　驻署纪检监察组组长、总署党委委员陶治国在汕头海关调研。听取汕头海关全面从严治党工作情况汇报，到潮州海关、关史陈列馆、技术中心，及

潮州三环集团调研，并到汕头港海关业务现场督导"现场监管与外勤执法权力寻租"专项整治工作。其间，会见汕头市委常委、纪委书记吴刚。

▲12—30日　汕头海关组织全体处级领导干部分3期到南澳办公区开展学习贯彻党的十九届五中全会精神暨党史学习教育集中轮训。

▲13日　汕头海关办公室唐本坚同志被广东省国家安全人民防线建设领导小组授予"2021年度国家安全人民防线建设贡献奖"。

▲16日　总署党委委员、副署长、政治部主任胡伟出席汕头海关党委班子见面会。刘大立、王胜分别表态发言。总署人教司副司长邓浩铭、汕头海关党委班子成员参加见面会。

副署长、政治部主任胡伟出席汕头海关关长任职仪式，宣读总署任免职文件，向汕头海关新任关长刘大立颁发任命书。

副署长、政治部主任胡伟到汕头海关缉私局调研。总署企管司主要负责人王胜，汕头海关关长、党委书记刘大立，总署人教司副司长邓浩铭等参加调研。

党委书记、关长刘大立主持召开汕头海关新一届党委第一次会议。学习重温《党委会的工作方法》；传达学习署领导到汕头海关调研时的讲话精神，研究并原则通过相关贯彻落实措施。

关长刘大立主持召开汕头海关第37次形势分析及工作督查例会。学习习近平总书记关于加强党的政治建设的重要讲话精神，传达署领导在汕头海关调研时的工作指示，要求：一是不断提高政治站位，强化政治建关；二是压紧压实"两个责任"，纵深推进全面从严治党；三是持续强化作风建设，求真务实开好新局。

▲19日　汕头海关联合乌鲁木齐海关开展"剿猎2021-1"打击"水客"走私专项行动，摧毁以虚假销售免税品方式、利用"水客"蚂蚁搬家式走私洋酒、香烟等高值商品入境的特大职业化犯罪网络，打掉全链条团伙共计10个，抓获犯罪嫌疑人28名，现场查扣涉嫌走私入境的高档烟酒等高值商品597件。经初步查证，该案案值约8亿元，涉嫌偷逃税款约3亿元。关长刘大立在缉私指挥中心指挥，缉私局局长侯文明参与指挥行动。

▲25日　印发《汕头海关关领导值班安排方案（试行）》。

5月

▲12—14日　广东分署党委委员、党委纪检组组长程开宇一行到汕头海关开展工作调研，听取汕头海关党委纪检组工作汇报，检查疫情防控监督工作和"现场监管与外勤执法权力寻租"专项整治工作开展情况。党委书记、关长刘大立会见程开宇一行；党委委员、党委纪检组组长刘光明参加调研。

▲13日　修订印发《汕头海关进境植物繁殖材料检疫监管操作指引》等5项操

作指引。

▲13—15日　财政部国库司司长王小龙、海关总署财务司司长王新平一行到汕头海关调研，召开"疫情防控常态化预算资金国库集中支付及政府采购"座谈会，到缉私局、潮州海关实地调研，并到潮州、汕头市政府走访调研。关长刘大立、缉私局局长侯文明、副关长陈锦华分别参加相关活动。

▲17日　汕头海关召开第38次形势分析及工作督查例会。

汕头港海关进口监管科被授予"广东省五一劳动奖状"。

▲20—22日　总署缉私局教育整顿工作督导组一行到汕头海关缉私局开展督导检查，召开缉私局党组见面会，听取教育整顿开展情况工作汇报，赴潮阳、揭阳、汕尾海关缉私分局实地察看。其间，关长刘大立与总署缉私局副局长王和进行座谈交流，缉私局局长侯文明等参加。

▲25日　汕头海关与汕头市政府召开促进贸易高质量发展推进会，双方就海关统计数据利用、推动建设深汕"组合港"、促进市场采购贸易发展、推进冷链海关监管场所建设等事项进行会商并达成共识。关长刘大立会见汕头市副市长赵志涛一行，副关长陈锦华参加会商。

▲27日　关长刘大立到揭阳市调研，与揭阳市委书记王胜，市委副书记、市长张科座谈，研究共同推进外贸高质量发展工作。

▲27—28日　汕头海关与梅州市委、市政府就进一步共同推进梅州综合保税区建设等工作在梅进行座谈，党委书记、关长刘大立和梅州市委书记陈敏、市长张爱军、市委副书记王庆利座谈并实地察看梅州综合保税区查验场、海关办事大厅等建设情况，研究推动综合保税区按期验收工作。

6月

▲2日　印发《汕头海关党委关于落实巡视巡察上下联动的具体措施》。

▲3日　汕头海关监管处陈少雄被评为2018—2020年度广东省安全生产工作先进个人。

▲8日　汕头海关召开关党委巡察工作领导小组会议，听取关党委巡察组2021年第一轮巡察工作情况汇报，关党委巡察工作领导小组组长刘大立就抓好整改落实、推进巡察工作高质量发展提出要求。

▲15日　汕头海关组织参加总署党委书记、署长倪岳峰为全国海关党员干部讲授的党史学习教育专题党课。

印发《汕头海关所属企业工资总额管理办法》。

▲16日　汕头海关召开第39次形势分析及工作督查例会暨统筹口岸疫情防控和促进外贸稳增长工作指挥部会议。

▲19日　汕头海关与汕头市政府召开工作座谈会，关长刘大立、副关长李惠强与汕头市长曾风保、副市长赵志涛一行就

推动汕头外贸高质量发展、支持新业态和冷链监管作业场所建设等事项进行座谈交流并形成共识。

▲23日　经总署口岸截获植物疫情上报及预警系统确认，龙湖海关6月15日在自泰国进境邮包中截获的芥蓝（Brassica alboglabra）杂草，为全国口岸首次截获。

▲29日　汕头海关举办庆祝中国共产党成立100周年活动，全体党委委员向10名老党员代表颁发"光荣在党50年"纪念章，向汕头海关"两优一先"标兵颁发证书、奖牌；党委书记、关长刘大立带领新党员进行入党宣誓、党员重温入党誓词，以简朴隆重的形式庆祝中国共产党成立100周年。

龙湖海关蔡英才同志获评广东省优秀党务工作者。

▲30日　汕头海关举行党史学习教育专题党课，党委书记、关长刘大立以"党史百年历程与海关建设篇章"为主题，围绕"为什么要学党史、百年党史闪耀与海关建设瞬间、学百年党史的初步体会"与参会人员进行了深入交流。

7月

▲1日　汕头海关组织全关认真收听收看庆祝中国共产党成立100周年大会实况。直播结束后，关党委第一时间召开党委会，专题学习贯彻习近平总书记在庆祝中国共产党成立100周年大会上的重要讲话精神，并开展学习交流。

汕头海关跨境电商企业对企业（B2B）出口监管业务正式启动。当日0点14分，关区首票跨境电商B2B出口报关单顺利审结放行，货值约20万美元。

▲6—7日　汕头海关与汕尾市、深汕特别合作区研究共同推进地方外贸高质量发展工作。党委书记、关长刘大立先后会见汕尾市委书记张晓强、深汕特别合作区党工委书记王延奎，就共同推进地方外贸高质量发展、新冠肺炎疫情联防联控、打击走私综合治理进行座谈交流。深入信利集团公司、小漠国际物流港实地调研，听取企业对海关工作的意见建议。

▲8日　汕头海关与汕头海事局开展工作会商。关长刘大立与汕头海事局局长林文璋一行就密切工作联系配合、强化口岸疫情防控等事宜进行交流并达成共识，副关长林世峰参加。

▲9日　印发《中共汕头海关委员会关于贯彻落实〈中共总署委员会关于加强对"一把手"和领导班子监督的实施意见〉的通知》。

▲15日　汕头海关召开第40次形势分析及工作督查例会。

▲16日　汕头海关党委理论学习中心组专题学习习近平总书记"七一"重要讲话精神。围绕"以史为鉴不忘初心，坚定信念开创未来"主题，采取"领学、比学、评学"形式进行学习研讨交流。党委书记、关长刘大立主持会议并领学，关党委委员逐一进行研讨交流发言，全国海关

党史学习教育第五巡回指导组成员詹开瑞作点评发言。

▲18—20日 党委书记、关长刘大立在中共广东省委党校参加省委专题研讨班。

▲19日 汕头海关《"蜜"言密语》微视频在中央保密办和国家保密局联合组织的"庆祝中国共产党成立100周年保密宣传教育作品征集评选活动"中获优秀奖，为全国海关获奖的4部公益宣传片之一。

▲21—29日 汕头海关组织开展第二轮打击走私海产品集中收网行动。先后在广州、揭阳、潮州等地抓获犯罪嫌疑人7名，查证涉嫌走私鱼胶等海产品约91.4吨，打掉走私团伙4个，案值约5,547万元。

▲27日 汕头海关召开2021年第三次关务会会议。审议通过制修订《汕头海关加工贸易监管业务操作指引》等5项制度文件，审议同意废止《汕头海关安全保卫工作管理办法（试行）》。

▲28日 汕头海关与汕头招商局港口集团开展工作会商。关长刘大立与汕头招商局港口集团董事长王维一行就支持推动广澳港口岸业务高质量发展等事项进行交流。

▲29日 成立汕头海关基建工作管理领导小组。

▲30日 修订印发《汕头海关监管作业场所规范管理操作指引》。

8月

▲3日 汕尾港口岸扩大开放通过国家验收。

印发《汕头海关加工贸易监管业务操作指引》等5个制度文件。

▲6日 汕头海关召开党委（扩大）会，专题学习习近平总书记关于当前疫情防控工作的重要批示，第一时间传达全国海关疫情防控工作视频会议精神，研究贯彻落实具体措施。

▲10日 经总署口岸截获植物疫情上报及预警系统确认，龙湖海关7月29日在自日本进境邮包中截获的绣球属（Hydrangea）杂草，为全国口岸首次截获。

▲13日 汕头海关举行内部工作人员感染新冠肺炎"半盲"应急演练，模拟机关1名工作人员与确诊病例居住同一单位被判定为密切接触者情形。演练不提前通知不发布脚本，通过预设考核要点，逐项检验，重点考察"主动报告""先期处置"环节。

▲17日 印发《汕头海关涉资金往来民事合同管理办法（试行）》。

▲20日 副署长、政治部主任胡伟通过视频连线听取汕头海关"智慧缉私"专项课题汇报，汕头海关课题组组长、关长刘大立，副组长、缉私局局长侯文明率课题组成员汇报课题研究进展。副署长胡伟予以肯定并提出要求，总署政治部副主任、思想政治工作办公室主任杨振庆，总

署缉私局局长孙志杰等领导共同听取汇报。

▲24日　汕头海关召开第41次形势分析及工作督查例会。

印发《"汕头海关新征程专家人才启航计划"——政策研究及统计专家人才队伍建设方案》。

印发《汕头海关建立健全打击治理"水客"走私长效机制工作方案》。

▲26日　汕头海关学会召开第八次会员代表大会暨第一次理事会会议，大会审议通过了《汕头海关学会第七届理事会工作报告》，选举产生了第八届理事会、常务理事会。第八届理事会选举蔡少琼同志任会长，陈文智、吴隆德同志任副会长，杨伟同志任秘书长，陈素嘉同志任副秘书长。

9月

▲1日　汕头海关在分会场参加总署举办的学习贯彻习近平总书记"七一"重要讲话精神读书班暨宣讲交流会。

▲2日　关长刘大立、副关长陈锦华与广东石化公司总经理周健一行就广东石化公司码头建设验收、保税监管和减免税等事项进行工作会商，就做好各节点工作达成共识。

▲10日　印发《汕头海关关于机构编制规范优化调整工作的通知》。

▲14日　广东分署专项检查组听取汕头海关党委中长期巡视整改工作汇报，党委书记、关长刘大立向检查组作专题汇报。检查组组长、广东分署一级巡视员吕文龙围绕抓好中长期巡视整改工作提出要求。

▲16日　汕头海关与汕尾市委市政府开展工作会商，党委书记、关长刘大立，党委委员、副关长陈锦华与汕尾市委常委、副市长叶健德一行就支持汕尾市创建综合保税区、申建跨境电商综合试验区等事项进行交流，并达成共识。

汕头海关召开第42次形势分析及工作督查例会。

▲17日　汕头海关查获一起走私雪茄、洋酒进境案，案值约2,500万元，涉税约1,000万元。

▲24日　驻署纪检监察组"现场监管与外勤执法权力寻租"专项整治第三实地检查组听取汕头海关专项整治工作汇报。党委书记、关长刘大立向检查组作专题汇报。检查组组长孙大为说明本次检查工作安排并提出要求。

▲28日　汕头海关组织召开学习贯彻习近平总书记"七一"重要讲话精神读书班暨研讨交流会。

▲29日　汕头海关举办新冠肺炎疫情防控及安全生产综合性示范演练。

10月

▲8—10日　拉萨海关到汕头海关开展政治建关交流，走访慰问汕头海关因公

牺牲的党员王镇成同志遗属，到关史陈列馆开展工作调研。关长刘大立、政治部主任林方波与拉萨海关政治部主任赵秋霞一行就学习贯彻习近平总书记重要讲话精神等工作进行交流。

▲13日　汕头关区首个跨境电子商务零售进口退货中心仓正式落地汕头综合保税区。

▲16日　总署人教司选人用人离任检查组向汕头海关反馈选人用人检查情况。党委书记、关长刘大立，党委委员、政治部主任林方波参加。

▲18—22日　汕头海关举办青年党校培训班（第一期）集中培训，全体关领导分别为学员授课。

▲20日　汕头海关开展"水客"系列案件打击行动，在深圳、广州等地对5名主要犯罪嫌疑人采取刑事强制措施，打掉走私犯罪团伙3个，现场查扣涉案金属制首饰补口约3吨。经初步查证，总案值约6,100万元，涉嫌偷逃税款约1,050万元。

▲21日　修订印发《汕头海关贯彻落实"三重一大"决策制度实施办法》。

经总署口岸截获植物疫情上报及预警系统确认，龙湖海关10月18日在自泰国进境邮包中截获的萝卜属（Raphanus）杂草，为全国口岸首次截获。

▲22日　汕头海关召开第43次形势分析及工作督查例会。

▲26日　汕头海关举办党委理论学习中心组（扩大）学习会暨"新《安全生产法》"专题培训。

▲28日　梅州综合保税区通过预验收。联合预验收组组长、副关长李惠强与梅州市委常委、副市长刘晋生共同签署预验收纪要。

汕头海关"卫生检疫业务实操培训点"正式启用，该培训点设于潮汕机场海关。

▲29日　经汕头海关党委2021年第28次会议研究决定，制定《汕头海关贯彻落实〈"十四五"海关发展规划〉任务分解表》及"十四五"汕头海关现代化海关建设重点目标。

国务院参事、中国文联荣誉委员、中国民间文艺家协会名誉会长冯骥才先生一行到汕头海关关史陈列馆参观调研，并为百年钟楼题字"历史见证自己"。

11月

▲2日　汕头海关关长刘大立主持召开关长办公会，专题分析研判近期风险形势，研究部署进一步推进关区全员打私工作。

汕头海关缉私局开展"水客"系列案件打击行动，出动警力12名，分成4个行动组，在深圳抓获犯罪嫌疑人3名，打掉走私团伙1个，初估案值1,000万元，涉税约400万元。

▲4日　关长、党委书记刘大立与揭

阳市委书记王胜共同召开广东石化炼化一体化项目现场工作推进会，全力支持揭阳市重大项目建设和外贸高质量发展。其间，到广东石化产品码头、国家管网集团粤东液化天然气公司、惠来临港产业园、通用电气海上风电设备制造有限公司及海源达水产养殖有限公司调研，听取企业对海关工作的意见建议。

▲5日　关长刘大立主持关长办公会，听取相关部门关于贯彻11月2日关长办公会工作部署的进展和具体推动落实情况汇报，研判风险形势，研究部署持续推进关区打私工作。

印发《汕头海关关于推进落实〈"十四五"海关发展规划〉的通知》。

▲9日　成立汕头海关党委人才工作领导小组。

▲10日　关长刘大立、副关长李惠强与梅州市代市长王晖一行就推动梅州综合保税区建设和梅州市外贸高质量发展等事项进行座谈交流。

▲11日　梅州海关办理关区首个跨境电商出口海外仓企业备案。

▲15日　印发《汕头海关处、科级领导班子和领导干部年度考核实施细则（试行）》。

汕头海关办公室曹文洁、汕尾海关方小玲、揭阳海关魏少红等3位同志获评全国海关机要保密工作劳动模范。

▲17日　汕头海关召开第44次形势分析及工作督查例会暨统筹口岸疫情防控和促进外贸稳增长指挥部会议。

汕头海关督审处党支部"'1234'工作法促体检作用　服务海关事业发展大局"入选第一批全国海关基层党建创新案例。

汕头海关法综处黄晓佳同志获评2020年全国海关优秀公职律师。

经总署口岸截获植物疫情上报及预警系统确认，揭阳海关驻惠来办事处10月18日在自美国进境货物包装铺垫物中截获的金小蜂（Anisopteromalus calandrae），为全国口岸首次截获。

▲18日　汕头海关举办"准军大练兵　秋季大比武"队列会操比武。

▲19日　汕头海关举办"新时代　新奋斗　新胜利"党的十九届六中全会精神系列研讨（第一场），部分单位理论研究青年骨干代表结合学习十九届六中全会精神交流心得体会。党委书记、关长刘大立进行点评，并就汕头海关深入学习贯彻党的十九届六中全会精神提出要求。

▲22日　关长刘大立在汕头市委与汕头市委书记温湛滨开展工作沟通和交流。

▲22—23日　汕头海关党委书记、关长刘大立参加广东省委召开的中央宣讲团党的十九届六中全会精神宣讲报告会暨广东省市厅级以上主要领导干部学习贯彻党的十九届六中全会精神专题研讨班。

▲24日　党委书记、关长刘大立在广

东分署向总署党委委员、广东分署主任张广志汇报工作。

▲25日　印发《汕头海关选人用人离任检查整改工作方案》。

▲26日　汕头海关关长刘大立主持召开关长办公会，传达学习打击治理粤港澳海上跨境走私工作推进会精神，听取近期关区全员打私工作具体推动情况，研究部署持续加强关区打私工作。

▲28日　汕头海关黄翔子家庭荣获2021年"全国最美家庭"荣誉称号。

▲30日　汕头海关召开党委理论学习中心组（扩大）学习暨党的十九届六中全会精神专题学习班，党委书记、关长刘大立作开班动员和宣讲，对全关学习宣传贯彻工作进行部署并提出要求；党委委员分别交流学习体会。

汕头市老干部（老年）大学汕头海关分校成立，实行独立办学。

经总署口岸截获植物疫情上报及预警系统确认，龙湖海关11月30日在自英国进境邮包中截获的播娘蒿属（Descurainia）杂草、菊环缘蝽（Stictopleurus subtomentosus），为全国口岸首次截获。

12月

▲2日　党委书记、关长刘大立，党委委员、副关长陈锦华与深汕特别合作区党工委书记王延奎一行围绕促进合作区高质量发展的共同目标，就做好定期对接沟通、深化务实合作等事项进行交流并达成共识，签署《汕头海关　深圳市深汕特别合作区管理委员会推进深圳市深汕特别合作区建设发展工作合作备忘录》。

汕头海关召开关党委巡察工作领导小组会议，听取关党委巡察组2021年第二轮巡察工作情况汇报，关党委巡察工作领导小组组长刘大立就做好后续整改、提升巡察工作效能提出要求。

梅州综合保税区（一期）封关围网面积1.29平方千米正式通过海关总署等八部委联合验收。

经总署口岸截获植物疫情上报及预警系统确认，龙湖海关11月24日在自泰国进境邮包中截获的刺毛黧豆（Mucuna pruriens）杂草，为全国口岸首次截获。

▲3日　关长刘大立主持召开关长办公会，对进一步推进统筹规范关区技术检测工作及持续推动汕头海关基建项目实施工作作出部署。

▲8—9日　汕头海关开展打击燕窝走私专项行动，抓获犯罪嫌疑人12名，查证涉嫌走私燕窝3.6吨。经初步查证，系列案件案值约5,000万元。

▲9日　汕头海关组织召开党委理论学习中心组（扩大）学习暨党的十九届六中全会精神专题学习班研讨交流会，通过分组研讨、集中交流形式，与会人员联系岗位实际交流学习体会。党委书记、关长刘大立进行总结点评并提出要求。

▲10日　汕头海关破获一起涉嫌海南离岛免税"套代购"走私案件，现场抓获犯罪嫌疑人1名，查扣涉嫌走私的化妆品HR、LAMER等离岛免税货物一批。经初步查证，该案案值约260万元，涉嫌偷逃税款约34万元。

▲16日　汕头海关召开第45次形势分析及工作督查例会暨统筹口岸疫情防控和促进外贸稳增长指挥部会议。

汕头海关召开关保密委员会会议，关保密委员会主任刘大立讲授保密专题党课，并就加强涉密人员管理、常态化开展保密宣传教育、强化保密工作检查等提出要求。

汕头海关"关馨12345"文明窗口创建暨广东省12345政务服务便民热线汕头海关分中心正式启动。

▲21日　关长刘大立主持召开关长办公会，专题研究汕头国际旅行卫生保健中心修缮改造项目相关法律事务。

▲22日　汕头海关参加全国海关疫情防控工作视频会议，会后迅速研究部署具体贯彻落实措施，要求进一步提高思想认识，明确责任要求，确保把消毒监督工作落实到位。

▲28日　汕头海关参加总署召开的直属海关单位党委书记述责述廉述党建会议（视频会），党委书记、关长刘大立同志等10名直属海关单位党委书记现场述责述廉述党建，总署党委书记、署长倪岳峰作点评并提出下一步工作要求。

▲29日　汕头海关破获一起涉嫌走私"刺猬紫檀"进境案，在苏州警方配合下，抓获主要犯罪嫌疑人1名。经初步查证，2019年，犯罪嫌疑人所在汕头市某供应链管理有限公司通过提供虚假提单、柜号骗取进出口许可证的方式，将涉案货物从尼日利亚走私至上海，涉及濒危野生动植物种国际贸易公约附录II项下物种"刺猬紫檀"234吨。

▲30日　汕头海关召开2021年第四次关务会，研究同意制定《汕头海关公文处理工作办法》等2项制度文件，修订《汕头海关行政执法事项授权办法》等2项制度文件，废止《汕头海关进口乳品检验检疫工作规程》等8项制度文件。会议肯定全关2021年工作成绩，就做好2022年元旦春节期间有关工作进行布置。

汕头海关举行新冠肺炎疫情期间入境航班卫生检疫全流程演练，检验潮汕机场海关口岸新冠肺炎疫情防控能力及常态化疫情防控措施落实情况。

▲31日　汕头海关参加全国海关党史学习教育总结会议（视频会）。

印发《汕头海关公文处理工作办法》等2项制度文件及修订印发《汕头海关工作人员请休假管理办法》。

废止《汕头海关进口加工食品检验检疫与监督管理操作规程（试行）》等7个管理制度。

废止《汕头海关关于印发执行人民警察值勤岗位津贴和法定工作日之外加班补贴2个实施方案的通知》。

汕头海关"打造'三联三优'模式为出口陶瓷注入强劲动能""濠江海关以'三精、三创、三实'惠企纾困、为企业实现'省事、省心、省时、省钱'"2个项目入选总署"'我为群众办实事'百佳项目"。

附录

2021年度汕头海关获得省部级以上表彰先进个人、集体名录

获奖项目	获奖者	工作单位	授予单位	授予年月
全国五四红旗团支部	揭阳海关团支部	揭阳海关	共青团中央	2021年4月
第20届全国青年文明号	梅州海关青年突击队	梅州海关	共青团中央等23部门	2021年8月
第20届全国青年文明号	潮汕机场海关旅检班组	潮汕机场海关	共青团中央等23部门	2021年8月
全国最美家庭	黄翔子家庭	科技处	中央宣传部、中央文明办、全国妇联	2021年11月
2021年度国家安全人民防线建设贡献奖	唐本坚	办公室	广东省国家安全人民防线建设领导小组办公室	2021年4月
2018—2020年度广东省安全生产工作先进个人	陈少雄	监管处	广东省安全生产委员会	2021年6月
广东省优秀党务工作者	蔡英才	龙湖海关	中共广东省委	2021年6月
全国海关党建示范品牌	离退办党支部	离退办	中共海关总署委员会	2021年7月
全国海关党建示范品牌	监察室党支部	监察室	中共海关总署委员会	2021年7月
全国海关党建培育品牌	汕头港海关综合业务科党支部	汕头港海关	中共海关总署委员会	2021年7月
全国海关党建培育品牌	龙湖海关机关党委	龙湖海关	中共海关总署委员会	2021年7月
全国海关党建培育品牌	潮汕机场海关口岸监管科党支部	潮汕机场海关	中共海关总署委员会	2021年7月
全国海关机要保密工作劳动模范	曹文洁	办公室	总署保密委员会	2021年11月
全国海关机要保密工作劳动模范	方小玲	汕尾海关	总署保密委员会	2021年11月
全国海关机要保密工作劳动模范	魏少红	揭阳海关	总署保密委员会	2021年11月

2021 年汕头海关主要业务统计表

指标	单位	2021年总计	同比±%
进出口报关单总数	张	195,143	2.8
进出口记录条总数	条	485,450	2.9
进出口总值	万美元	2,027,935.9	43.0
进口	万美元	810,693.9	74.6
出口	万美元	1,217,242.0	27.7
进出口货运量	万吨	3,830.4	28.5
进口	万吨	3,621.6	29.6
出口	万吨	208.8	12.4
集装箱总数	箱次	484,556	-6.7
集装箱箱载货物	万吨	278.2	-6.5
监管运输工具总数	辆艘	5,545	-10.4
其中：汽车	辆	1,435	-6.6
监管进出境总数	辆艘	2,740	-20.8
其中：进出境船舶	艘	2,706	0.4
进出境飞机	架	34	-95.6
实有备案企业	个	9,967	3.4
其中：新增备案企业	个	869	-17.2
进出境人员数	人次	46,320	-62.4
邮、快递总数	件/票	155,872	-32.1
其中：行邮物品	件	110,397	-38.4
快件	件/票	45,475	-9.9
税收入库	万元	465,560.9	31.8
关税入库	万元	35,913.4	-4.2
进口环节税入库	万元	429,647.5	36.1
审价补税金额	万元	531.9	-56.5
归类补税金额	万元	27.3	-5.7

续表

指标	单位	2021年总计	同比±%
稽查补税金额	万元	5,889.2	13.9
减免税（实际进口）	万元	2,676.6	100.3
减免关税	万元	2,368.7	124.1
减免进口环节税	万元	307.9	10.3
实有加工贸易经营企业	个	182	-11.7
备案加工合同	份	159	-11.7
合同备案金额	万美元	47,403.7	-42.3
加工贸易实际进出口值	万美元	253,532.7	20.7
进口	万美元	70,606.5	32.9
出口	万美元	182,926.2	16.5
经批准内销征（补）税	万元	4,719.6	-21.1
保税仓入库量	吨	97,742	-9.2
保税仓入库值	万美元	13,915.9	-21.6
保税仓出库量	吨	96,413	-4.4
保税仓出库值	万美元	6,220.9	48.1
保税区入区量	吨	6,021	—
保税区入区值	万美元	5,385.7	—
保税区出区量	吨	20,041	—
保税区出区值	万美元	31,901.1	—
关区立案走私案件	起	130	10.2
关区立案走私案值	万元	218,539.6	-84.5
关区立案走私偷逃税额	万元	54,800.7	-81.2
走私犯罪立案案数	起	87	6.1
走私犯罪立案案值	万元	215,587.99	-84.6
采取强制措施人数	人	147	20.5
处理违规案数	起	215	-11.5
处理违规案值	万元	25,613.7	83.4
上缴罚没收入	万元	3,046.9	-0.5
海关罚没收入	万元	427.9	-4.0
缉私罚没收入	万元	2,619.0	0.1

"中国海关史料丛书" 编委会

主 任 委 员　　胡　伟

副主任委员　　黄冠胜　杨振庆

编委会委员　　刘学透　赵燕敏　吴瑞祥　刘书臣　黄秀生
　　　　　　　李海勇　王晓刚　田　壮　王　虹　刘先中

执 行 主 编　　谢　放　詹庆华　郭志华

编　　　　辑　　房　季　王　虎　解　飞　范嘉蕾　李　多
　　　　　　　刘金玲　贺　红